www.kyohak.co.kr

Ok! Click 시리즈 ④

파워포인트 2021로 발표하기

이은정 지음

본 교재는 컴퓨터를 쉽고 재미있게 배울 수 있도록 **쉬운 예문**과 **큰 글자체, 큰 화면 그림**으로 구성하였습니다.

(주)교학사

저자 이은정

IT 관련 도서의 국내 출간뿐 아니라 미국 Sybex(Wiley) 사와 10여 종의 IT 전문서적 공동출판에 참여한 바 있습니다.
현재는 IT 전문 번역 및 IT 관련 서적의 편집 활동을 하고 있습니다.
번역서로는 ≪How Computers Work≫, ≪GITHUB 사용설명서≫, ≪빅데이터≫가 있으며
2022 개정교육과정 중학교 정보, 고등학교 정보, 고등학교 소프트웨어 생활,
2022 개정교육과정 충북교육청에서 개발한 인공지능 생활탐구, 인공지능 교과탐구 출판에 참여하여 편집을 진행했습니다.

COPYRIGHT

Ok Click 파워포인트 2021로 문서 꾸미기

2025년 6월 10일 초판 1쇄 인쇄
2025년 6월 20일 초판 1쇄 발행

저 자	이은정
펴낸이	양진오
펴낸곳	(주)교학사
주 소	(공장)서울특별시 금천구 가산디지털1로 42 (가산동)
	(사무소)서울특별시 마포구 마포대로14길 4 (공덕동)
전 화	02-707-5310(문의), 02-707-5147(영업)
등 록	1962년 6월 26일 〈18-7〉
홈페이지	http://www.kyohak.co.kr
교 정	전경숙
디자인	송지선
기 획	정보산업부

Ok! Click 시리즈는 컴퓨터의 OA 기반을 다질 수 있도록 야심차게 준비한 교재입니다.

인터넷이 일반화되고 컴퓨터가 기본이 되어 버린 현실에서 컴퓨터를 보다 쉽고 재미있게 배울 수 있도록 어렵지 않은 예문과 큰 글자체, 큰 화면 그림으로 여러 독자층이 누구나 부담없이 책을 펼쳐 배울 수 있도록 만들었습니다.

내용면에서는 초보자가 컴퓨터를 이해하고, 쉽게 활용할 수 있도록 쉬운 예제와 타이핑이 빠르지 않은 독자를 위해 많은 분량의 타이핑 예문은 배제하였습니다.

편집면에서는 깔끔하고 시원스러운 편집으로 눈에 부담을 줄이도록 구성하였습니다.

교재는 다음과 같이 구성되었습니다.

1 | [배울 내용 미리 보기]를 통해 학습할 내용이 무엇인지 이해시키고 학습 동기를 유발하도록 구성하였습니다.
2 | 전체 교재는 20강으로 구성하고 매 강마다 소제목을 두어 수업의 지루함을 없애고, 단계별로 수업 및 학습할 수 있도록 구성하였습니다.
3 | [참고하세요]를 이용하여 교재 본문의 따라하기 설명 외에 추가 보충 설명을 수록하여 고급 기능 및 유사 기능을 학습할 수 있도록 구성하였습니다.
4 | 매 강의 마지막 부분에 [도전-혼자 풀어 보세요]를 수록하여 혼자 예제를 풀어 보면서 학습 내용을 얼마나 이해했는지 알아볼 수 있도록 구성하였습니다.
5 | [도전-혼자 풀어 보세요]의 예문에 대한 문의는 교학사 홈페이지(www.kyohak.co.kr)의 게시판에 남겨주시면 답변해 드립니다.

이 교재를 접하게 된 모든 독자분들이 어렵게만 느껴졌던 컴퓨터를 친숙하게 활용할 수 있게 되기를 바랍니다.

편집진 일동

예제파일 다운로드 방법

① 웹 브라우저의 주소 입력 창에 "www.kyohak.co.kr"를 입력한 후 Enter를 누릅니다. 교학사 홈페이지에서 상단 메뉴의 [자료실]을 클릭합니다.

② [출판] - [단행본] 탭을 클릭하고 검색에 "파워포인트 2021로 발표하기"를 입력한 다음 [검색]을 클릭합니다.

③ 홈페이지 하단에 다운로드 본 교재의 예제파일이 검색되면 검색 결과를 클릭합니다.

④ [다운로드] 버튼을 클릭하여 [다른 이름으로 저장] 대화상자가 나타나면 [저장]을 클릭합니다.

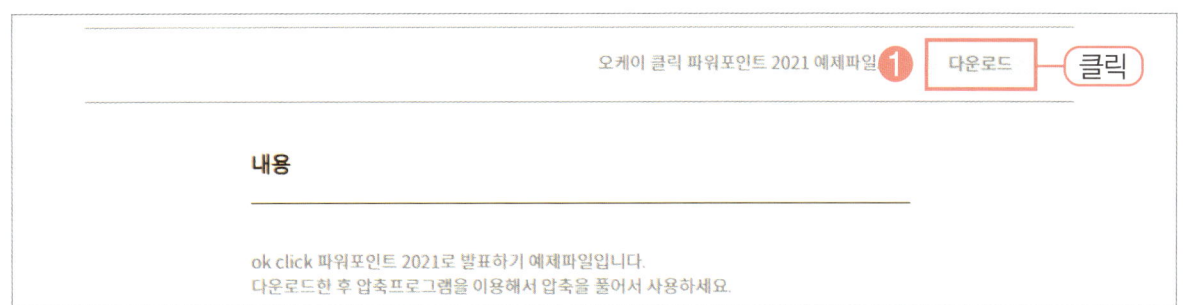

⑤ 다운로드 폴더에 예제파일이 다운로드되었습니다. 압축 프로그램을 실행하여 다운받은 예제파일의 압축을 바탕화면에 풀어줍니다(여기서는 '반디집'이라는 프로그램을 사용하였습니다.).

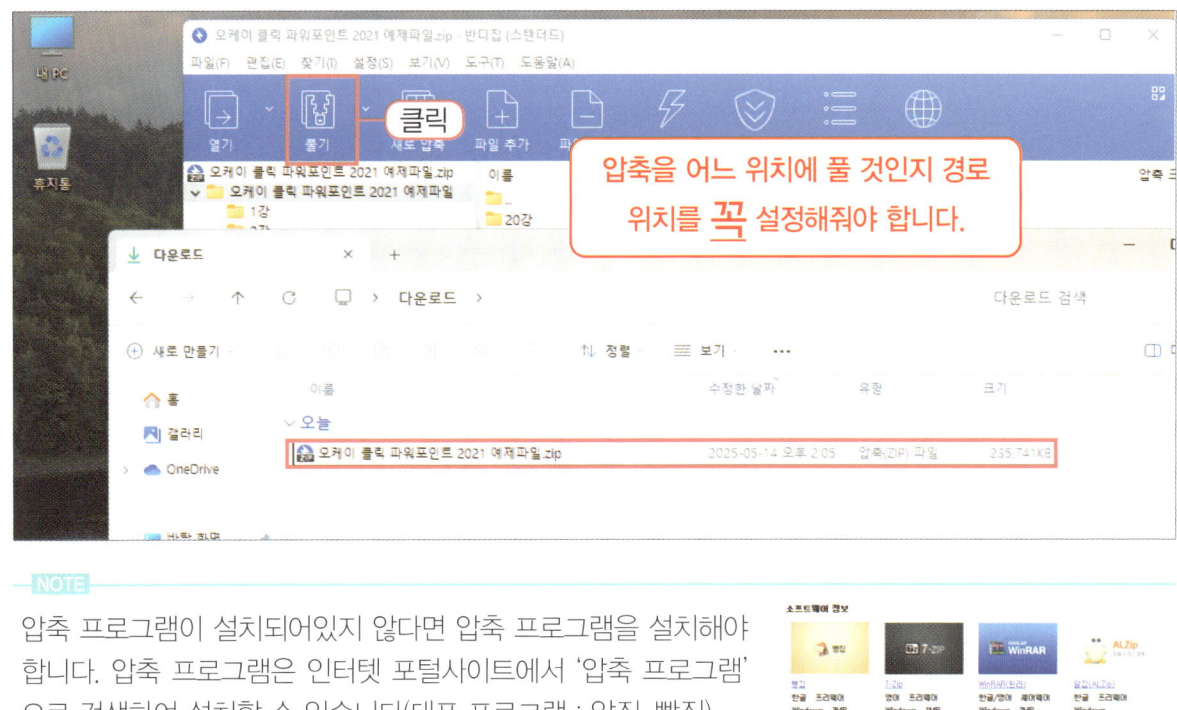

---- NOTE ----

압축 프로그램이 설치되어있지 않다면 압축 프로그램을 설치해야 합니다. 압축 프로그램은 인터넷 포털사이트에서 '압축 프로그램'으로 검색하여 설치할 수 있습니다(대표 프로그램 : 알집, 빵집).

⑥ 바탕화면에 예제파일의 압축이 풀렸습니다. 이제 파워포인트 2021을 실행하고 해당 폴더의 파일을 불러와 사용하면 됩니다.

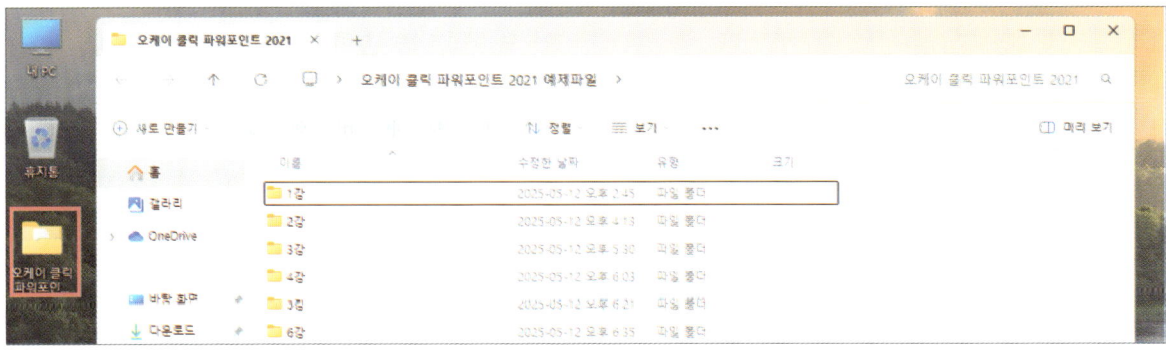

CONTENTS

제 1 강 ● 파워포인트 2021 시작하기	8
01 파워포인트 2021 시작과 종료하기	9
02 파워포인트 2021 화면 구성 살펴보기	11
03 슬라이드 삽입과 레이아웃 변경하기	12
04 파워포인트 문서 저장하기	15
도전! 혼자 풀어 보세요!	17

제 2 강 ● 슬라이드 편집하기	18
01 슬라이드 크기 조절하기	19
02 슬라이드 복제/이동/삭제하기	21
03 슬라이드 복사와 숨기기	24
도전! 혼자 풀어 보세요!	27

제 3 강 ● 테마와 배경 스타일 지정하기	28
01 테마 지정하기	29
02 테마 변경하기	31
도전! 혼자 풀어 보세요!	34

제 4 강 ● 텍스트 슬라이드 만들기	36
01 기호 입력하기	37
02 글꼴 꾸미기	40
도전! 혼자 풀어 보세요!	43

제 5 강 ● 단락 서식 지정하기	44
01 단락 정렬하기	45
02 글머리 기호와 번호 매기기	46
03 단락 수준과 줄 간격 조절하기	48
도전! 혼자 풀어 보세요!	49

제 6 강 ● 그림 슬라이드 만들기	50
01 그림 삽입하기	51
02 그림 자르기	54
03 그림 효과 적용하기	55
도전! 혼자 풀어 보세요!	59

제 7강 ● 그림 정렬/조정하기	60
01 그림 정렬하기	61
02 그림 조정하기	65
도전! 혼자 풀어 보세요!	67

제 8 강 ● 도형 슬라이드 만들기	68
01 도형 그리기	69
02 도형 복사/정렬하기	71
03 도형 안에 텍스트 입력하기	74
도전! 혼자 풀어 보세요!	78

제 9 강 ● 도형 편집하기	80
01 도형 병합하기	81
02 도형 한에 그림 삽입하기	85
도전! 혼자 풀어 보세요!	89

CONTENTS

제 10강 ● 사진 앨범 만들기 90
- 01 앨범 구성하기 91
- 02 배경 서식 지정하기 94
- 03 앨범 내보내기 95
- 도전! 혼자 풀어 보세요! 97

제 11강 ● 워드아트와 스마트아트 98
- 01 워드아트 삽입하기 99
- 02 스마트아트 삽입하기 102
- 도전! 혼자 풀어 보세요! 105

제 12강 ● 차트로 시각화하기 106
- 01 차트 삽입하기 107
- 02 차트 편집하기 109
- 도전! 혼자 풀어 보세요! 111

제 13강 ● 소리가 들리는 슬라이드 만들기 112
- 01 오디오 삽입하기 113
- 02 오디오 제어하기 115
- 도전! 혼자 풀어 보세요! 119

제 14강 ● 영상이 보이는 슬라이드 만들기 120
- 01 동영상 삽입하기 121
- 02 동영상 서식 꾸미기 123
- 도전! 혼자 풀어 보세요! 127

제 15강 ● 애니메이션 만들기 128
- 01 애니메이션 적용하기 129
- 02 애니메이션 편집하기 131
- 도전! 혼자 풀어 보세요! 135

제 16강 ● 화면 전환 효과 136
- 01 화면 전환 효과 적용하기 137
- 02 화면 전환 효과 제어하기 140
- 도전! 혼자 풀어 보세요! 143

제 17강 ● 슬라이드 마스터 144
- 01 슬라이드 마스터 적용하기 145
- 02 특정 슬라이드에만 마스터 적용하기 148
- 03 슬라이드 마스터 활용하기 150
- 04 슬라이드 마스터 수정하기 152
- 도전! 혼자 풀어 보세요! 153

제 18강 ● 프레젠테이션 연습하기 154
- 01 슬라이드 노트 작성하기 155
- 02 슬라이드 쇼 시작하기 156
- 03 발표자 도구 사용하기 158
- 도전! 혼자 풀어 보세요! 159

제 19강 ● 슬라이드 내보내기와 인쇄하기 160
- 01 파일 내보내기 161
- 02 슬라이드 인쇄하기 163
- 도전! 혼자 풀어 보세요! 165

제 20강 ● 생성형 인공지능 활용하기 166
- 01 챗GPT로 파워포인트 기능 알아보기 167
- 02 챗GPT로 슬라이드 구성하기 168
- 도전! 혼자 풀어 보세요! 172

파워포인트 2021 시작하기

파워포인트는 프레젠테이션 도구로 가장 많이 사용됩니다. 텍스트, 그림, 도형, 차트, 멀티미디어 요소를 이용하여 발표, 강연, 제안 등을 할 수 있습니다.

➤➤ 파워포인트 2021의 시작과 종료 방법을 알아봅니다.
➤➤ 파워포인트 2021의 화면 구성과 기능을 알아봅니다.
➤➤ 슬라이드를 추가/삭제하고 문서를 저장하는 방법을 알아봅니다.

배울 내용 미리 보기

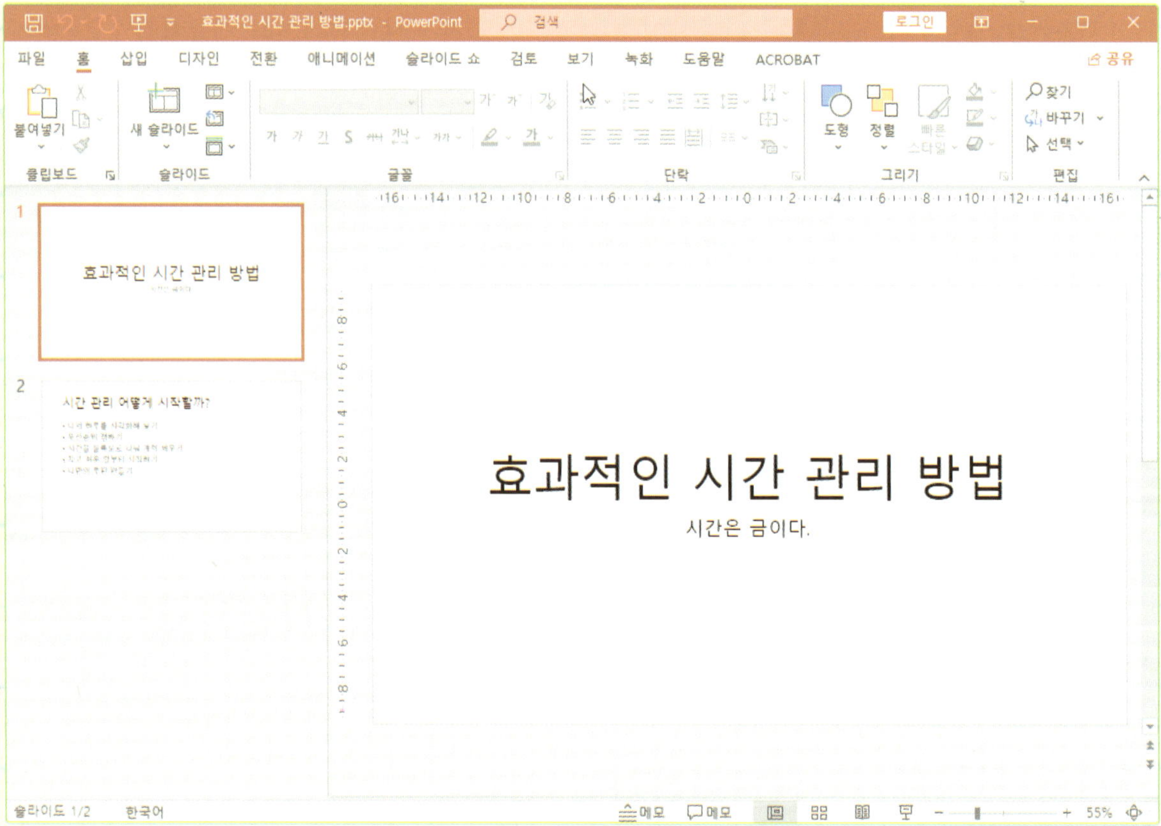

▲ 파일명 효과적인 시간 관리 방법.pptx

파워포인트 2021 시작과 종료하기

1 파워포인트를 실행하면 [파워포인트 빠르게 시작하기] 화면이 나타납니다. 이 화면에서 [새 프레젠테이션], [최근 항목], [서식 파일] 등을 선택할 수 있습니다. [새로 만들기]에서 ❶ [새 프레젠테이션]을 클릭합니다.

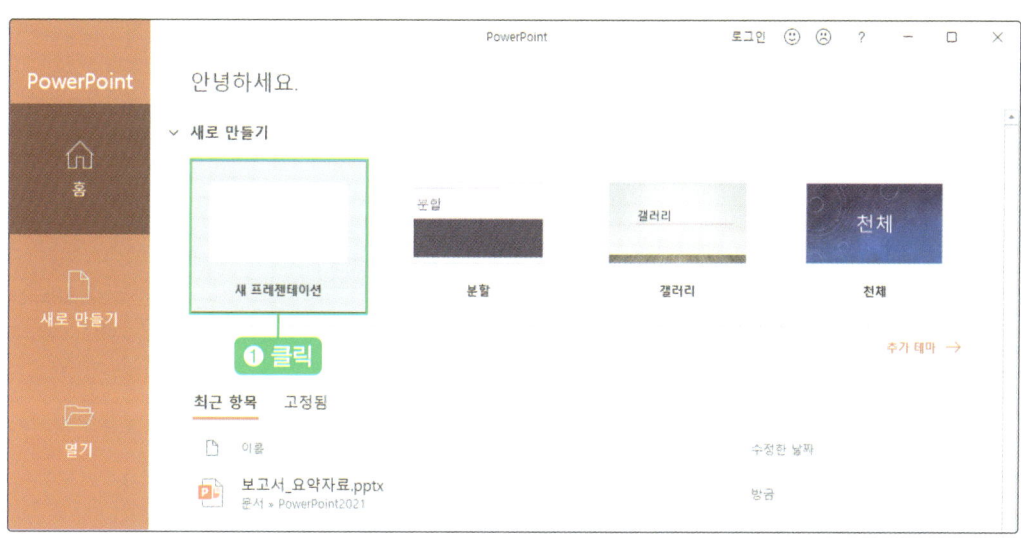

참고하세요

새 프레젠테이션 새 문서를 시작합니다.

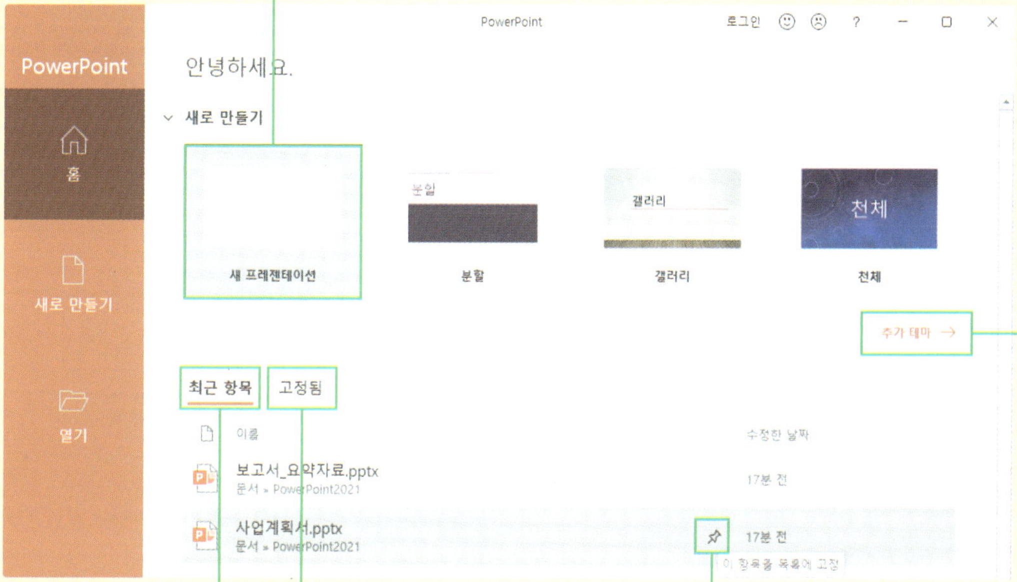

추가 테마 기본으로 제공되는 서식뿐만 아니라 온라인 서식 파일을 내려받을 수 있습니다.

최근 항목 최근에 열어본 프레젠테이션 목록으로, 파일 이름을 클릭하면 빠르게 문서를 열 수 있습니다.

고정됨 나중에 파일을 쉽게 찾을 수 있도록 고정 탭에 추가해 줍니다.

파일 고정/고정 해제 최근 항목의 파일 위에 마우스를 올리면 아이콘이 나타납니다. 아이콘을 클릭하여 목록을 고정하거나 고정을 해제할 수 있습니다.

2 새 프레젠테이션 문서가 열립니다. 프레젠테이션을 종료하려면 ❶ 오른쪽 위의 [닫기]를 클릭합니다.

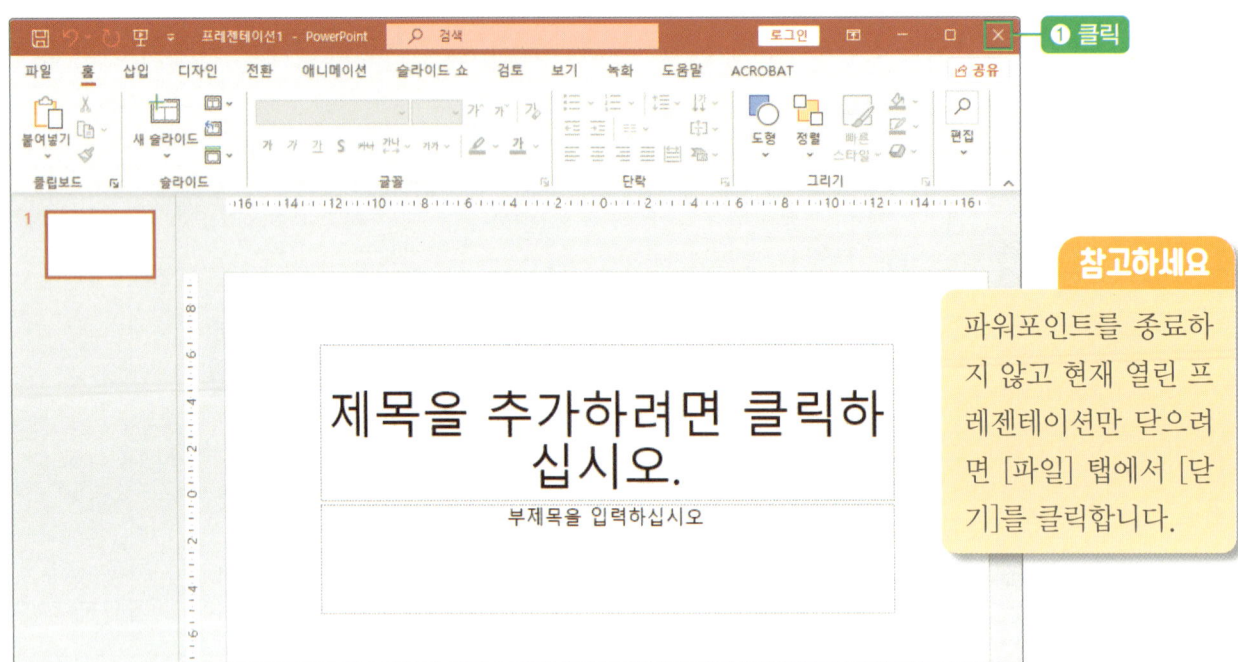

참고하세요

파워포인트를 종료하지 않고 현재 열린 프레젠테이션만 닫으려면 [파일] 탭에서 [닫기]를 클릭합니다.

참고하세요

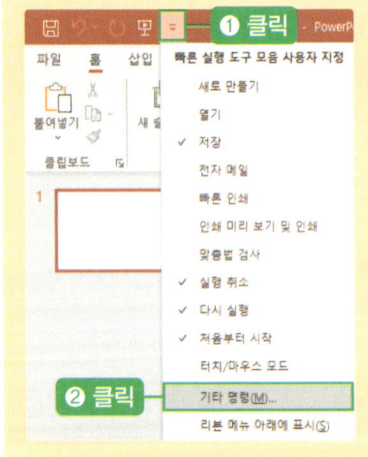

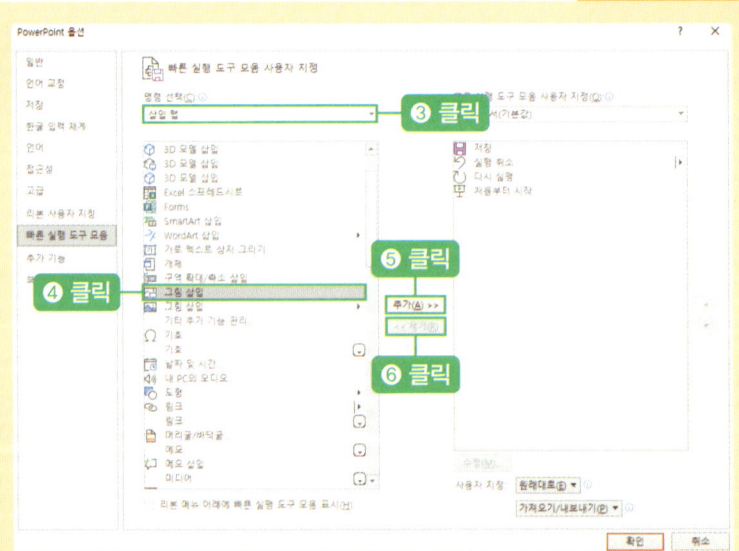

빠른 실행 도구 모음 사용자 지정

자주 사용하는 메뉴를 빠른 실행 도구 모음에 추가합니다. [빠른 실행 도구 모음] 메뉴의 ❶ 목록 단추를 클릭하여 추가하려는 명령을 선택합니다. 목록에 없는 메뉴를 추가할 때는 ❷ [기타 명령]을 선택합니다. [기타 명령]을 선택하면 [Powerpoint 옵션] 대화상자가 나타납니다.

[Powerpoint 옵션]에서 명령 추가하기

[명령 선택]에서 ❸ '삽입 탭'을 선택한 후 ❹ 명령을 클릭하여 ❺ [추가]를 누릅니다. 왼쪽에 있던 명령이 오른쪽으로 추가됩니다.

[Powerpoint 옵션]에서 명령 제거하기

오른쪽 목록에서 명령을 선택한 후 ❻ [제거]를 누릅니다.

2 파워포인트 2021 화면 구성 살펴보기

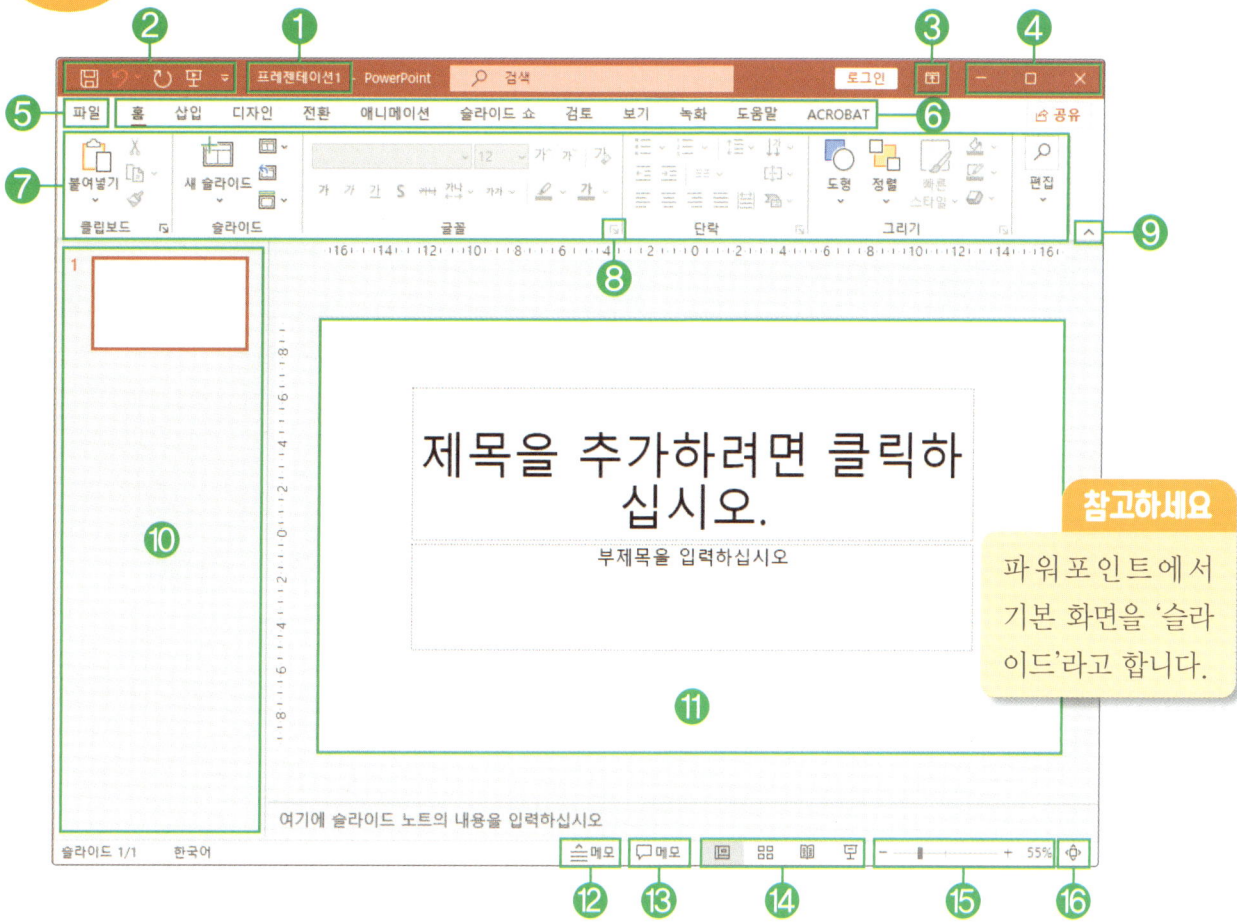

참고하세요
파워포인트에서 기본 화면을 '슬라이드'라고 합니다.

❶ **제목 표시줄** 현재 작업 중인 프레젠테이션 문서의 저장 파일명이 표시됩니다.

❷ **빠른 실행 도구 모음** 자주 사용하는 도구를 모아서 사용자가 원하는 대로 추가, 삭제할 수 있습니다.

❸ **리본 메뉴 표시 옵션** 리본 메뉴를 숨기거나 표시하는 방법을 선택합니다.

❹ **창 크기 조절** 창을 최소화, 최대화, 종료합니다.

❺ **[파일] 탭** 새로 만들기, 열기, 저장, 인쇄, 공유 등의 기능을 지정합니다.

❻ **[탭]** 파워포인트에서 제공하는 기능을 그룹별로 묶어 제공합니다.

❼ **[리본 메뉴]** [메뉴] 탭을 누르면 각 해당 탭에 자주 사용되는 명령들이 그룹별로 표시됩니다.

❽ **[자세히]** 기능의 세부 옵션을 설정합니다.

❾ **[리본 메뉴 축소]** 리본 메뉴를 축소하고 탭 이름만 보여 줍니다. 임의의 [메뉴] 탭을 더블클릭하면 리본 메뉴를 다시 보이게 할 수 있습니다.

❿ **[슬라이드/개요]** 슬라이드를 축소판 그림 형태로 보여 줍니다. 슬라이드 순서를 바꾸거나 삽입/삭제할 수 있습니다.

⓫ **[슬라이드]** 기본 작업 창입니다.

⓬ **[메모(슬라이드 노트)]** 발표자가 참고할 내용을 작성합니다.

⓭ **[메모]** 의견이나 변경 내용 등을 작성합니다.

⓮ **[화면 보기]** 슬라이드의 화면 보기 상태를 지정합니다.
• [기본] 슬라이드의 기본 편집 화면입니다.
• [여러 슬라이드] 슬라이드를 축소해서 한 화면에 나열해 줍니다.
• [읽기용 보기] 슬라이드 쇼의 미리보기로 프레젠테이션을 검토할 때 사용합니다.
• [슬라이드 쇼] 현재 슬라이드부터 [슬라이드 쇼]를 보여 줍니다.

⓯ **[확대/축소 슬라이더]** 슬라이드의 화면을 확대/축소합니다. 확대 비율을 확인할 수 있습니다.

⓰ **[현재 창 크기에 맞춤]** 슬라이드가 확대/축소되었을 때 현재 창 크기에 맞게 조절합니다.

 ## 슬라이드 삽입과 레이아웃 변경하기

1 [새 프레젠테이션]에서 처음 나타나는 슬라이드를 [제목 슬라이드]라고 합니다. ❶ [제목] 입력란을 클릭합니다.

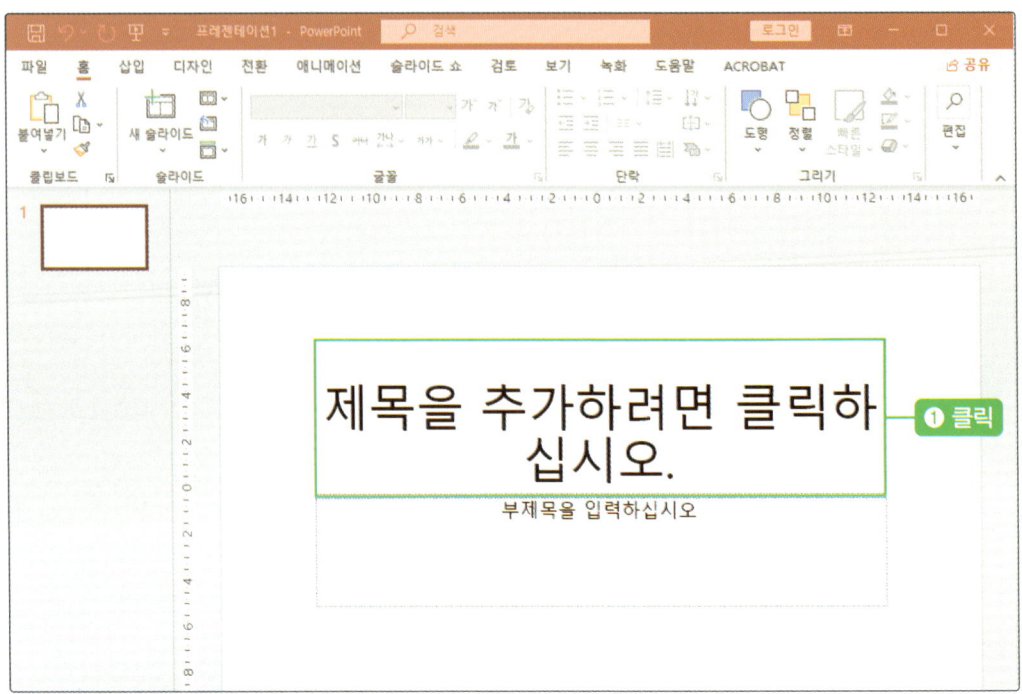

2 ❶ "효과적인 시간 관리 방법"이라고 입력합니다.

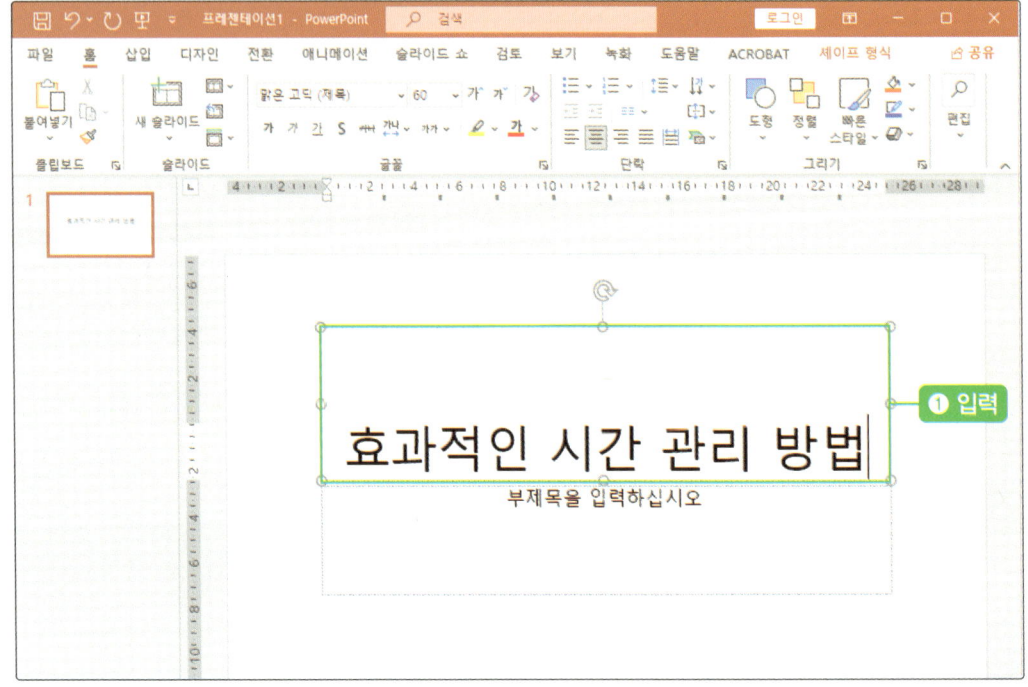

3 ❶ [부제목] 입력란을 클릭한 후 "시간은 금이다."를 입력합니다.

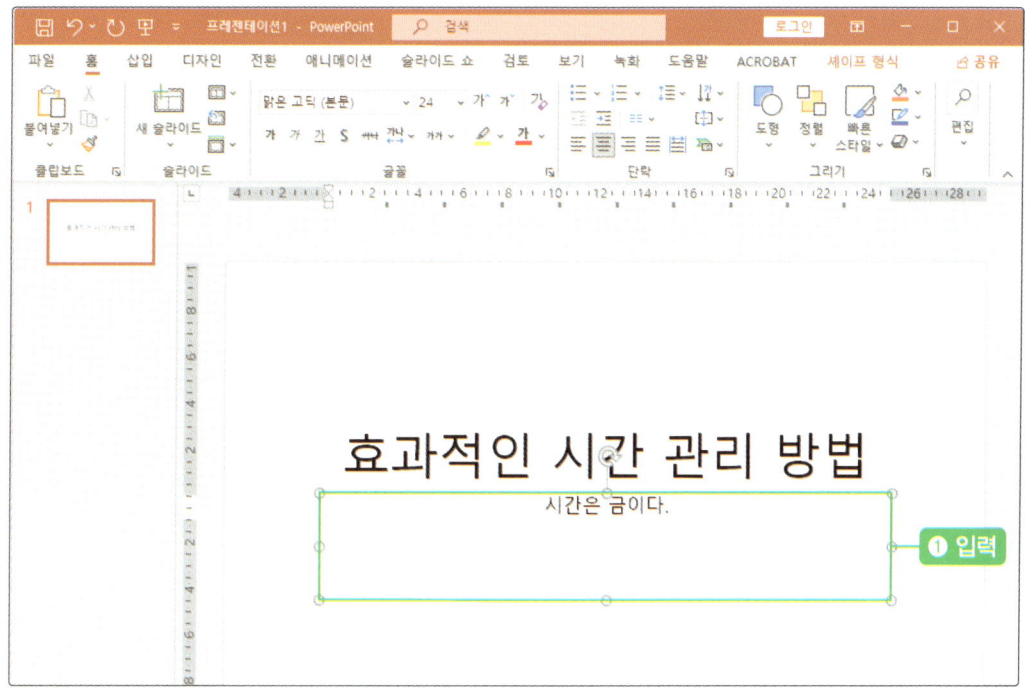

4 슬라이드를 삽입하기 위해 ❶ [홈] 탭의 [슬라이드] 그룹에서 ❷ [새 슬라이드]의 ∨를 클릭한 후 ❸ [제목 및 내용] 레이아웃을 선택합니다.

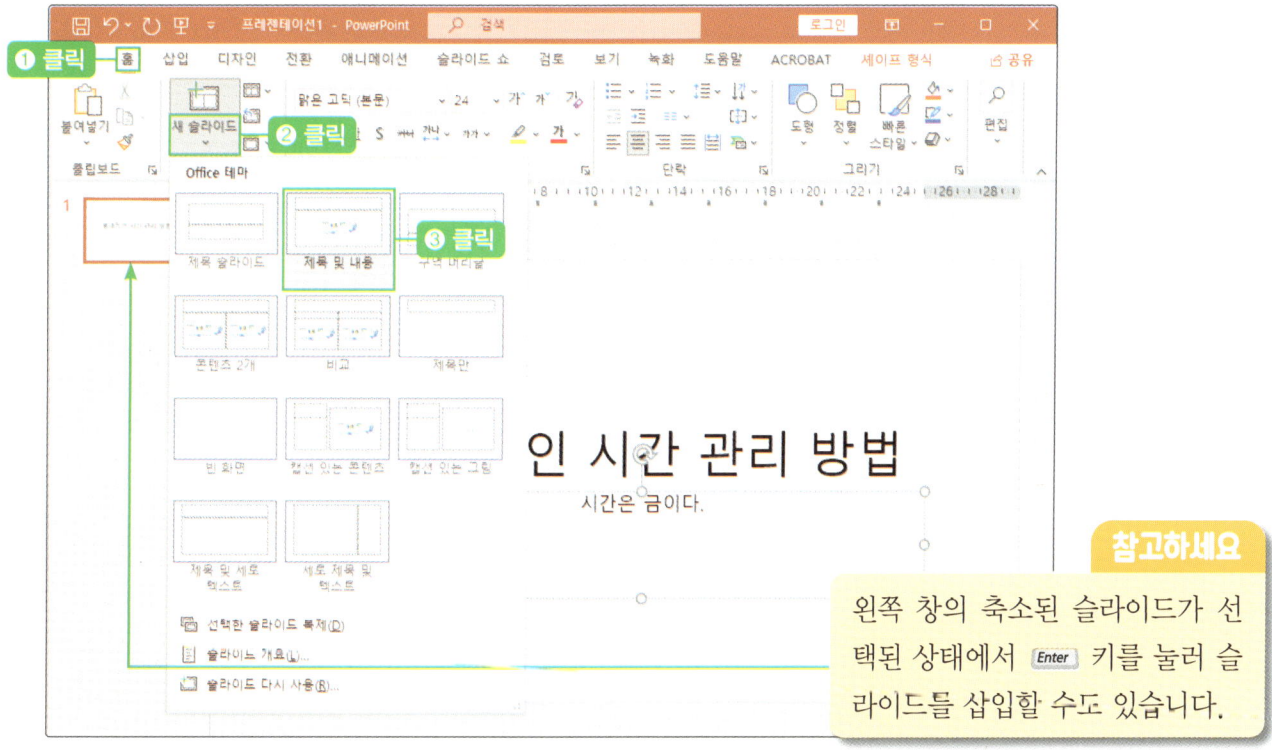

참고하세요

왼쪽 창의 축소된 슬라이드가 선택된 상태에서 Enter 키를 눌러 슬라이드를 삽입할 수도 있습니다.

5 [제목 및 내용] 슬라이드가 삽입됩니다. ❶ 입력 틀을 클릭하여 다음과 같이 내용을 입력합니다. 다음 줄로 이동할 때는 Enter 키를 누릅니다.

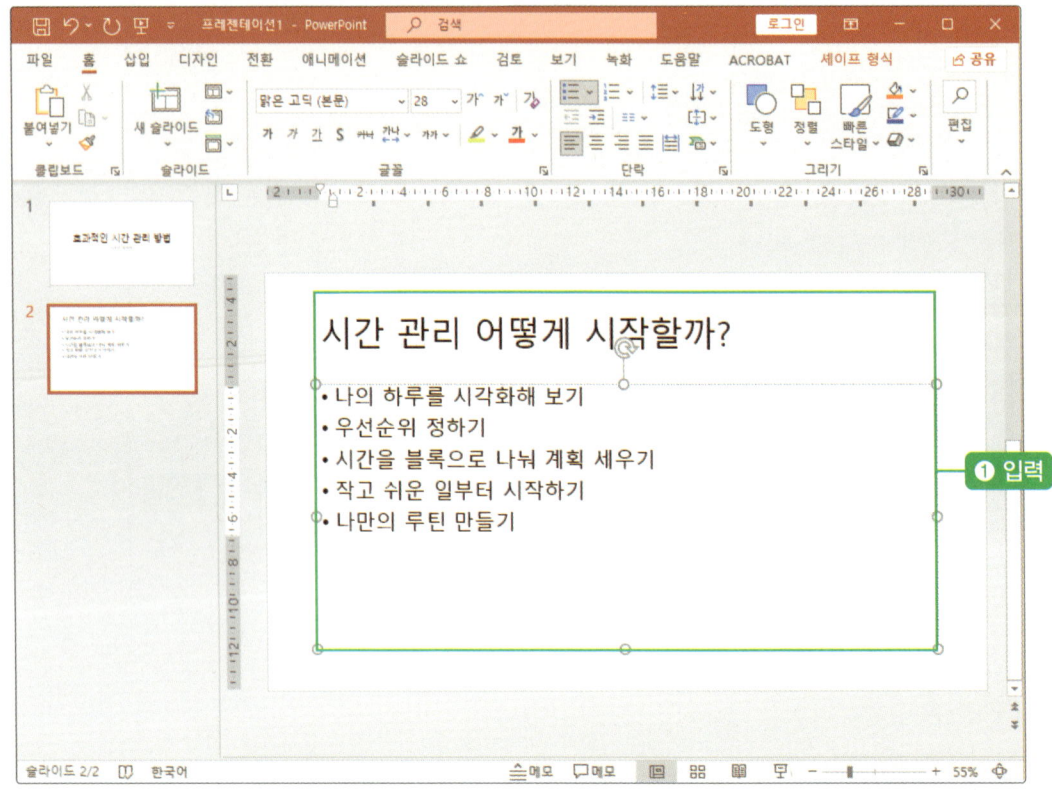

참고하세요

현재 슬라이드에서 다른 레이아웃으로 변경할 수 있습니다. ❶ [홈] 탭의 [슬라이드] 그룹에서 ❷ [슬라이드 레이아웃]의 ❸ [콘텐츠 2개]를 클릭하면 슬라이드가 변경됩니다.

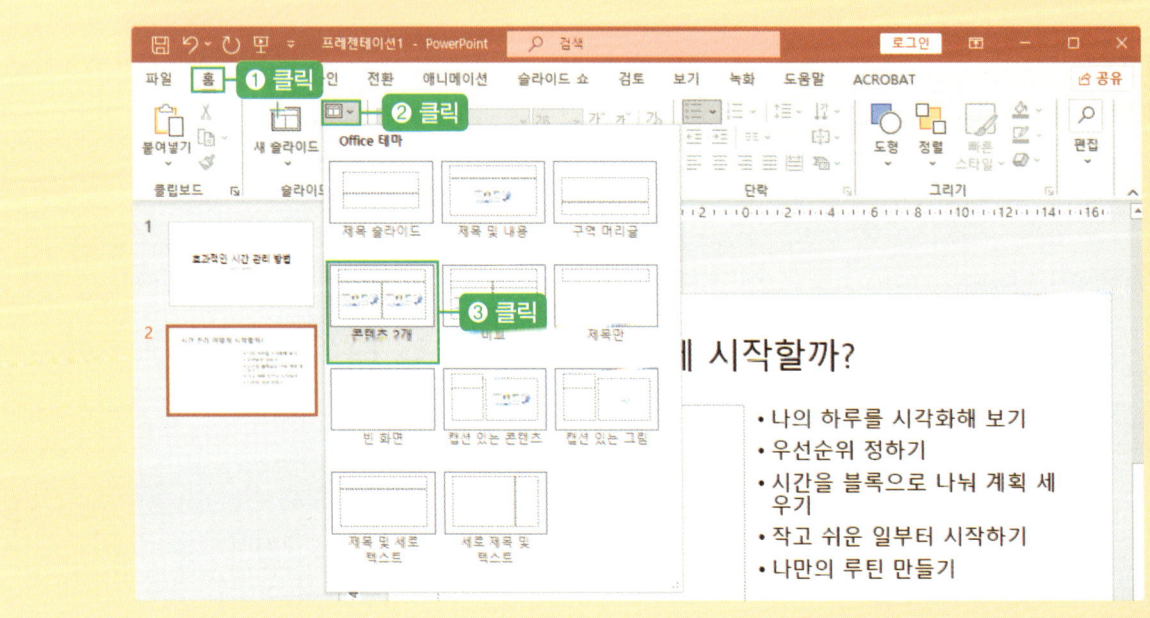

파워포인트 문서 저장하기

1 작성한 슬라이드를 저장하기 위해 [파일] 탭에서 ❶ [다른 이름으로 저장]을 클릭한 후 ❷ [이 PC]를 더블클릭합니다.

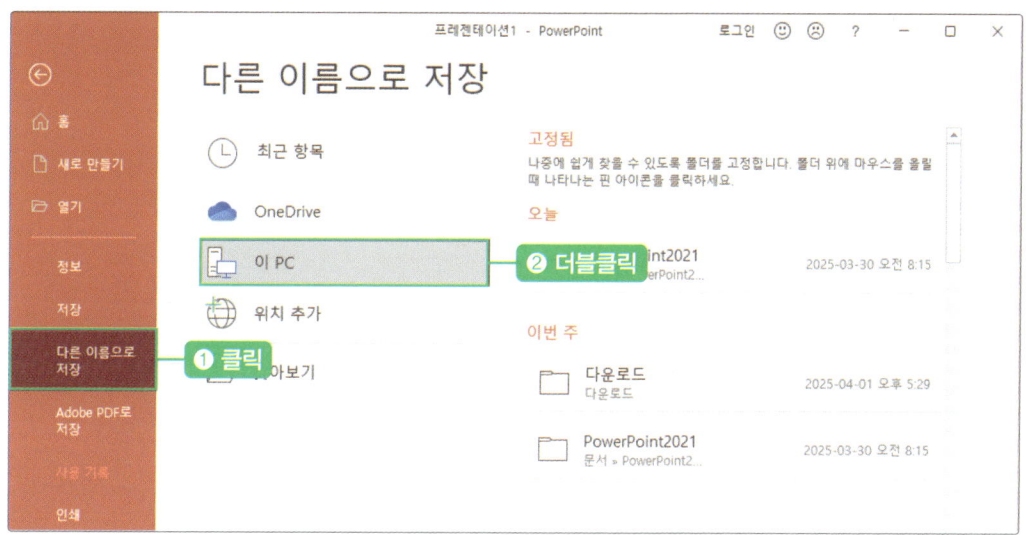

2 [다른 이름으로 저장] 대화상자가 열리면 저장 위치를 ❶ [내 PC]–[문서]로 지정합니다. 파일 이름은 ❷ "효과적인 시간 관리 방법"으로 입력하고, ❸ 파일 형식은 [PowerPoint 프레젠테이션(*.pptx)]으로 선택한 후 ❹ [저장]을 클릭합니다.

리본 메뉴 활용하기

리본 메뉴를 축소하면 슬라이드 화면을 넓게 사용할 수 있습니다. [리본 메뉴]에서 오른쪽 아래의 ❶ [리본 메뉴 축소]를 클릭합니다.

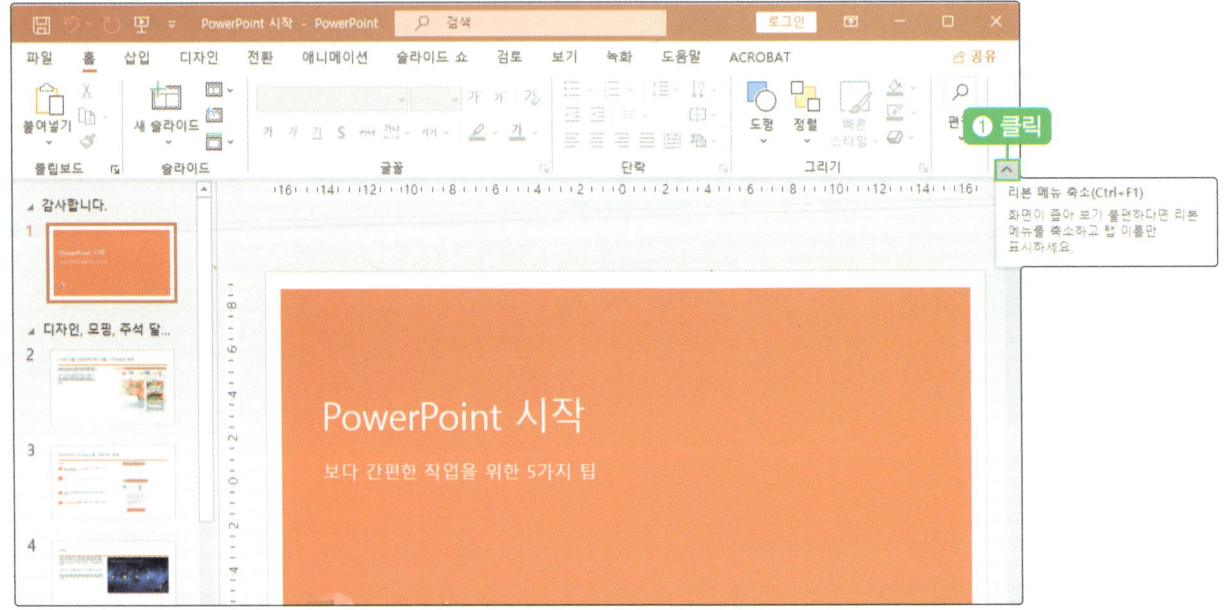

리본 메뉴가 축소됩니다. [메뉴] 탭을 클릭하면 리본 메뉴를 볼 수 있습니다. 리본 메뉴를 다시 표시하려면 오른쪽 위의 ❷ [리본 메뉴 표시 옵션]을 클릭한 후 ❸ [탭 및 명령 표시]를 클릭합니다. 상단의 임의의 탭을 더블클릭하면 리본 메뉴를 축소/확대할 수 있습니다.

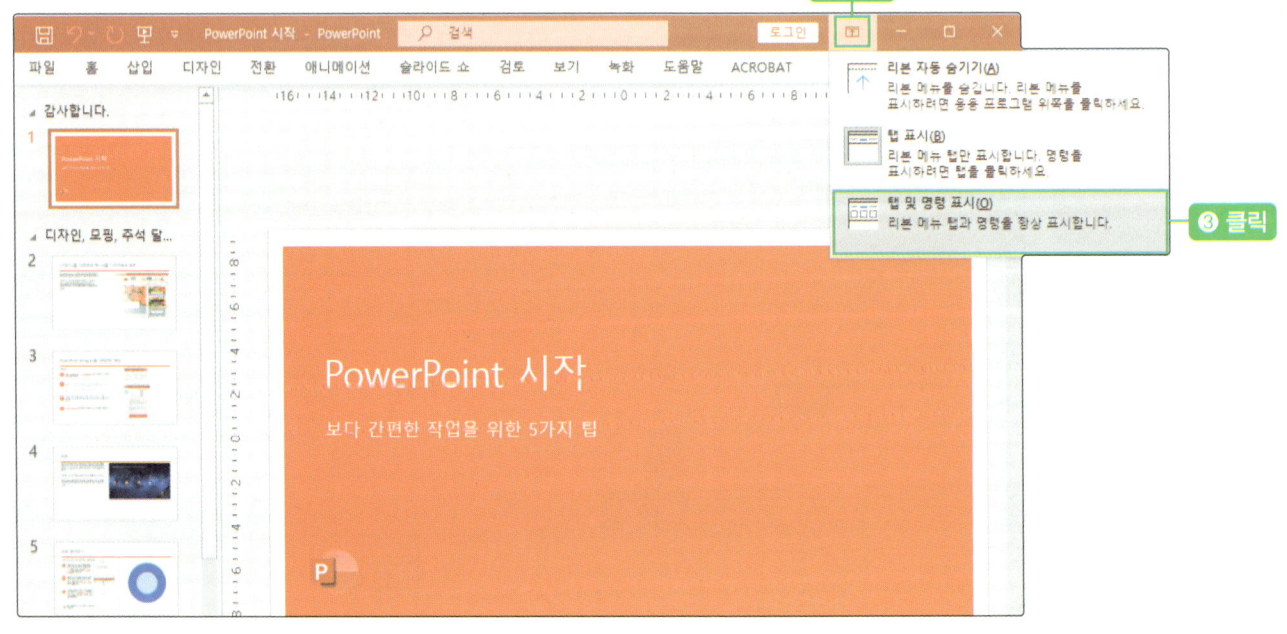

도전! 혼자 풀어 보세요!

1 [새 프레젠테이션]을 시작한 후 다음과 같이 제목 슬라이드를 작성해 보세요.

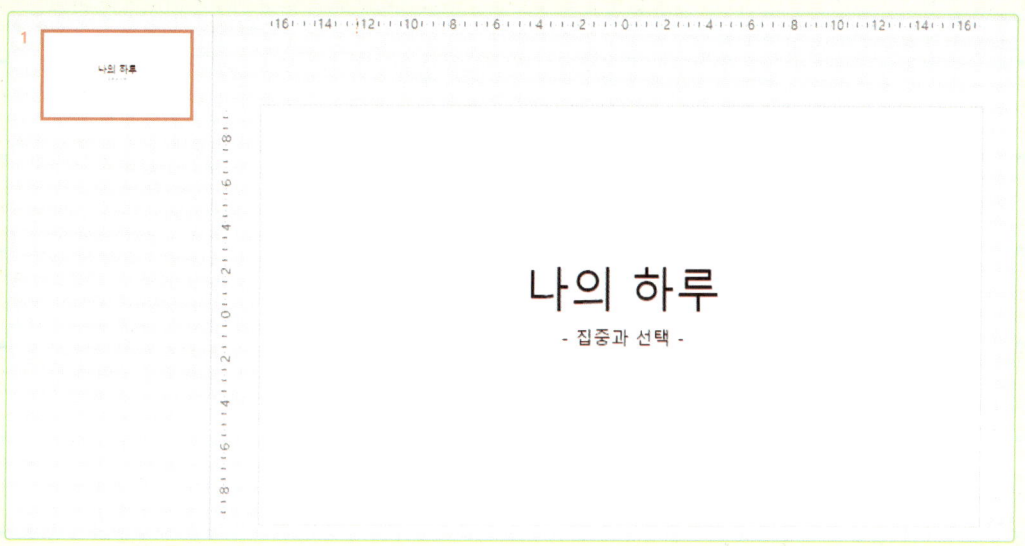

[새 프레젠테이션]의 처음 나타나는 [제목 슬라이드]에서 [제목] 입력란을 클릭하세요.

2 ①의 문서에 슬라이드를 추가하고 다음과 같이 작성해 보세요.

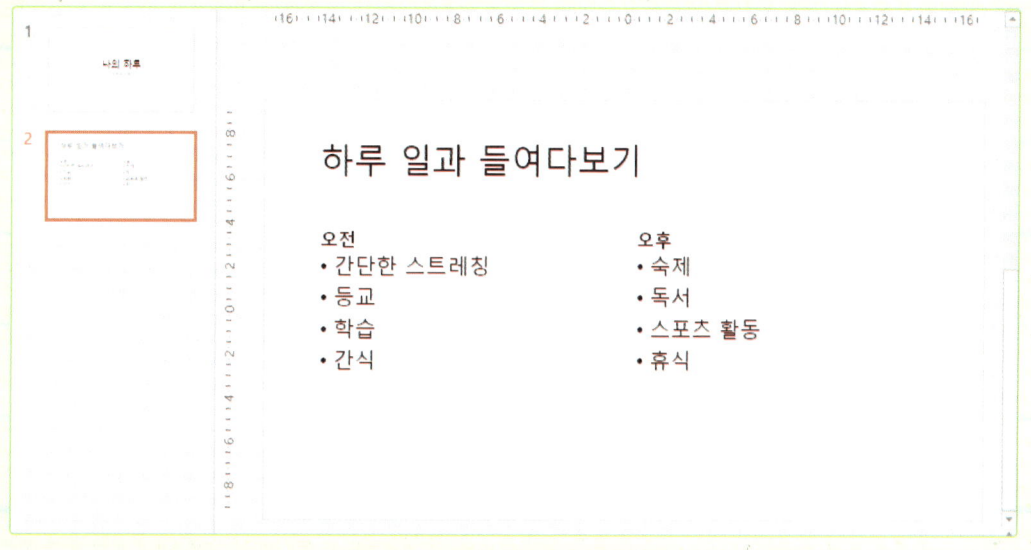

[슬라이드] 그룹에서 [슬라이드 레이아웃]-[비교]를 선택하세요.

슬라이드 편집하기

슬라이드의 크기를 사용 환경에 맞추어 변경할 수 있으며 슬라이드 추가, 삭제, 이동, 복사, 복제 등 다양하게 슬라이드를 편집할 수 있습니다.

➤➤ 슬라이드 크기를 조절하는 방법을 알아봅니다.
➤➤ 슬라이드 삭제, 이동, 복제 방법을 알아봅니다.
➤➤ 슬라이드 복사와 숨기기 방법을 알아봅니다.

배울 내용 미리 보기

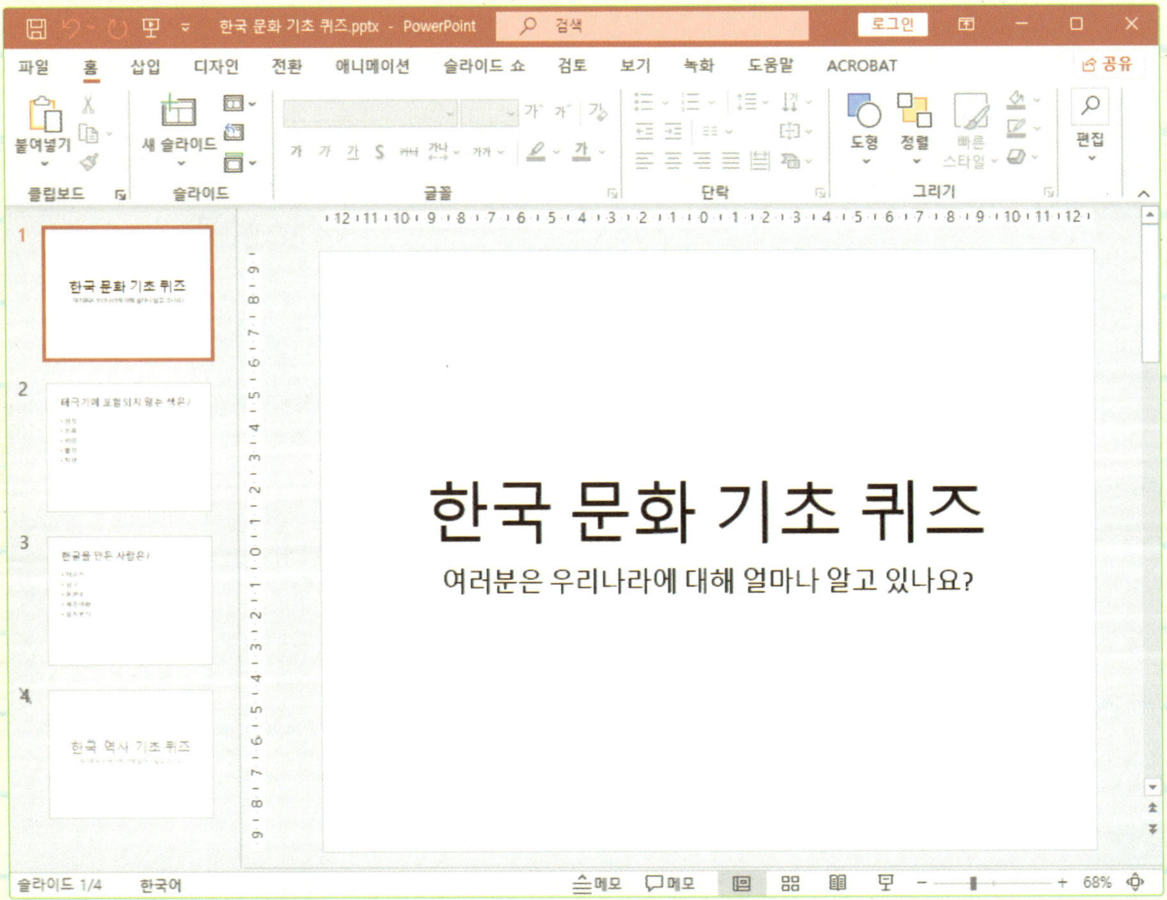

▲ 파일명 한국 문화 기초 퀴즈.pptx

슬라이드 크기 조절하기

1 [새 프레젠테이션]을 열고, ❶ [디자인] 탭의 [사용자 지정] 그룹에서 ❷ [슬라이드 크기]를 클릭한 후 ❸ [표준(4:3)]을 선택합니다.

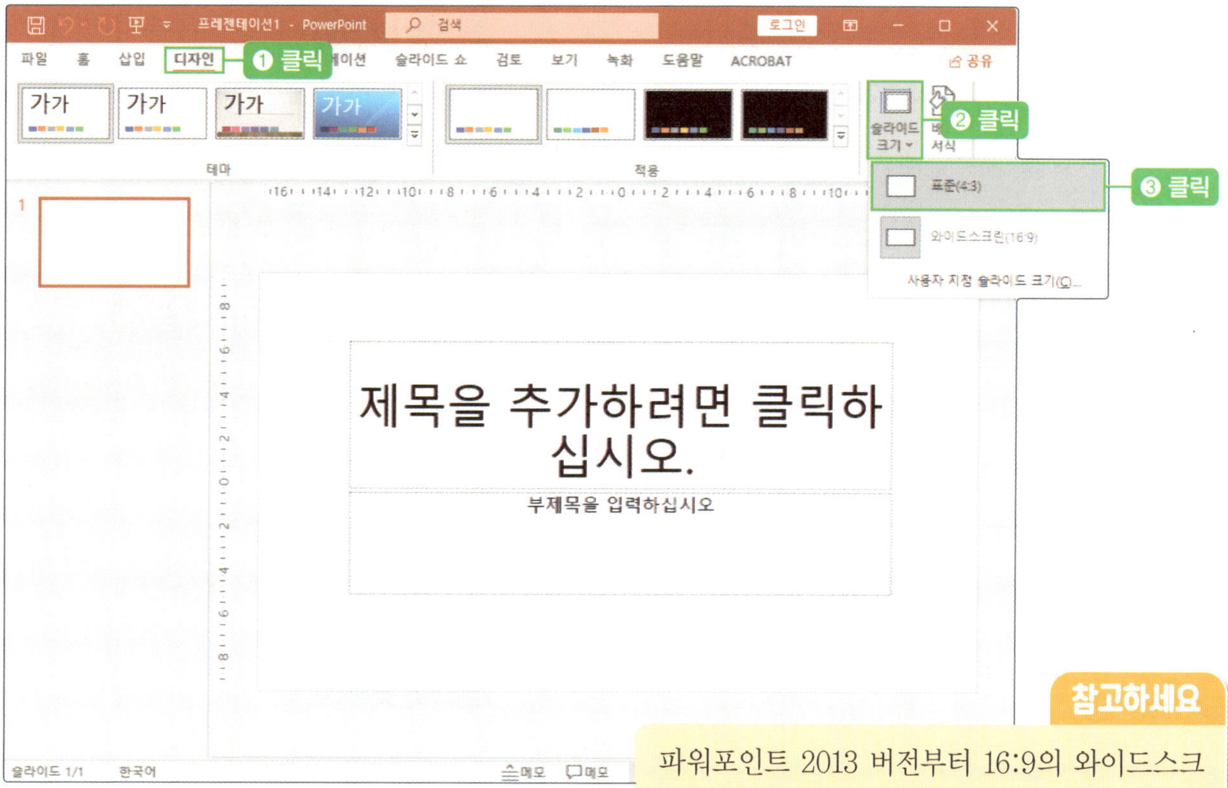

> **참고하세요**
> 파워포인트 2013 버전부터 16:9의 와이드스크린이 기본으로 설정되어 있습니다.
> [사용자 지정 슬라이드 크기]를 선택하여 목적에 맞게 슬라이드 크기를 설정할 수 있습니다.

2 슬라이드 크기 조정을 물어보는 창이 열리면 ❶ [맞춤 확인]을 클릭합니다.

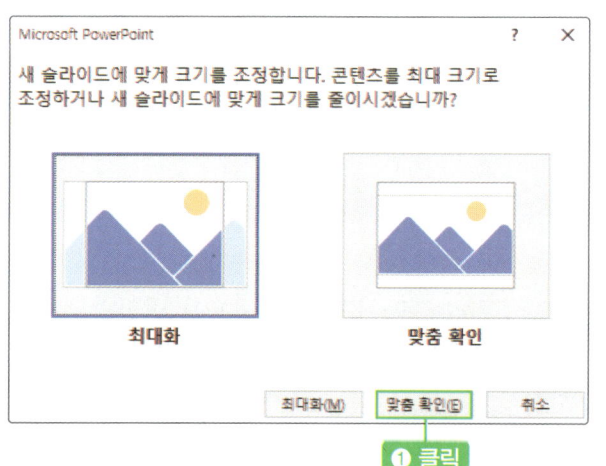

> **참고하세요**
> 슬라이드에 담긴 내용이 없을 때는 [맞춤 확인] 대화상자가 나타나지 않을 수도 있습니다.
> **최대화** 슬라이드 내용을 가능한 한 크게 보여주므로 일부 내용이 잘릴 수 있습니다.
> **맞춤 확인** 슬라이드 크기에 따라 내용이 자동으로 축소됩니다.

3 슬라이드가 크기가 [4:3] 비율 크기로 변경되었습니다. ❶ [제목] 입력란을 클릭하고 다음과 같이 입력합니다.

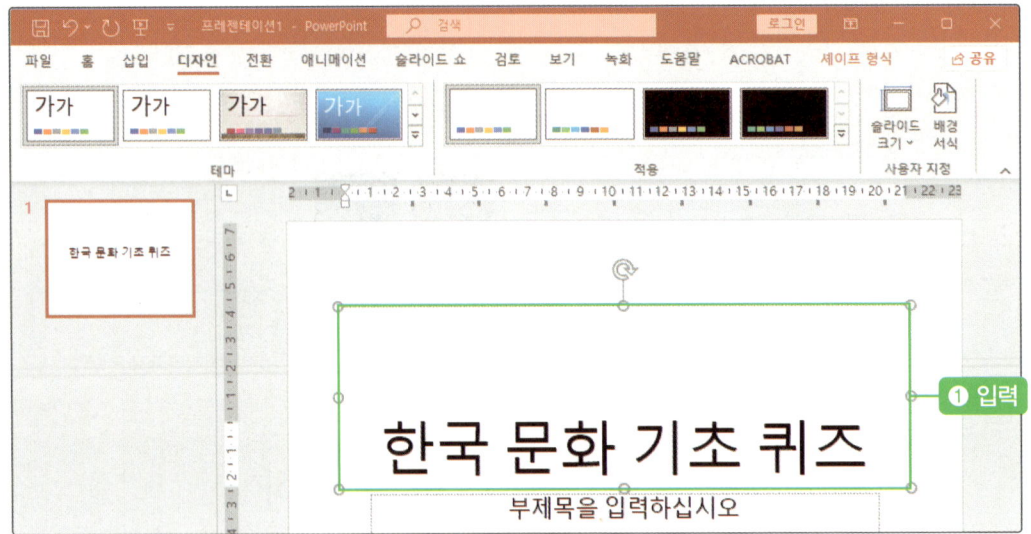

4 ❶ [부제목] 입력란을 클릭하고 다음과 같이 입력합니다.

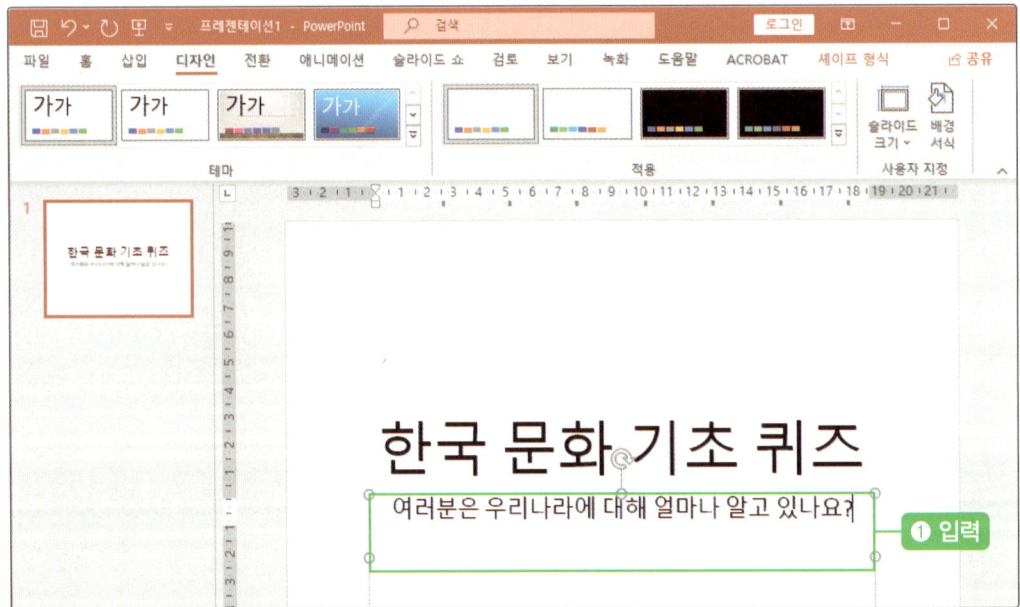

참고하세요

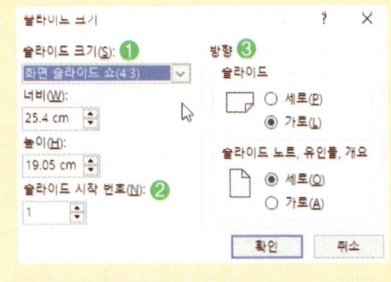

❶ **슬라이드 크기** 사용자가 원하는 슬라이드 크기를 지정할 수 있습니다.
❷ **슬라이드 시작 번호** 슬라이드 시작 번호를 변경할 수 있습니다.
❸ **방향** 슬라이드나 슬라이드 노트 등의 방향을 변경할 수 있습니다.

슬라이드 복제/이동/삭제하기

1 왼쪽 슬라이드 축소판 창에서 ❶ 마우스 오른쪽 버튼을 눌러 ❷ [새 슬라이드]를 클릭합니다.

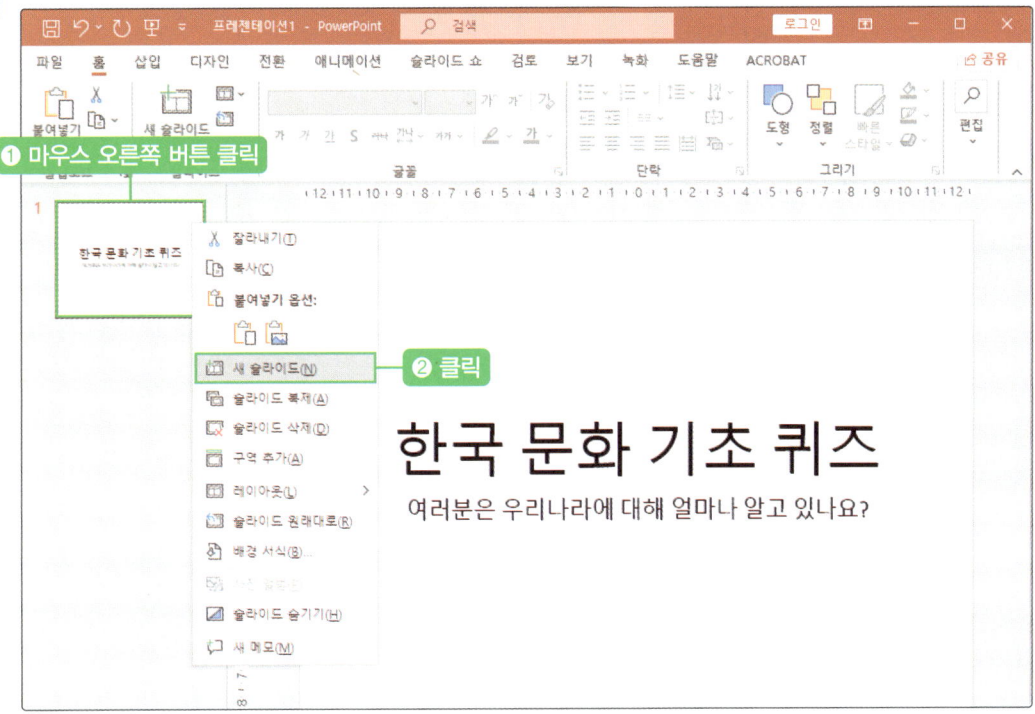

2 [제목 및 내용] 슬라이드가 추가됩니다. ❶ 입력 틀을 클릭하여 다음과 같이 입력합니다.

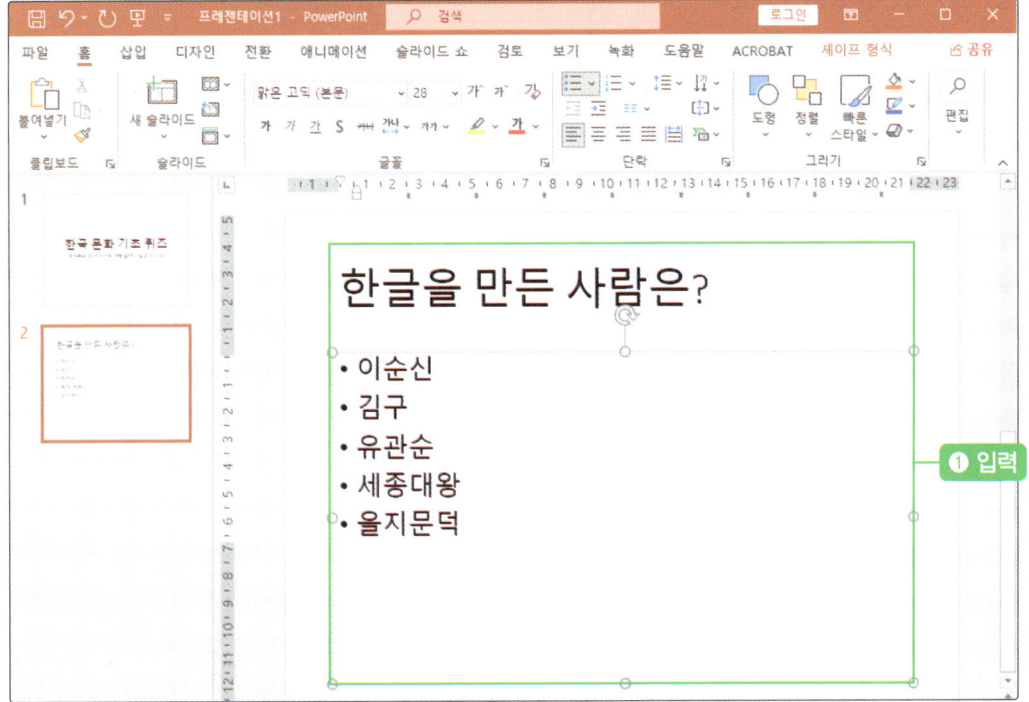

3 **슬라이드 복제** 왼쪽 창 두 번째 슬라이드 위에서 ❶ 마우스 오른쪽 버튼을 클릭한 후 ❷ [슬라이드 복제]를 선택합니다.

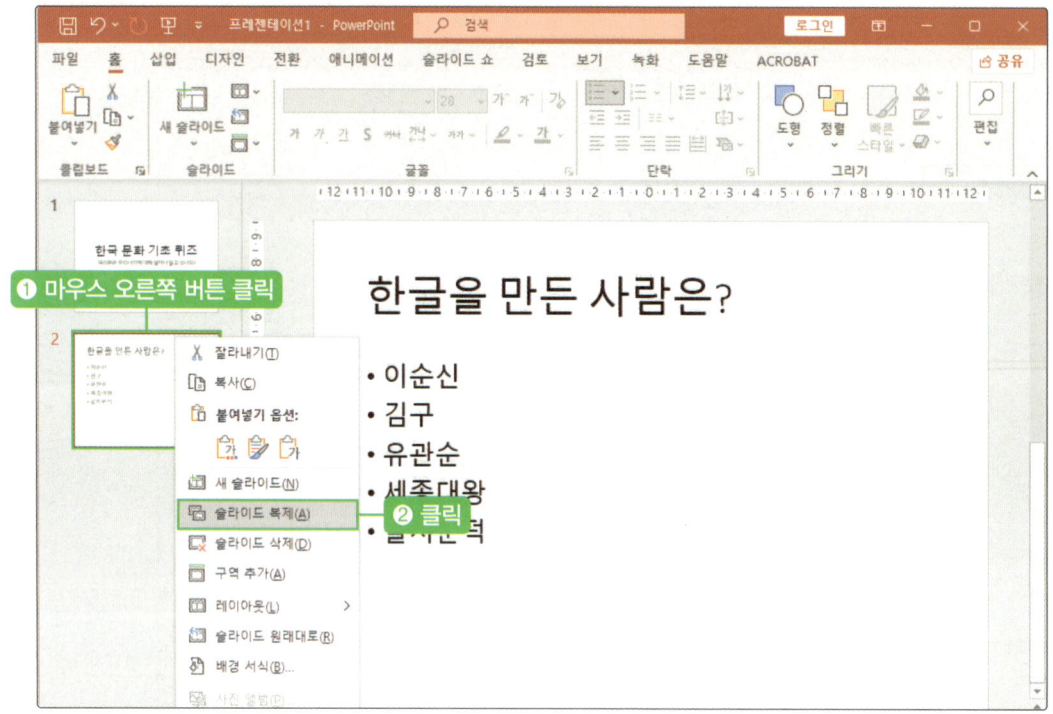

4 두 번째 슬라이드와 동일한 슬라이드가 생성됩니다. ❶ 입력 틀을 클릭하여 다음과 같이 입력합니다.

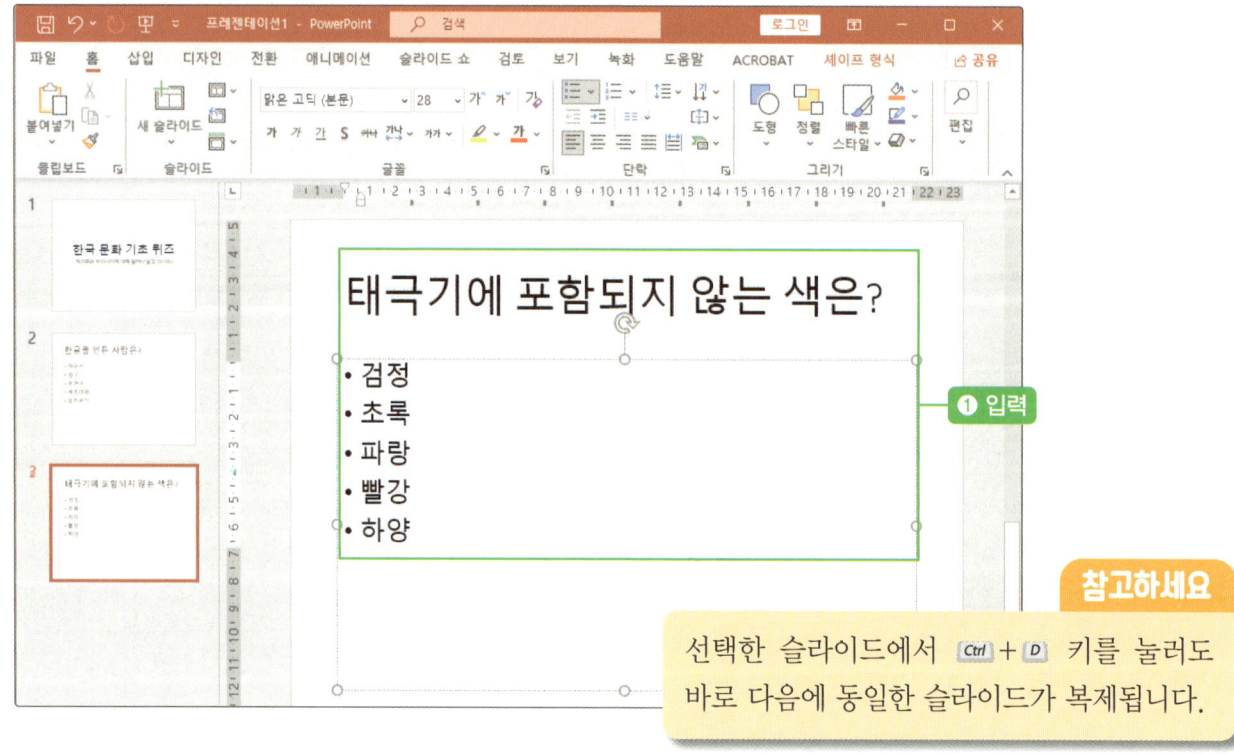

참고하세요

선택한 슬라이드에서 Ctrl + D 키를 눌러도 바로 다음에 동일한 슬라이드가 복제됩니다.

5 **슬라이드 이동** 세 번째 슬라이드를 두 번째로 이동해 봅니다. ❶ 슬라이드 축소판 창에서 세 번째 슬라이드를 선택한 후 두 번째 슬라이드 위로 드래그 앤 드롭합니다.

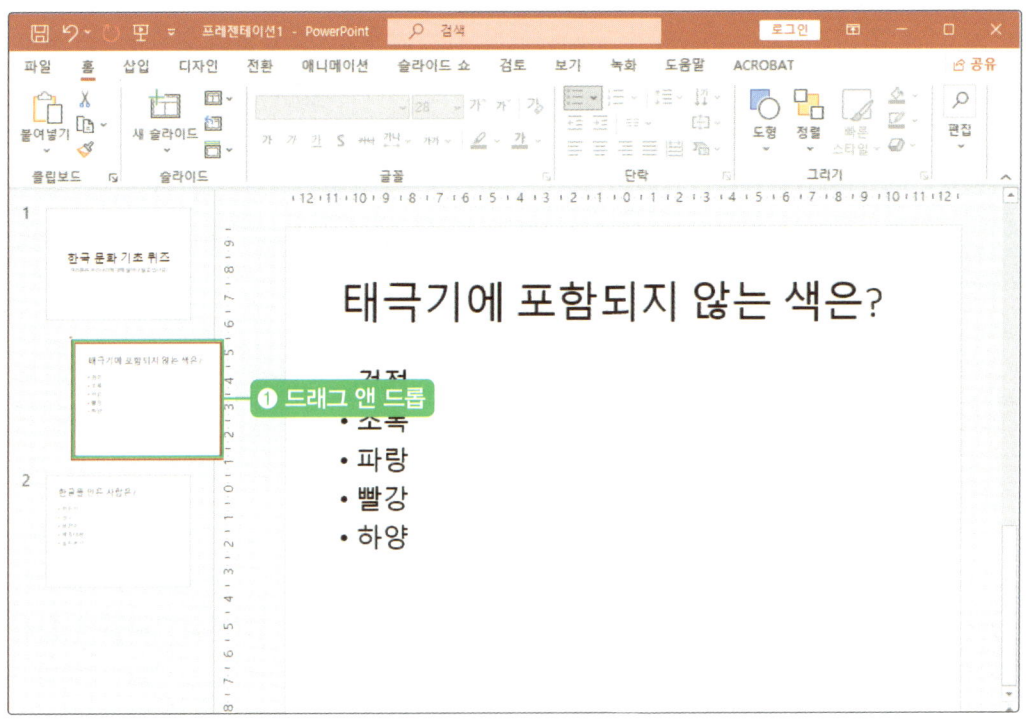

6 **슬라이드 삭제** ❶ 슬라이드를 선택한 후 마우스 오른쪽 단추를 눌러 ❷ [슬라이드 삭제]를 클릭합니다.

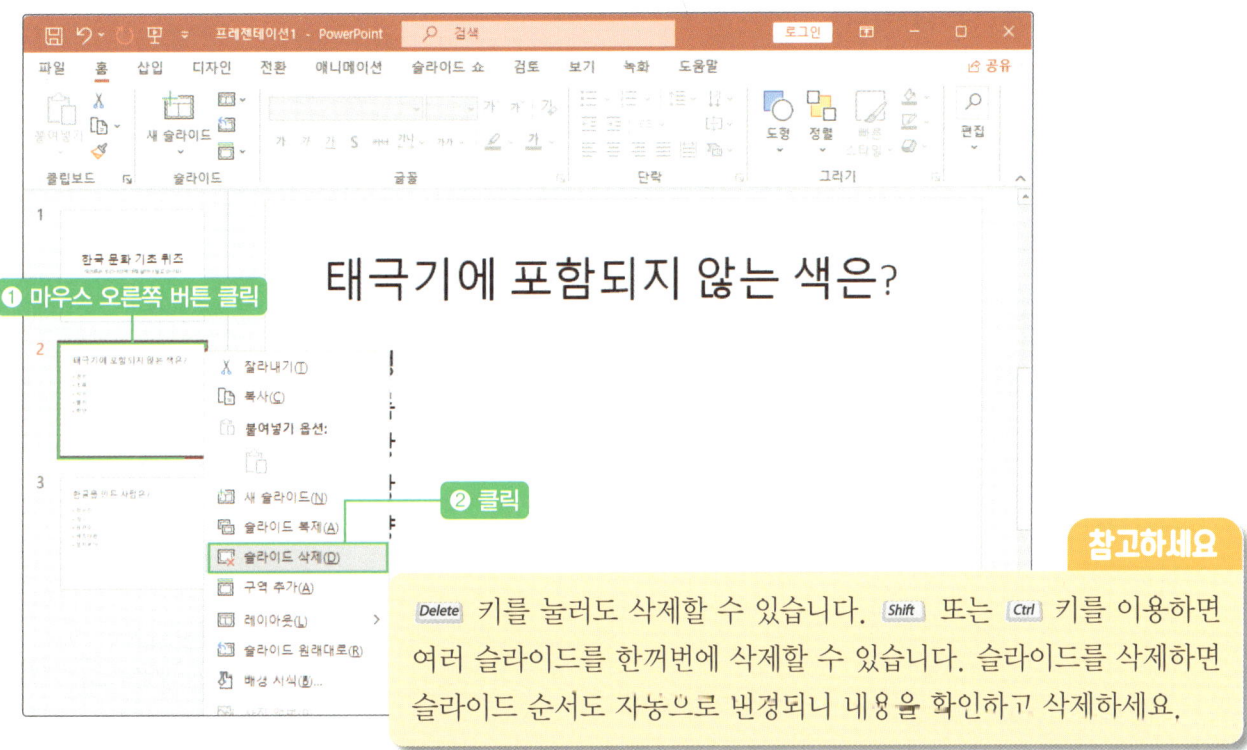

참고하세요

Delete 키를 눌러도 삭제할 수 있습니다. Shift 또는 Ctrl 키를 이용하면 여러 슬라이드를 한꺼번에 삭제할 수 있습니다. 슬라이드를 삭제하면 슬라이드 순서도 자동으로 변경되니 내용을 확인하고 삭제하세요.

3 슬라이드 복사와 숨기기

1 **슬라이드 복사** 왼쪽 슬라이드 축소판 창에서 슬라이드를 복사하여 원하는 위치에 붙여넣을 수 있습니다. ❶ 첫 번째 슬라이드를 선택한 후 마우스 오른쪽 버튼을 눌러 ❷ [복사]를 클릭합니다.

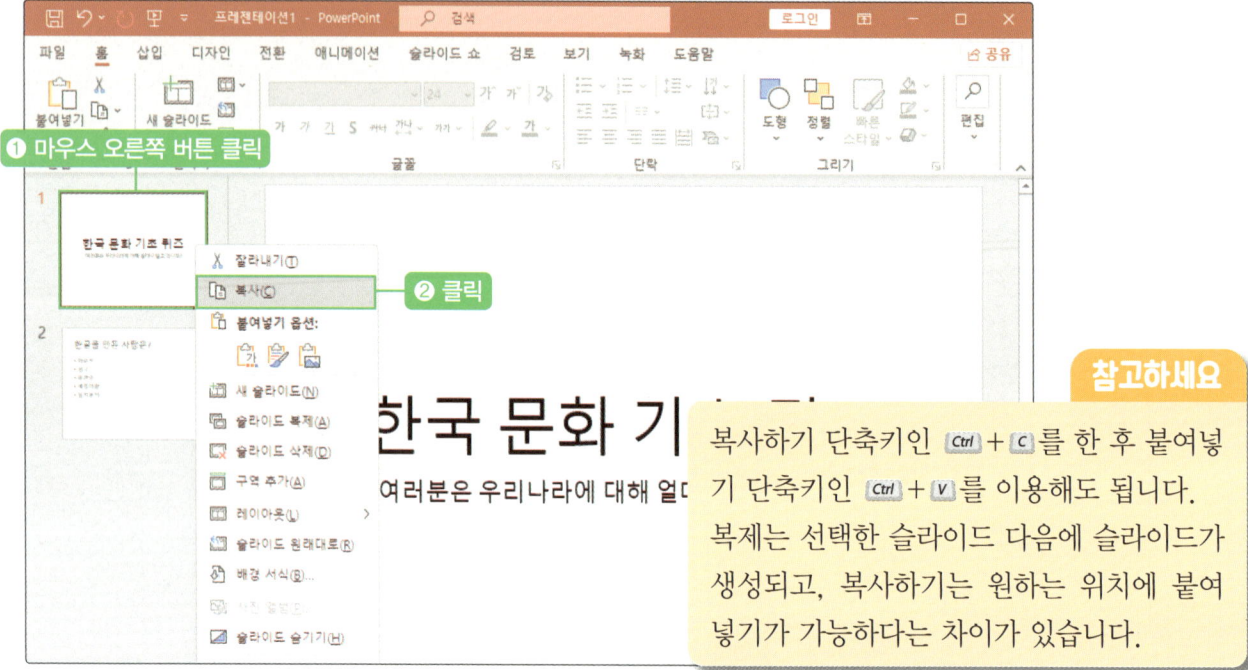

참고하세요
복사하기 단축키인 Ctrl + C 를 한 후 붙여넣기 단축키인 Ctrl + V 를 이용해도 됩니다. 복제는 선택한 슬라이드 다음에 슬라이드가 생성되고, 복사하기는 원하는 위치에 붙여넣기가 가능하다는 차이가 있습니다.

2 ❶ 마지막 슬라이드 다음의 공백을 클릭한 후 마우스 오른쪽 단추를 눌러 [붙여넣기 옵션]의 ❷ '붙여넣기'를 클릭합니다.

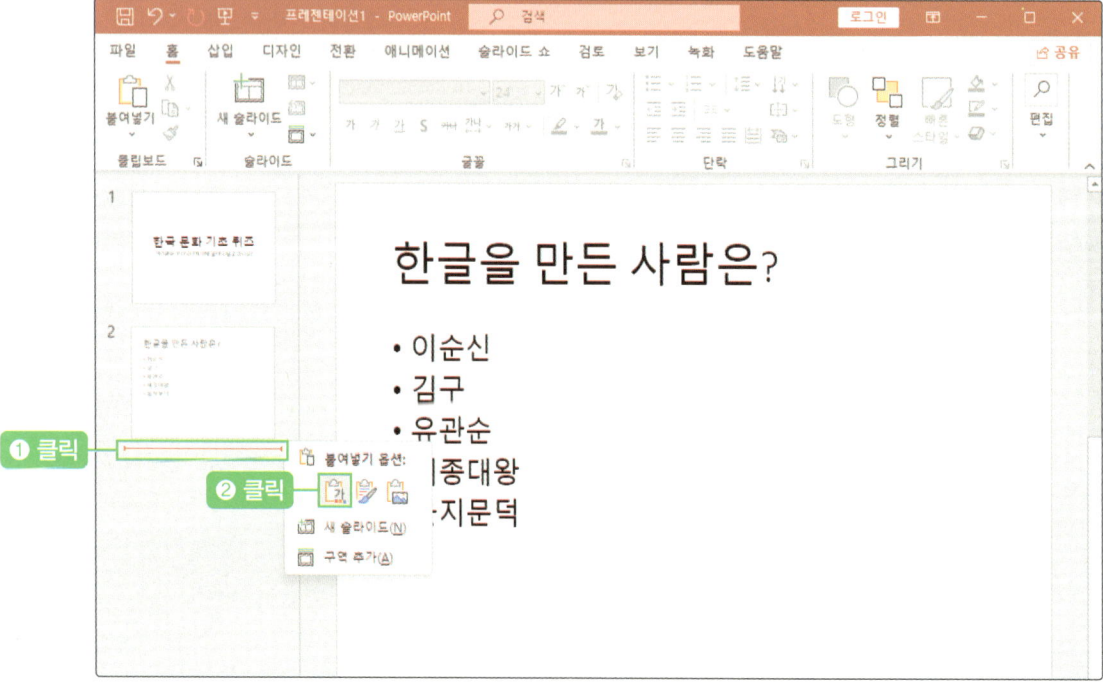

3 네 번째 슬라이드에 첫 번째 슬라이드와 동일한 슬라이드가 생성됩니다.

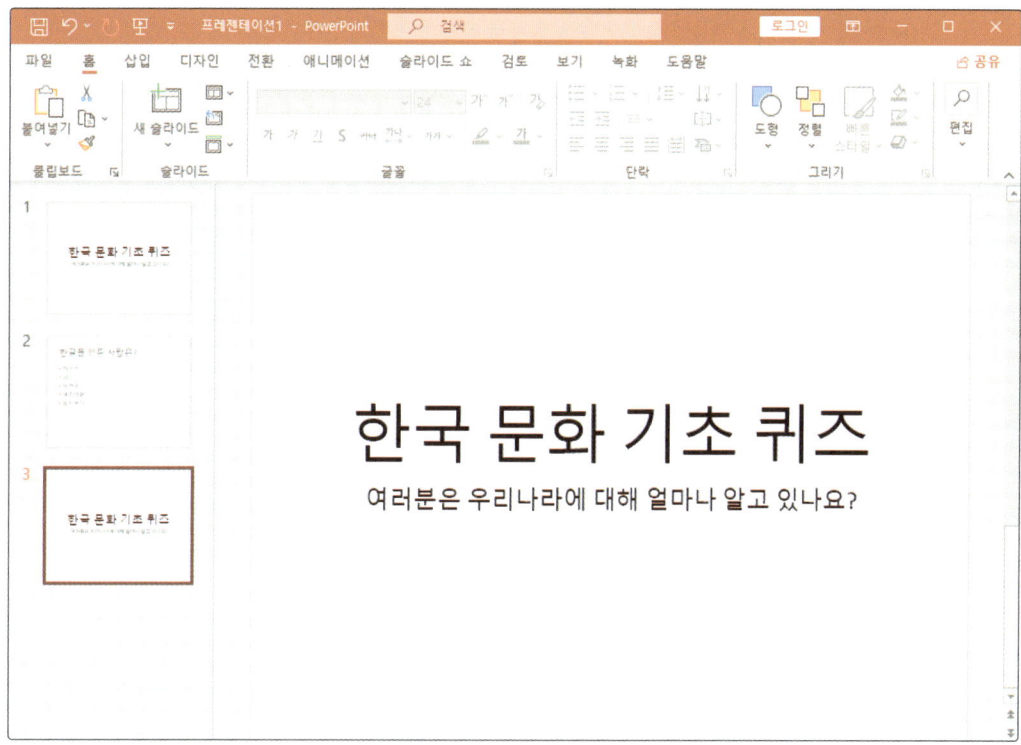

4 슬라이드 형식을 유지한 상태에서 ❶ "여러분은 한국사에 대해 얼마나 알고 있나요?"로 내용만 수정합니다.

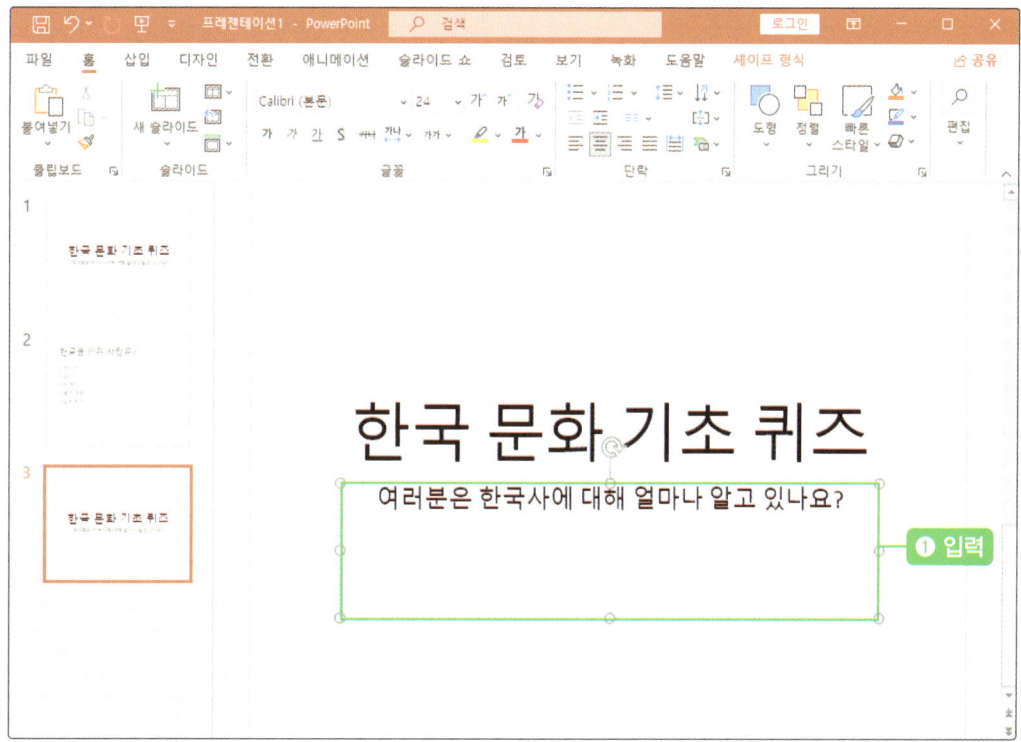

5 **슬라이드 숨기기** 필요에 따라 슬라이드를 숨길 수 있습니다. ❶ 네 번째 슬라이드를 선택한 후 마우스 오른쪽 버튼을 눌러 ❷ [슬라이드 숨기기]를 클릭합니다.

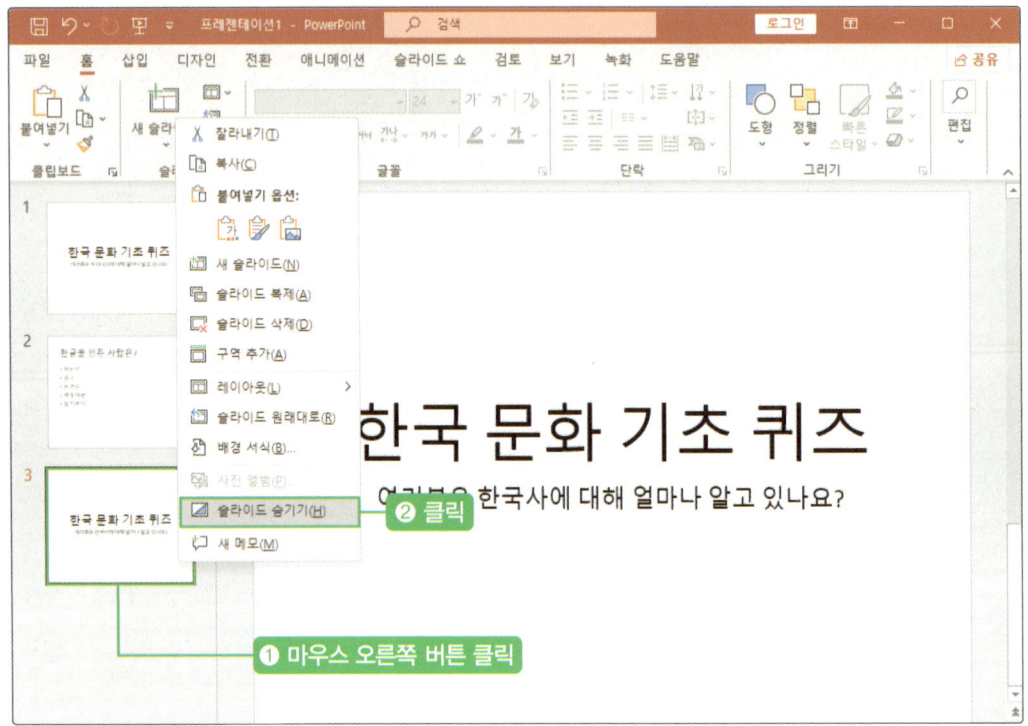

6 숨긴 슬라이드는 슬라이드 번호에 \가 표시됩니다. 숨긴 슬라이드를 다시 표시하기 위해 ❶ 세 번째 슬라이드를 선택한 후 마우스 오른쪽 버튼을 눌러 ❷ [슬라이드 숨기기]를 클릭합니다.

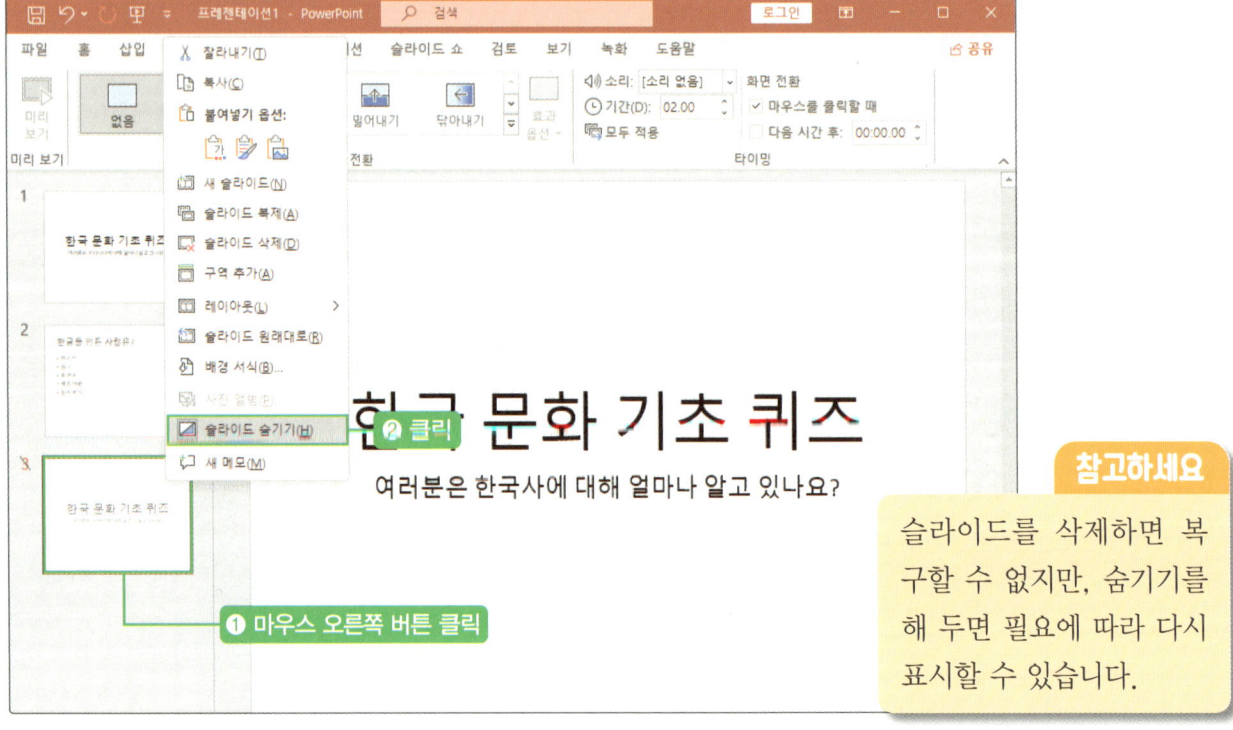

참고하세요

슬라이드를 삭제하면 복구할 수 없지만, 숨기기를 해 두면 필요에 따라 다시 표시할 수 있습니다.

도전! 혼자 풀어 보세요!

1 다음과 같이 슬라이드를 작성해 보세요.

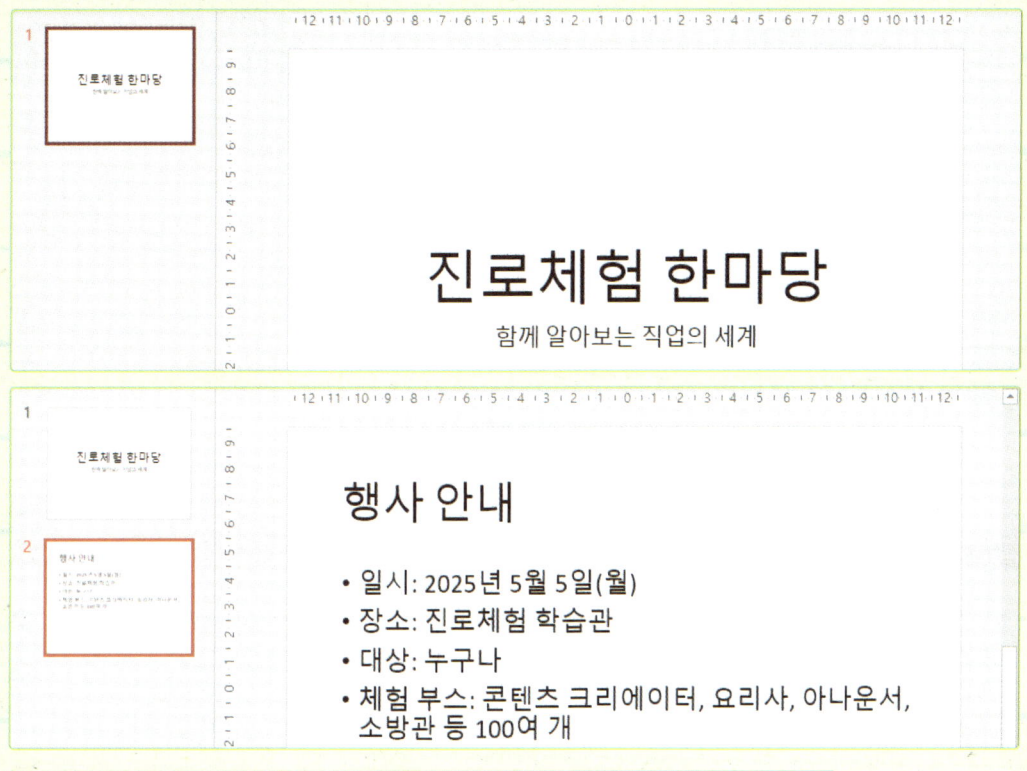

[새 프레젠테이션]을 열고, 슬라이드 크기를 [표준(4:3)]으로 변경하세요.
[제목 및 내용] 슬라이드를 추가한 후 내용을 입력하세요.

2 두 번째 슬라이드를 복제한 후 내용을 수정해 보세요. 작성이 끝난 슬라이드를 '진로체험 한마당'으로 저장해 보세요.

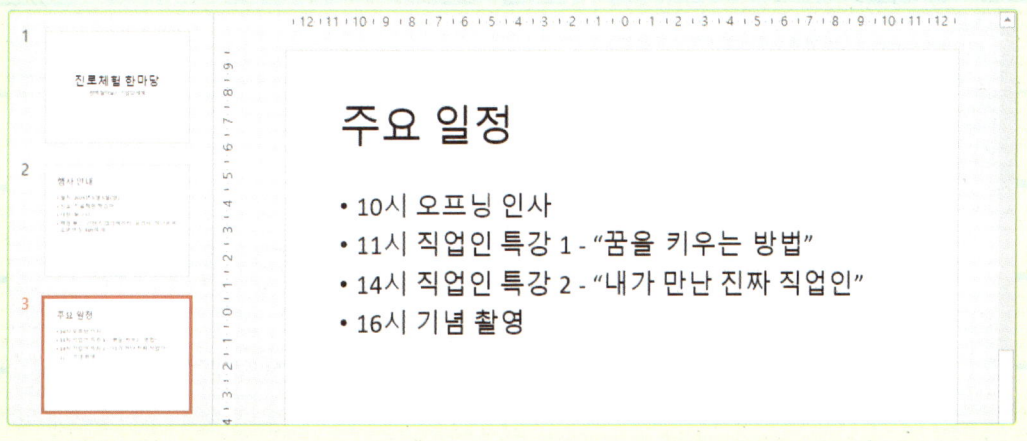

테마와 배경 스타일 지정하기

파워포인트 2021에서는 배경과 글꼴, 효과 등 디자인을 포함한 테마를 제공합니다. 배경 스타일을 조절하여 사용자가 원하는 대로 서식을 변경할 수 있습니다.

⇛ 기본으로 제공되는 테마를 지정하여 프레젠테이션 문서를 작성하는 방법을 알아봅니다.
⇛ 디자인 테마를 적용하는 방법을 알아봅니다.

배울 내용 미리 보기

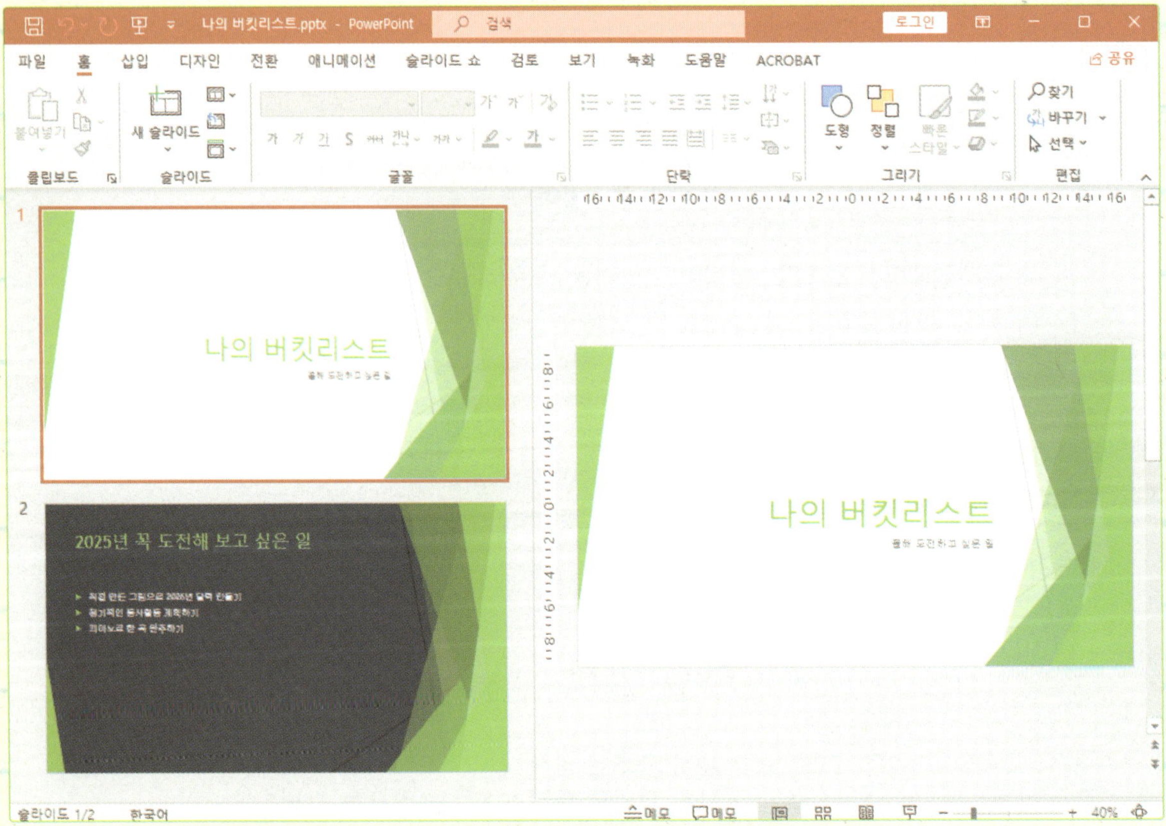

▲ 파일명 나의 버킷리스트.pptx

1 테마 지정하기

1 ❶ [파일]-[새로 만들기]에서 ❷ 원하는 테마를 클릭합니다.

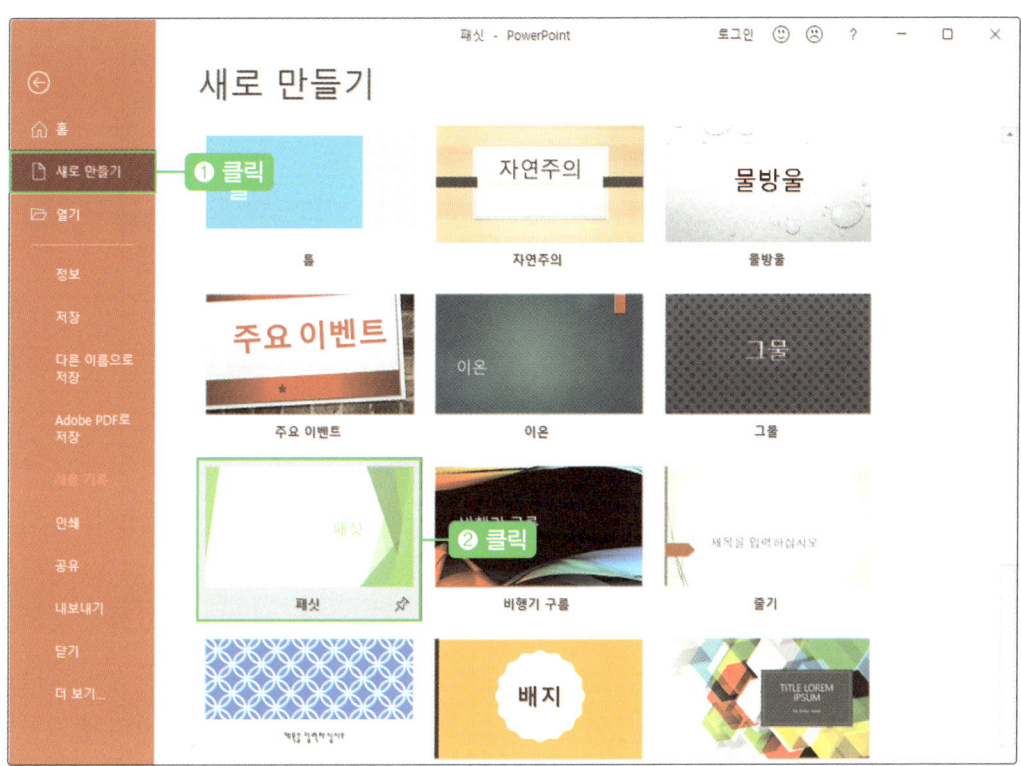

2 테마가 열리면 ❶ 원하는 색상을 선택한 후 ❷ [만들기]를 클릭합니다.

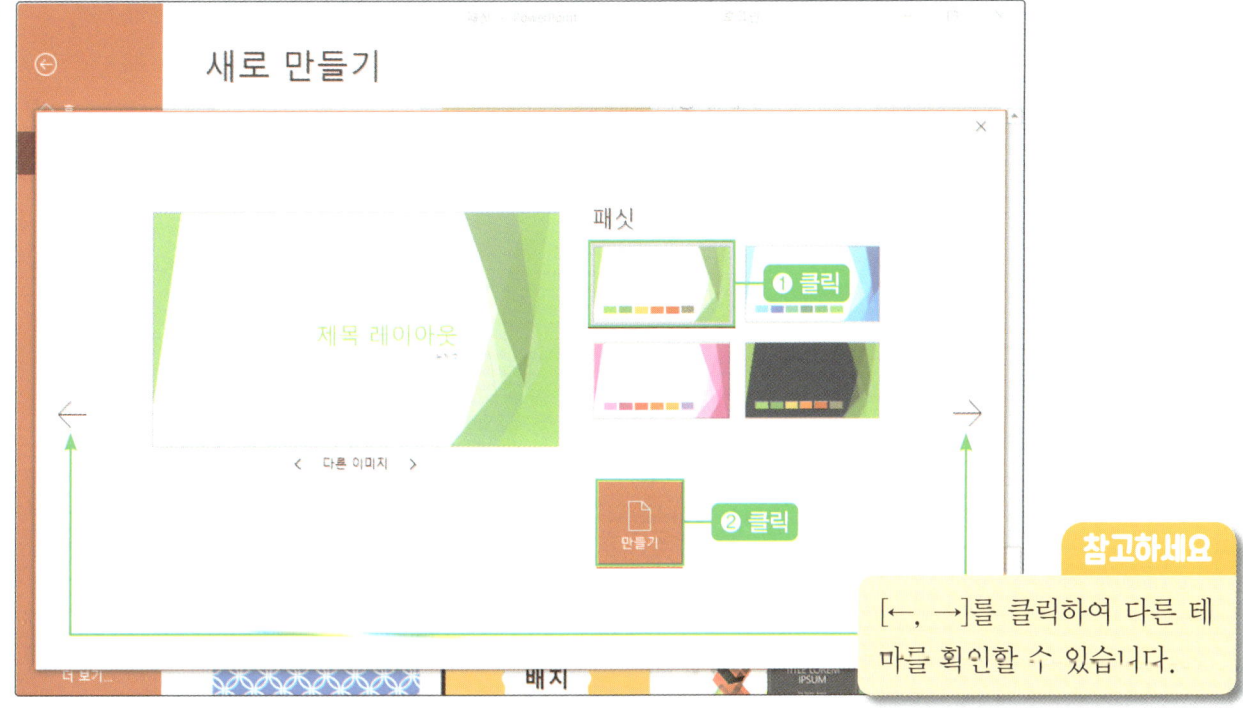

참고하세요
[←, →]를 클릭하여 다른 테마를 확인할 수 있습니다.

3 슬라이드가 열리면 ❶ [제목] 입력란 [부제목] 입력란을 다음과 같이 입력합니다.

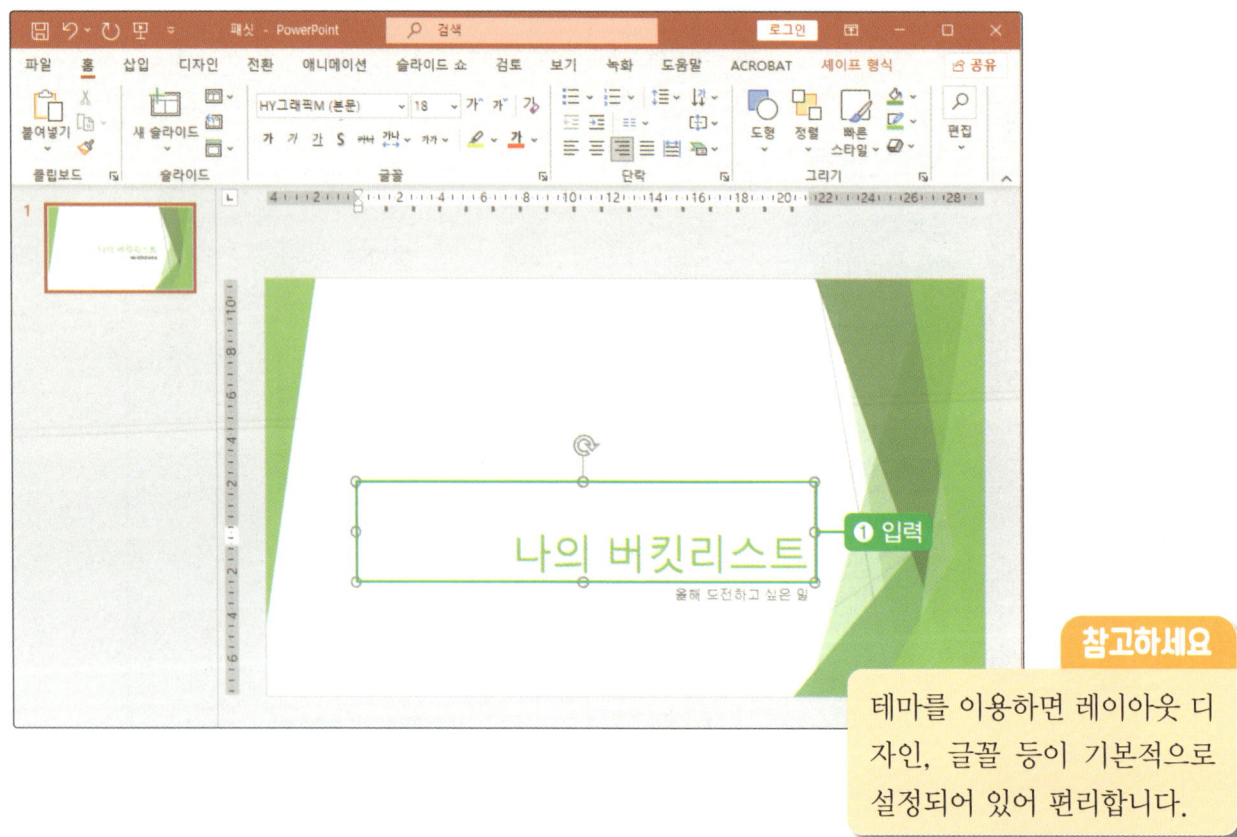

참고하세요
테마를 이용하면 레이아웃 디자인, 글꼴 등이 기본적으로 설정되어 있어 편리합니다.

4 [제목 및 내용] 슬라이드를 추가한 후 다음과 같이 ❶ 제목과 ❷ 내용을 입력합니다.

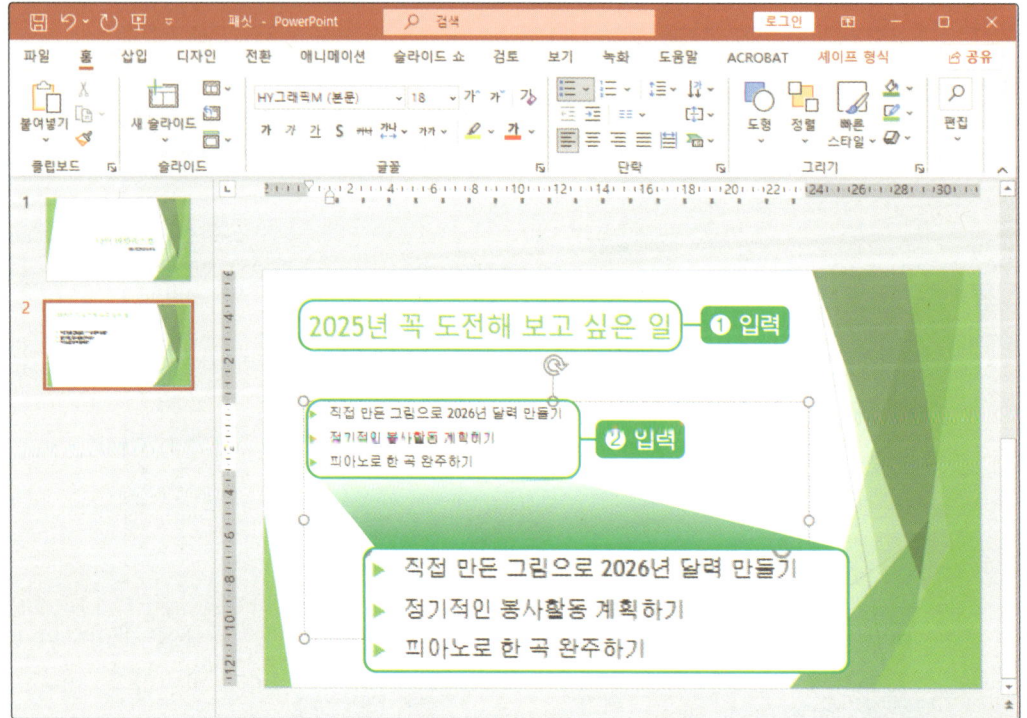

2 테마 변경하기

1 테마를 변경하려면 ❶ [디자인] 탭의 [테마] 그룹에서 ❷ '자세히(▽)' 목록을 클릭합니다.

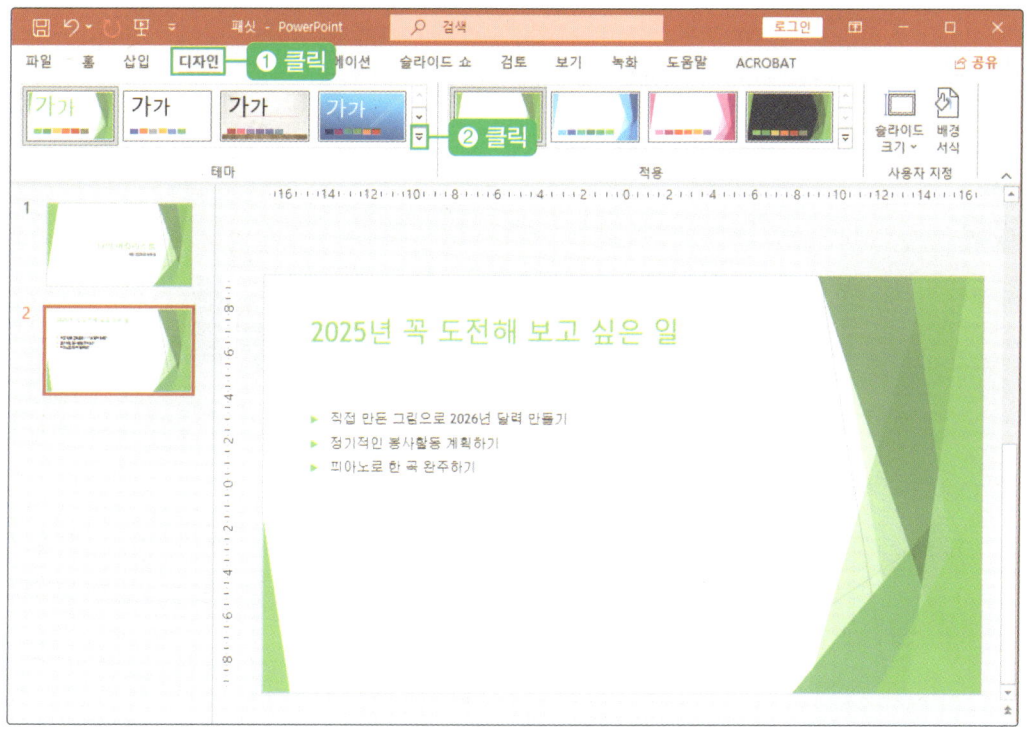

2 ❶ 원하는 테마를 선택한 후 마우스 오른쪽 버튼을 눌러 ❷ [모든 슬라이드에 적용]을 클릭합니다.

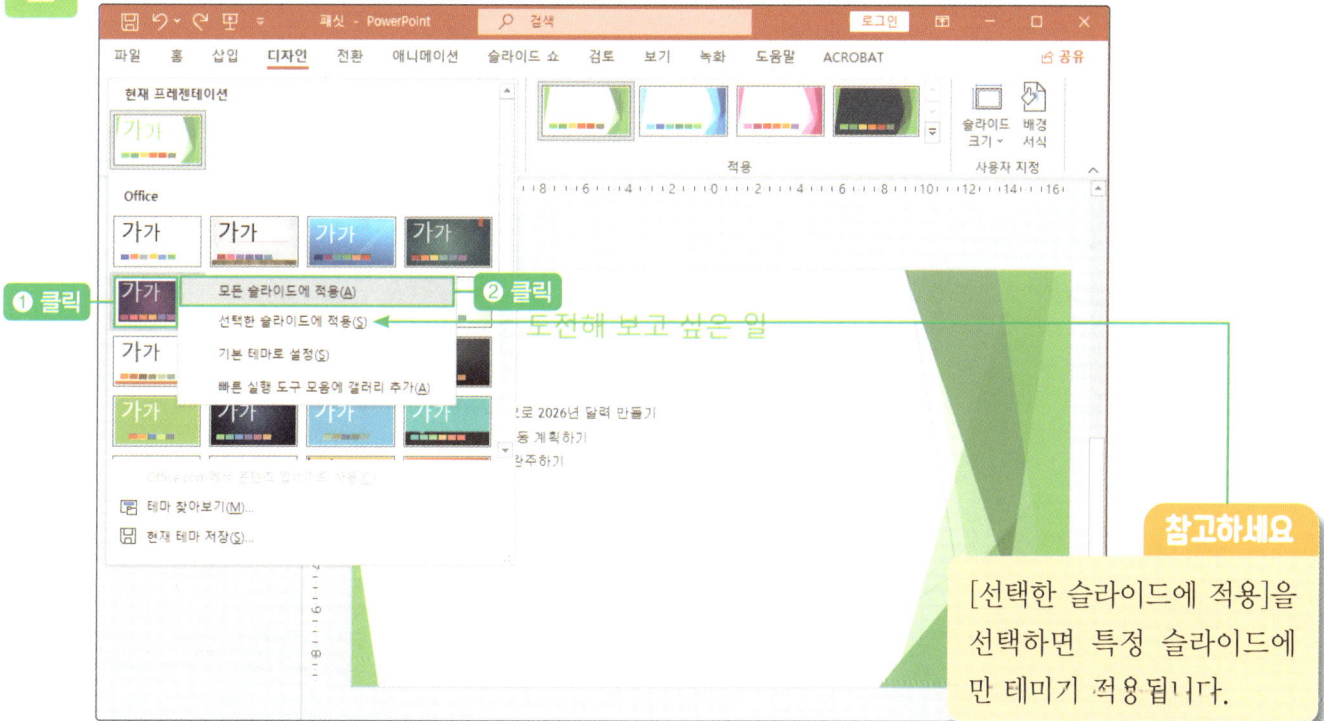

참고하세요

[선택한 슬라이드에 적용]을 선택하면 특정 슬라이드에만 테마가 적용됩니다.

3 디자인 테마의 색을 바꿔 봅니다. ❶ [디자인] 탭의 [적용] 그룹에서 ❷ 자세히(▼) 목록을 클릭합니다.

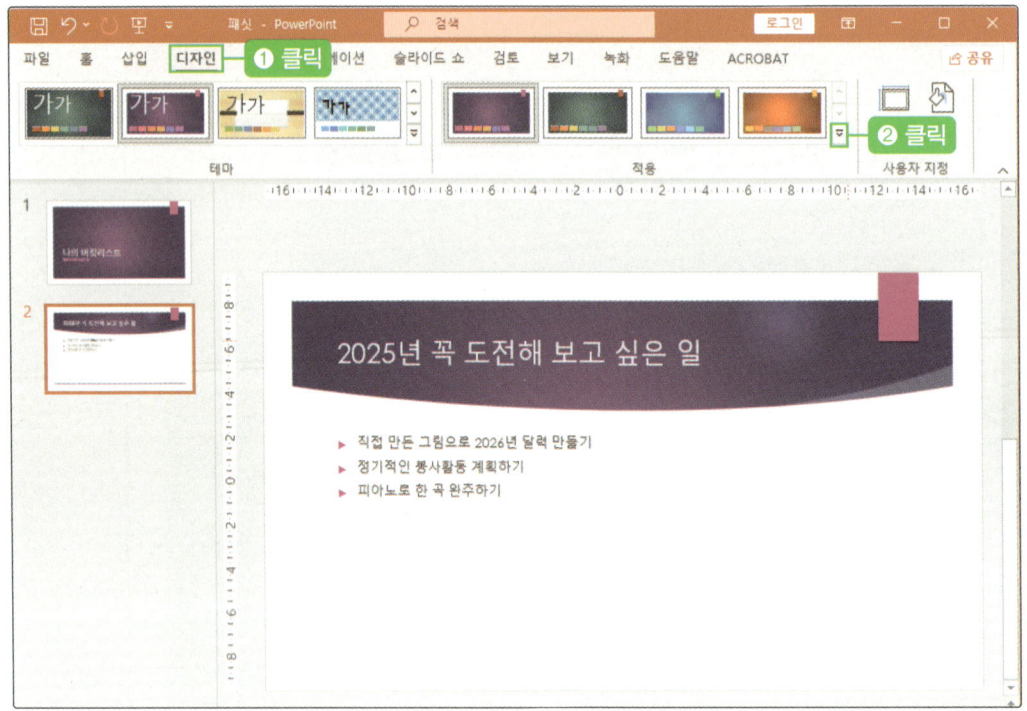

4 ❶ [색]에서 ❷ [녹색]을 선택하여 테마의 색상을 녹색으로 변경합니다.

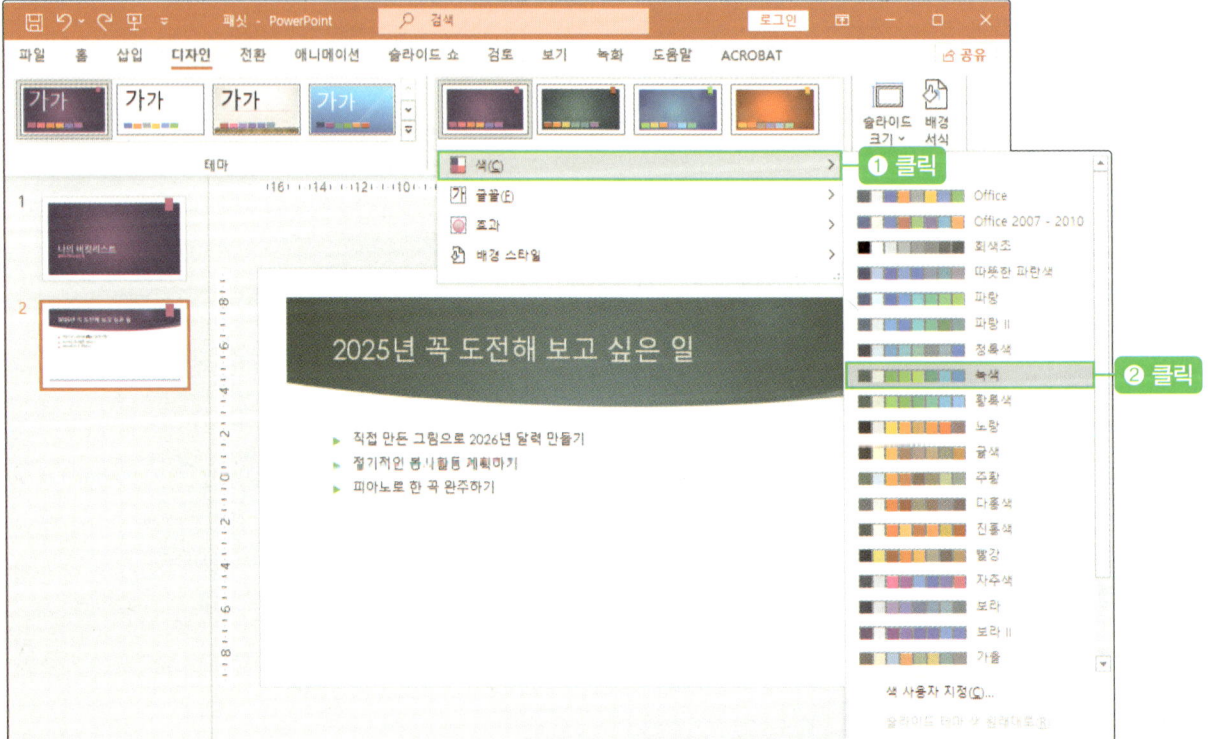

5 이번에는 테마에 있는 글꼴을 설정해 보겠습니다. 사용자가 원하는 글꼴로 한꺼번에 변경해 봅니다. [디자인] 탭의 [적용] 그룹에서 자세히(▼) 목록을 클릭한 후 ❶ [글꼴]에서 ❷ 원하는 글꼴을 선택합니다.

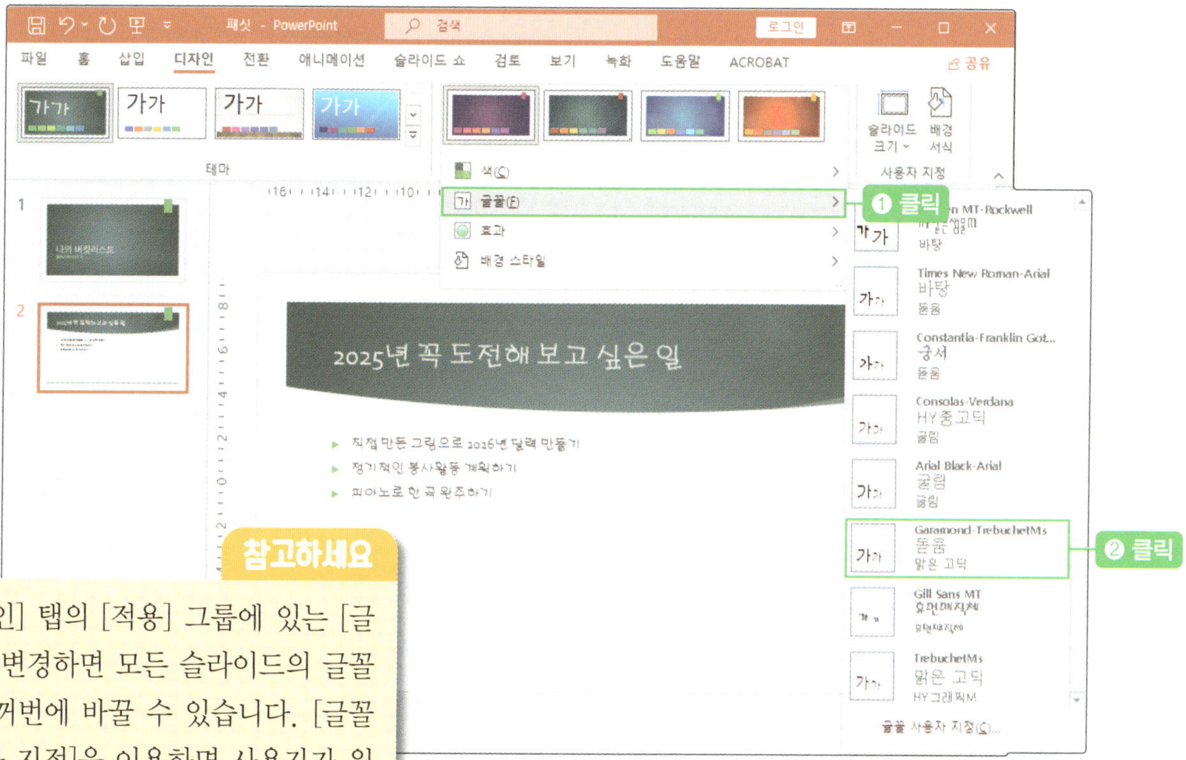

참고하세요

[디자인] 탭의 [적용] 그룹에 있는 [글꼴]을 변경하면 모든 슬라이드의 글꼴을 한꺼번에 바꿀 수 있습니다. [글꼴 사용자 지정]을 이용하면 사용자가 원하는 글꼴로 변경이 가능합니다.

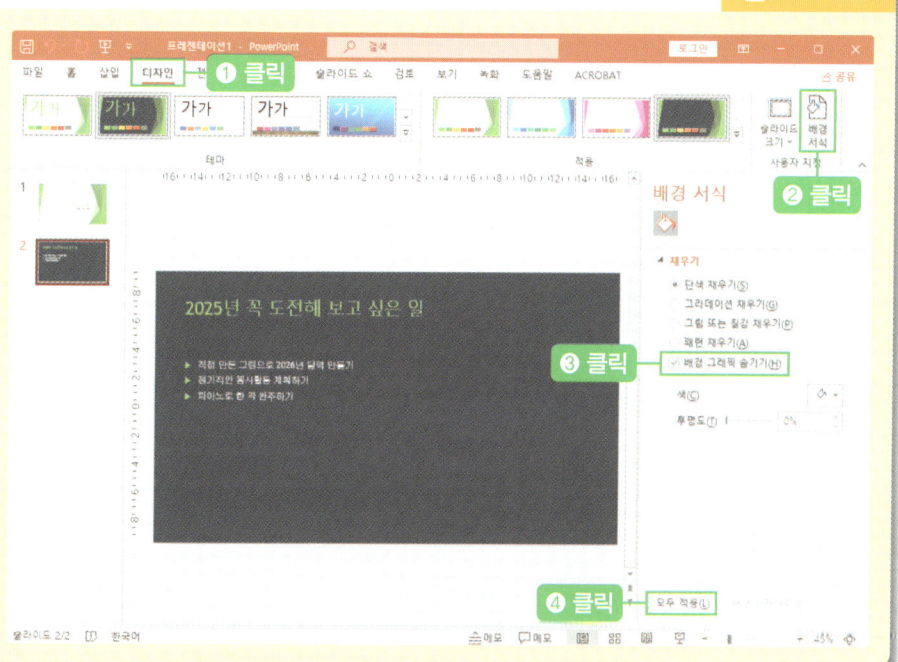

참고하세요

슬라이드에서 테마의 배경 이미지를 제거하려면 ❶ [디자인] 탭의 [사용자 지정] 그룹에서 ❷ [배경 서식]의 ❸ [채우기-배경 그래픽 숨기기]를 선택하고 ❹ [모두 적용]을 클릭합니다.

도전! 혼자 풀어 보세요!

1 [새로 만들기]에서 검색 기능으로 [물방울]을 찾아 파란색 배경을 선택하고 다음과 같이 제목을 입력해 보세요.

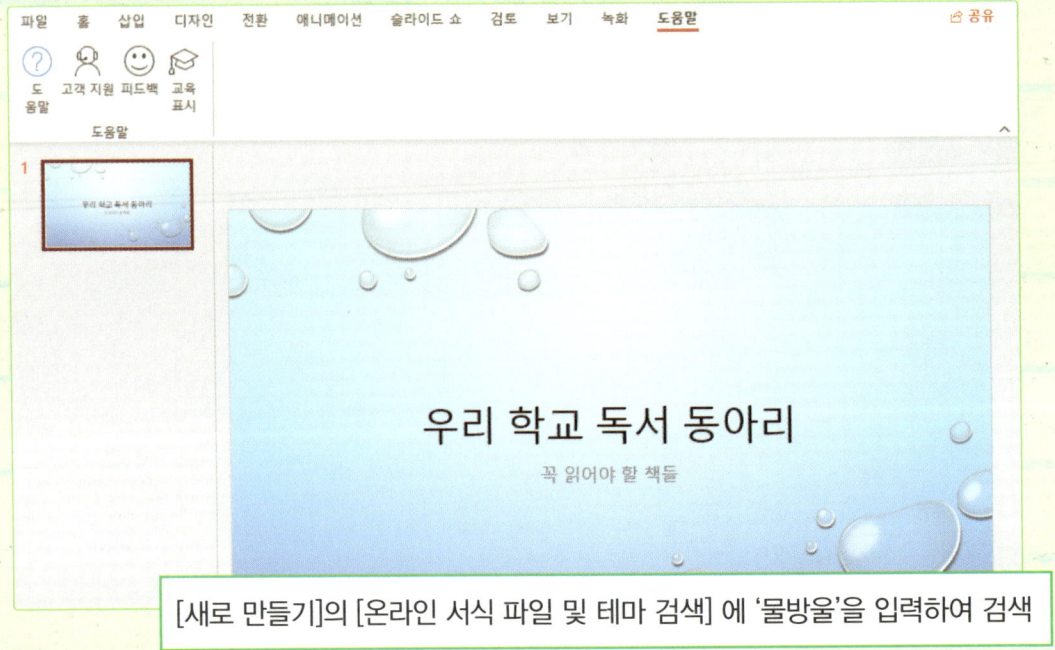

[새로 만들기]의 [온라인 서식 파일 및 테마 검색] 에 '물방울'을 입력하여 검색

2 ❶에 이어 슬라이드를 추가하고 다음과 같이 내용을 입력하고 '우리학교 독서 동아리.pptx'로 저장하세요.

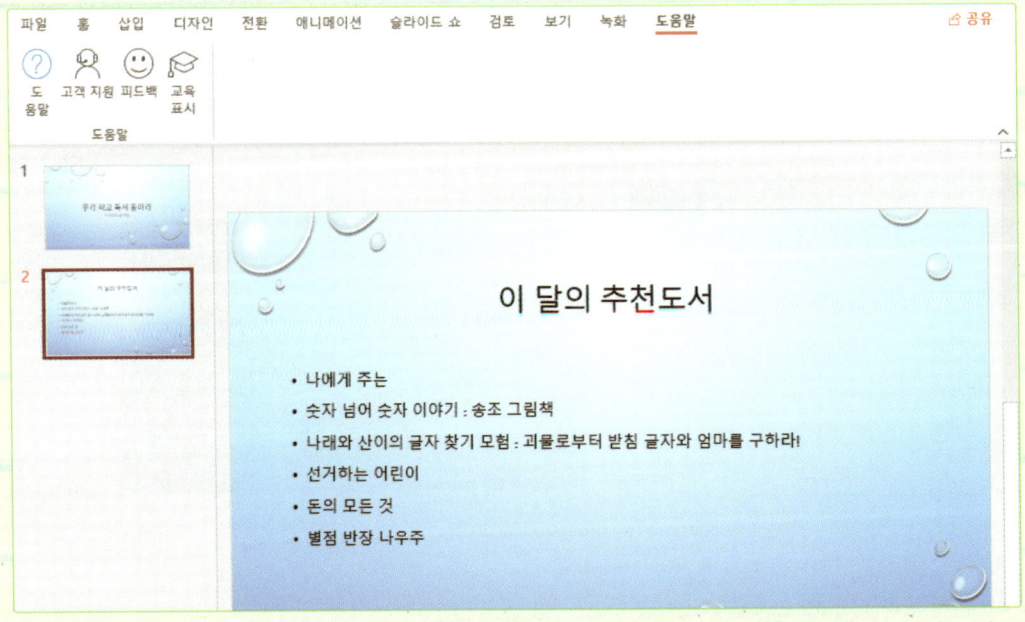

도전! 혼자 풀어 보세요!

3 [새로 만들기]에서 디자인 테마 [아틀라스]를 적용한 후 색을 [보라 II]로 변경하고 다음과 같이 제목을 입력해 보세요.

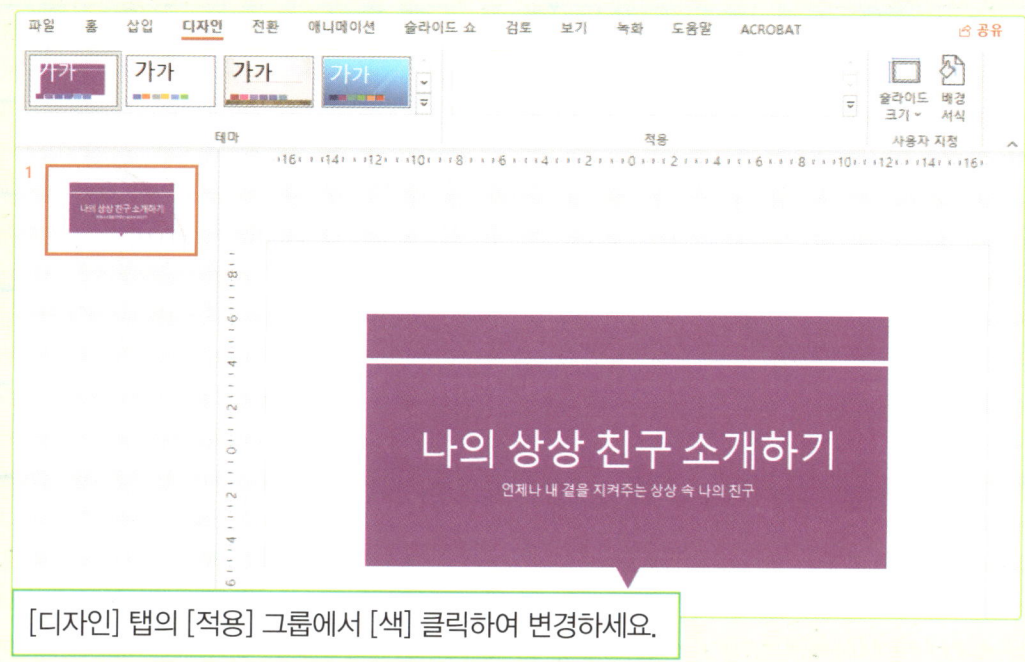

[디자인] 탭의 [적용] 그룹에서 [색] 클릭하여 변경하세요.

4 ❸에 이어 슬라이드를 추가하고 다음과 같이 내용을 입력하고 원하는 글꼴을 지정하여 전체 슬라이드를 변경하고 '나의 상상친구 소개하기.pptx'로 저장하세요.

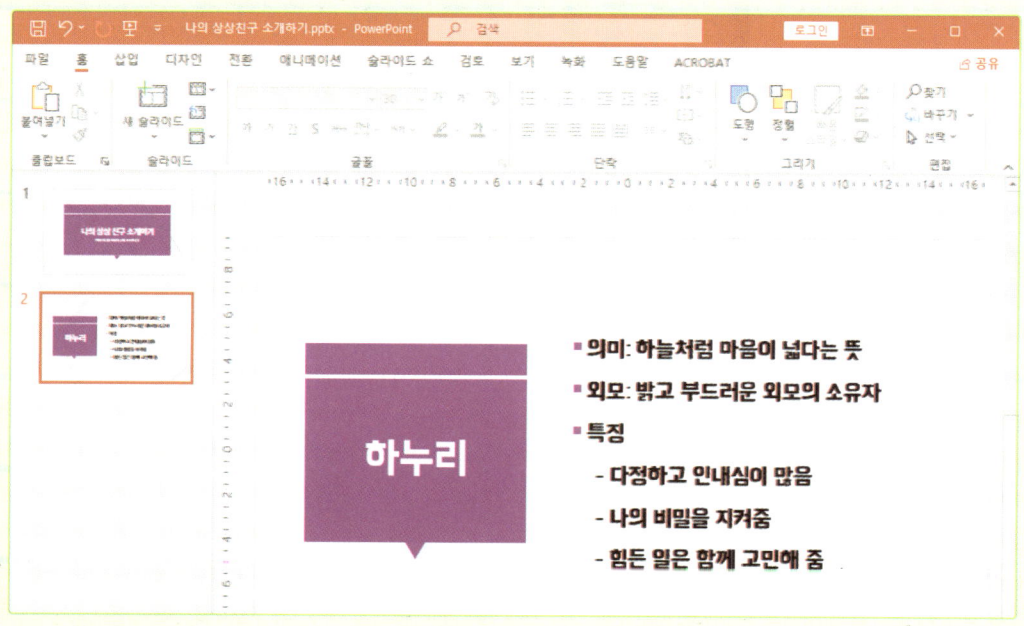

텍스트 슬라이드 만들기

프레젠테이션의 기본인 텍스트 슬라이드는 기호, 한자 등을 입력할 수 있으며 사용자가 글꼴을 선택할 수 있습니다. 디자인과 가독성을 고려한 텍스트 선택은 메시지를 효과적으로 전달할 수 있습니다.

- 기호를 입력하는 방법을 알아봅니다.
- 글꼴을 편집하는 방법을 알아봅니다.

배울 내용 미리 보기

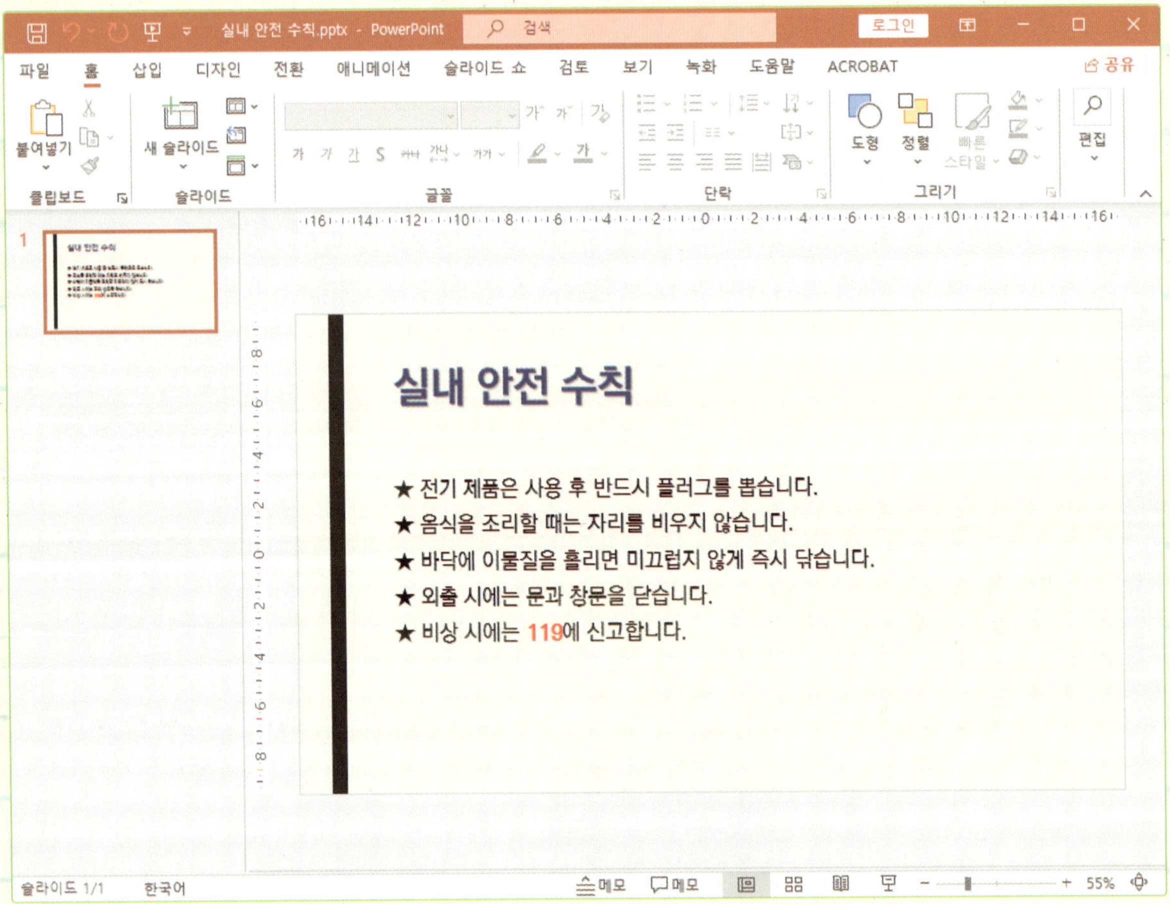

▲ 파일명 실내 안전 수칙.pptx

1 기호 입력하기

1 [새로 만들기]에서 [자르기] 테마를 선택하여 새 프레젠테이션을 시작합니다. ❶ [홈] 탭의 [슬라이드] 그룹에서 ❷ [슬라이드 레이아웃]의 ❸ [제목 및 내용] 슬라이드를 선택하여 [제목 슬라이드]를 [제목 및 내용] 슬라이드로 변경합니다.

2 다음과 같이 ❶ 내용을 입력합니다.

> **참고하세요**
> 테마가 적용된 서식 파일을 사용하면 글머리 기호가 자동으로 생성됩니다. Back Space 키를 누르거나 마우스 오른쪽 버튼을 클릭한 후 [글머리 기호]-'없음'을 선택하세요.

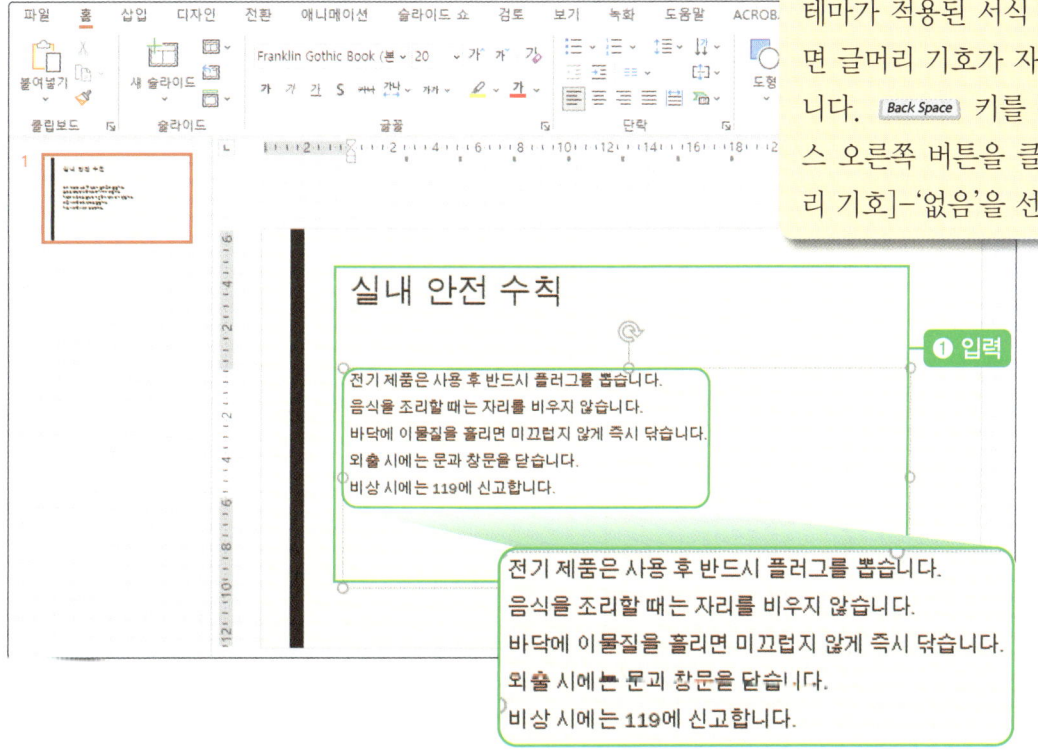

3 기호를 삽입하기 위해 ❶ [삽입] 탭의 [기호] 그룹에서 ❷ [기호]를 클릭합니다.

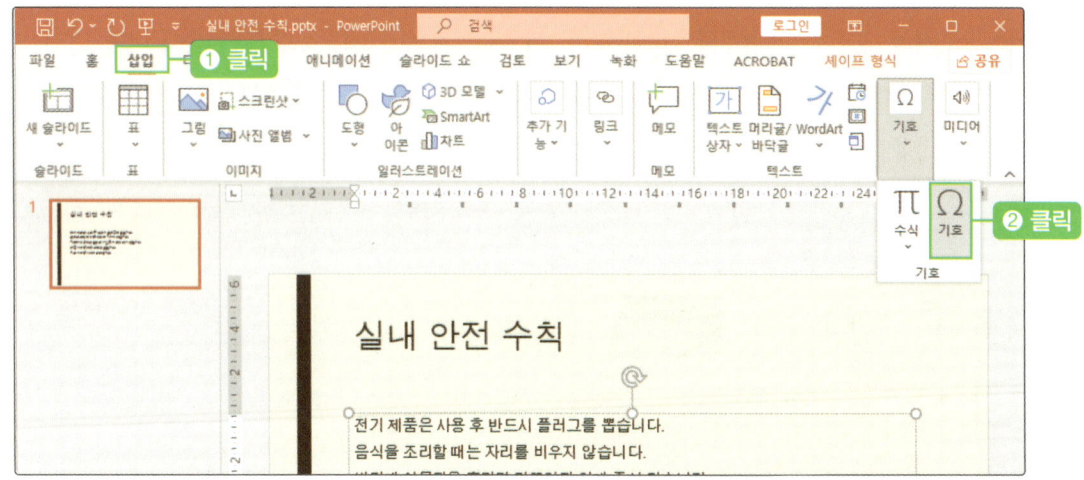

4 [기호] 대화상자가 열리면 [글꼴]은 ❶ 'Wingdings', ❷ '★'을 선택하고 ❸ [삽입]을 클릭합니다.

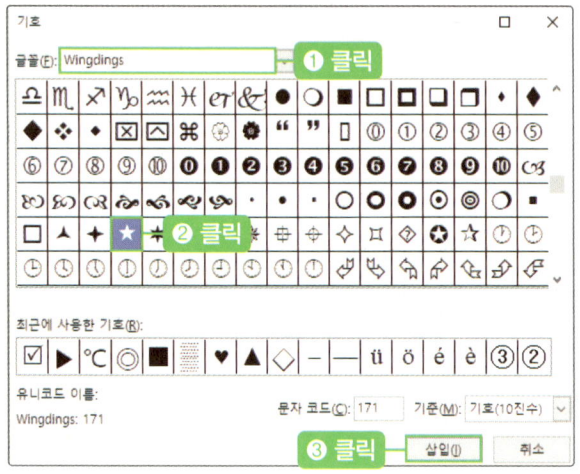

5 목록 앞에 앞에서 선택한 ❶ 기호 '★'을 모두 입력합니다.

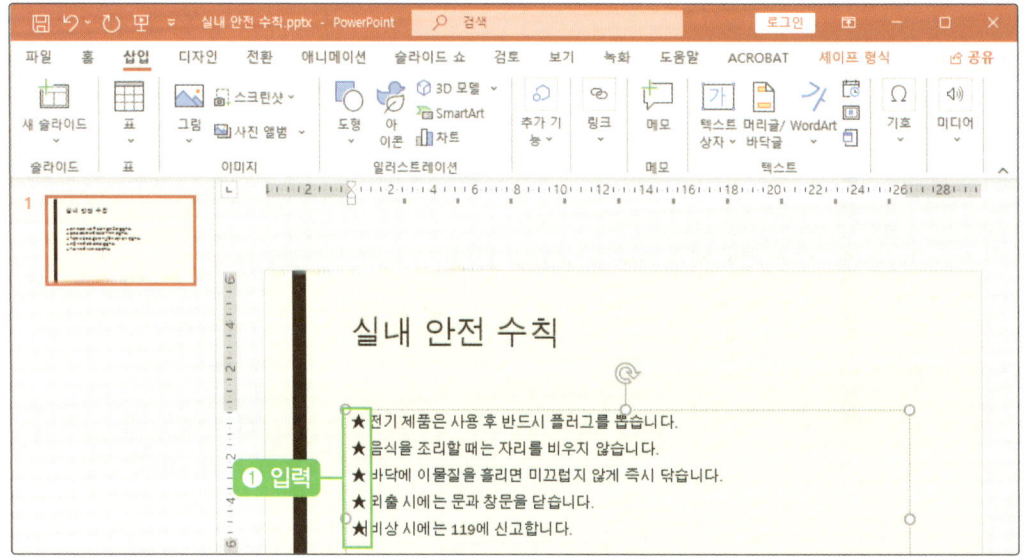

참고하세요

한글 자음과 [한자] 키로 기호 입력하기

❶ 한글 자음 "ㅁ"을 입력한 후 [한자] 키를 누르면 기호 목록이 열립니다. ❷ 오른쪽 아래에 있는 [보기 변경(》)] 버튼을 클릭합니다. 키보드 종류에 따라 [한자] 키의 유무와 배열이 다를 수 있습니다.

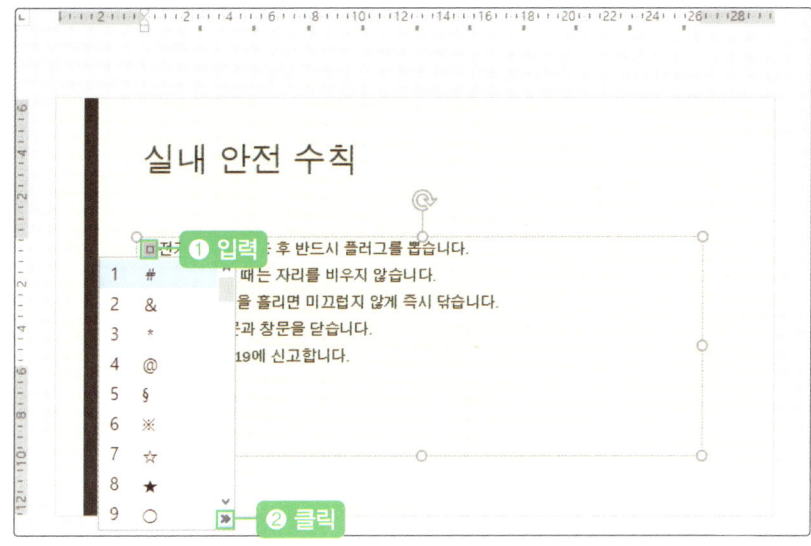

확장된 목록에서 ❸ '★'을 선택하여 입력합니다.

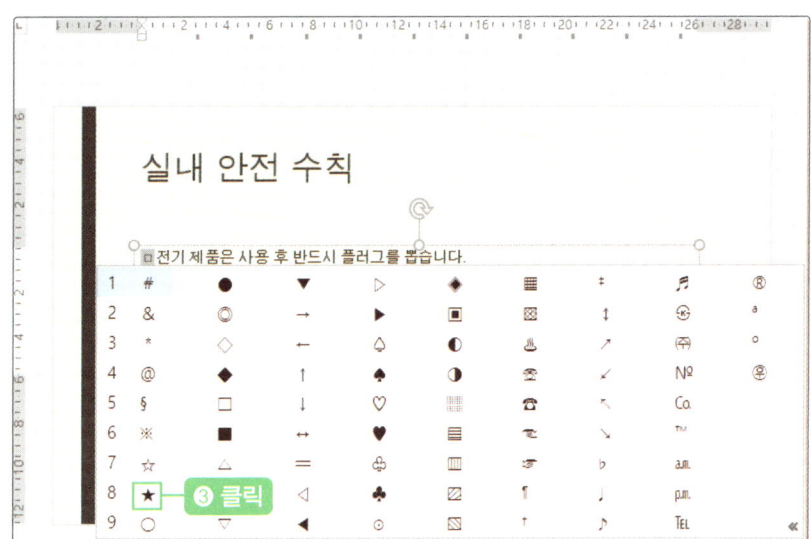

자음	구분	특수문자
ㄱ	특수기호	! , . / : ; ? ^
ㄴ	괄호문자	" ( ) [ ] 《 》
ㄷ	수학기호	+ − 〈 = 〉 ∈
ㄹ	단위	$ % ₩ ℃ ㎣
ㅁ	도형문자	# & ※ ★ ○
ㅂ	괘선	─ ┌ ┐ ┬ └
ㅅ	한글 원문자, 괄호문자	㉠ ㉡ ㉢ ㈀ ㈁

자음	구분	특수문자
ㅇ	원문자, 괄호문자	ⓐⓑⓒ①②(a)(b)
ㅈ	로마 숫자	ⅰ ⅱ ⅲ Ⅰ Ⅱ
ㅊ	분수와 첨자	½ ⅓ ¼ ⅛ ¹²ⁿ
ㅋ	자모음	ㄱ ㄲ ㄳ ㄴ ㅎ
ㅌ	고어	ㅥ ㅦ ㅩ ㅪ ㅸ ㆄ
ㅍ	영문자	A B C D
ㅎ	로마문자	Α Β Γ Δ Ε Θ Ω Φ

39

2 글꼴 꾸미기

1 제목 글꼴을 변경하기 위해 ❶ [제목] 입력란을 클릭합니다.

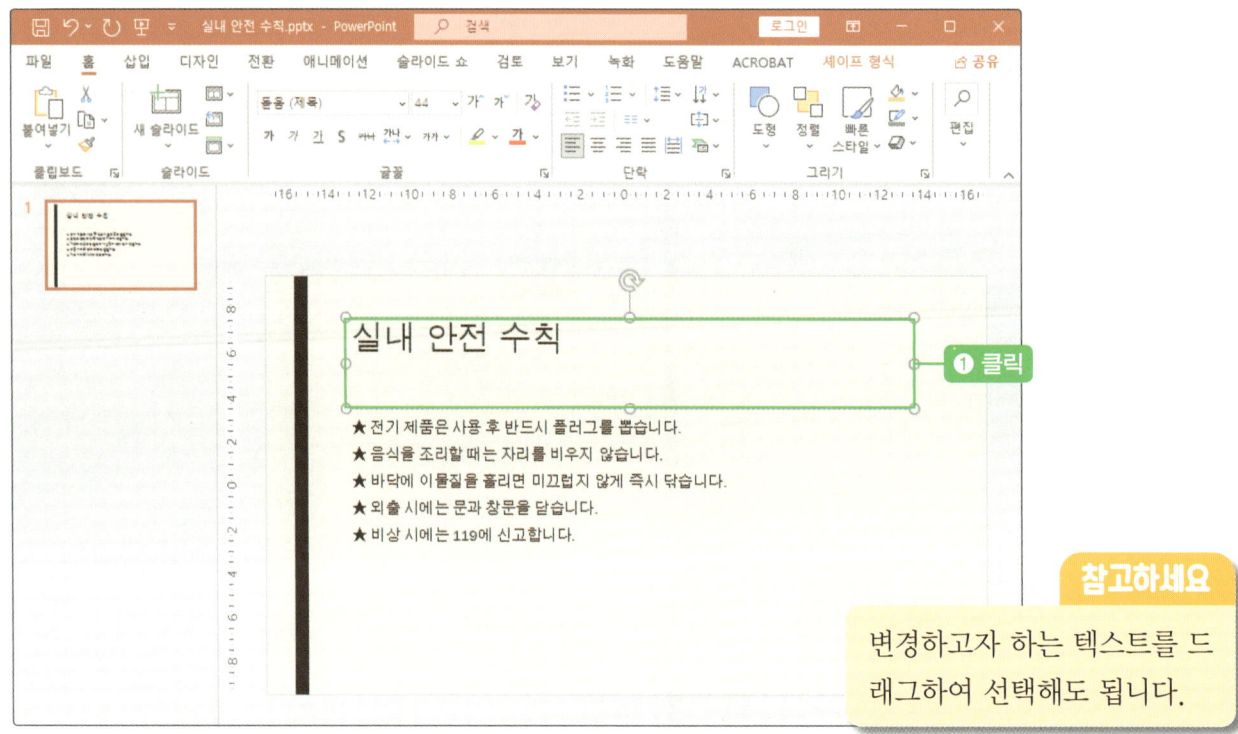

> **참고하세요**
> 변경하고자 하는 텍스트를 드래그하여 선택해도 됩니다.

2 ❶ [홈] 탭의 [글꼴] 그룹에서 ❷ 글꼴 목록 단추를 클릭한 후 ❸ 원하는 글꼴을 선택합니다.

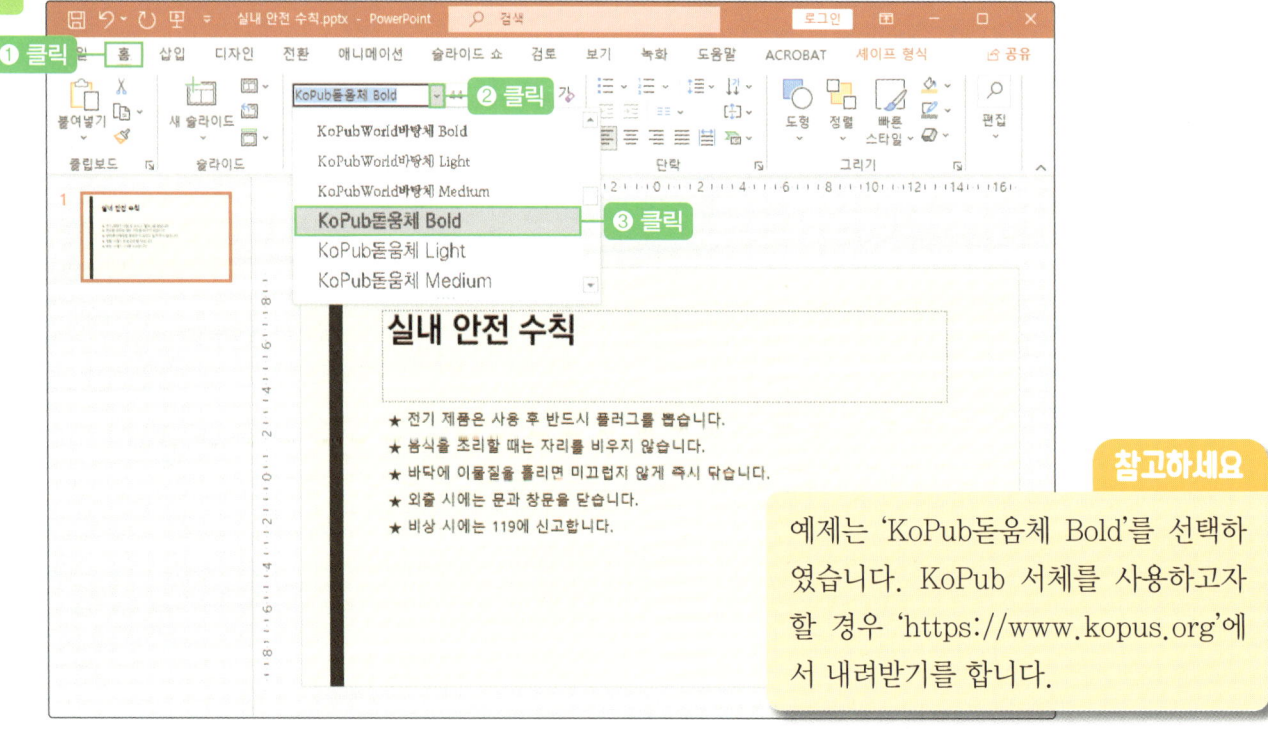

> **참고하세요**
> 예제는 'KoPub돋움체 Bold'를 선택하였습니다. KoPub 서체를 사용하고자 할 경우 'https://www.kopus.org'에서 내려받기를 합니다.

3 ❶ [홈] 탭의 [글꼴] 그룹에서 ❷ [글꼴 크기] 목록 단추를 클릭한 후 ❸ [48] 포인트를 선택하여 글자 크기를 변경하고 ❹ [굵게]를 클릭하여 제목을 강조합니다.

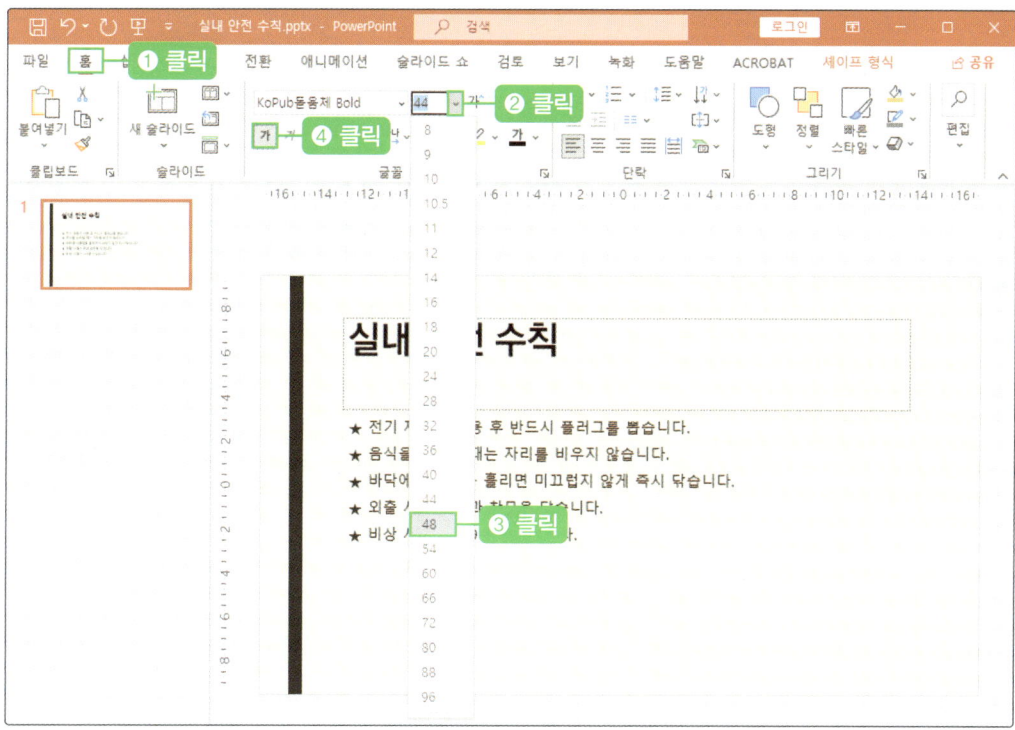

4 ❶ [홈] 탭의 [글꼴] 그룹에서 ❷ S 를 클릭하여 텍스트에 그림자를 넣습니다. ❸ 글꼴 색 목록을 클릭한 후 ❹ [표준색]의 [진한 파랑]을 선택하여 글꼴 색을 변경합니다.

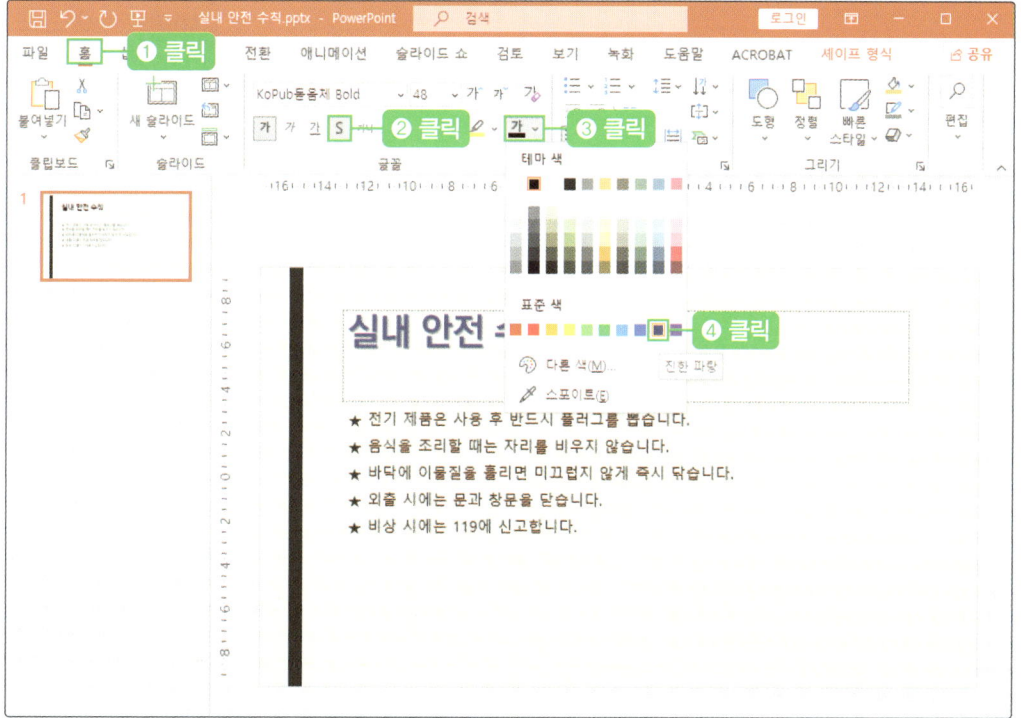

5 ① [내용] 입력란을 선택하고 ② [홈] 탭의 [글꼴] 그룹에서 ③ 글꼴 목록을 클릭한 후 ④ 원하는 글꼴을 선택하여 내용 전체의 글꼴을 변경합니다.

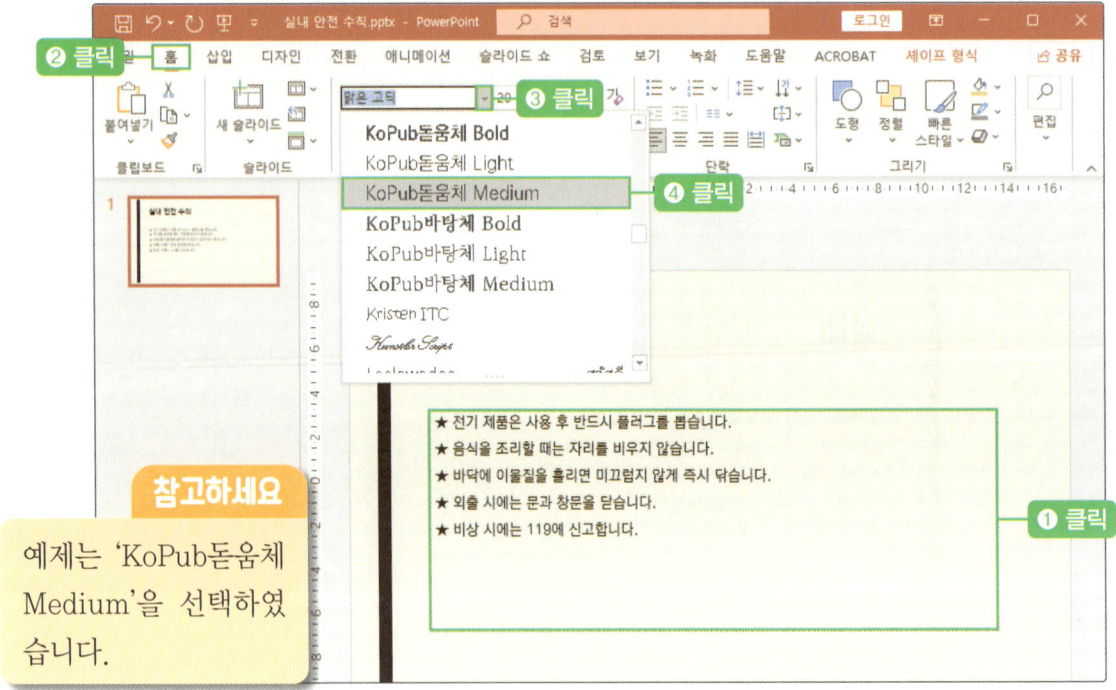

참고하세요
예제는 'KoPub돋움체 Medium'을 선택하였습니다.

6 ① [내용] 입력란을 선택하고 ② [홈] 탭의 [글꼴] 그룹에서 ③ 글꼴 크기를 [25] 포인트로 선택합니다. '119'를 강조하기 위해 ④ 텍스트를 드래그하여 선택한 후 글꼴 색을 ⑤ [빨강]으로 지정합니다.

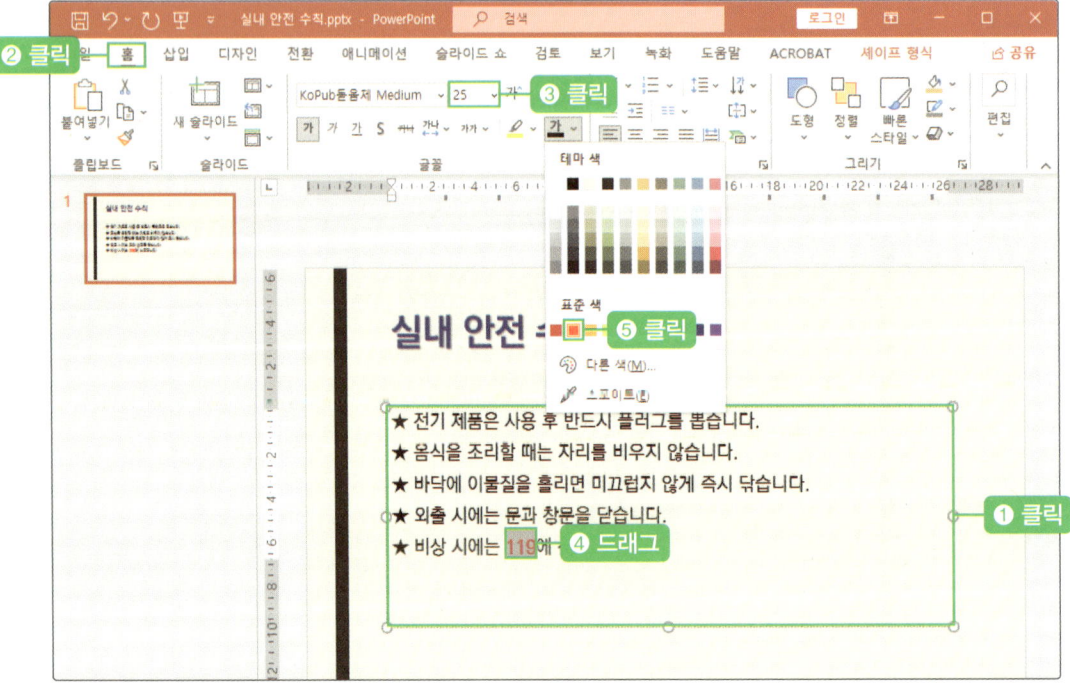

도전! 혼자 풀어 보세요!

① [새 프레젠테이션]을 열고 다음과 같이 내용을 작성하고 글꼴을 수정해 보세요.

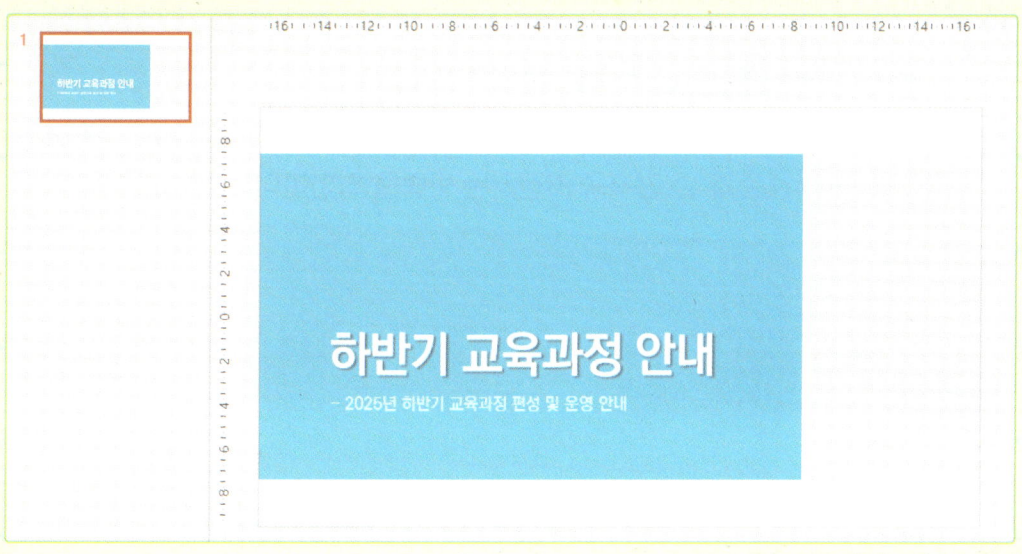

디자인 테마는 [틀]을 선택하세요.
예제의 큰 제목은 그림자를 적용하였습니다.

② ①에 이어 두 번째 슬라이드를 추가하고 다음과 같이 내용을 작성해 보세요.

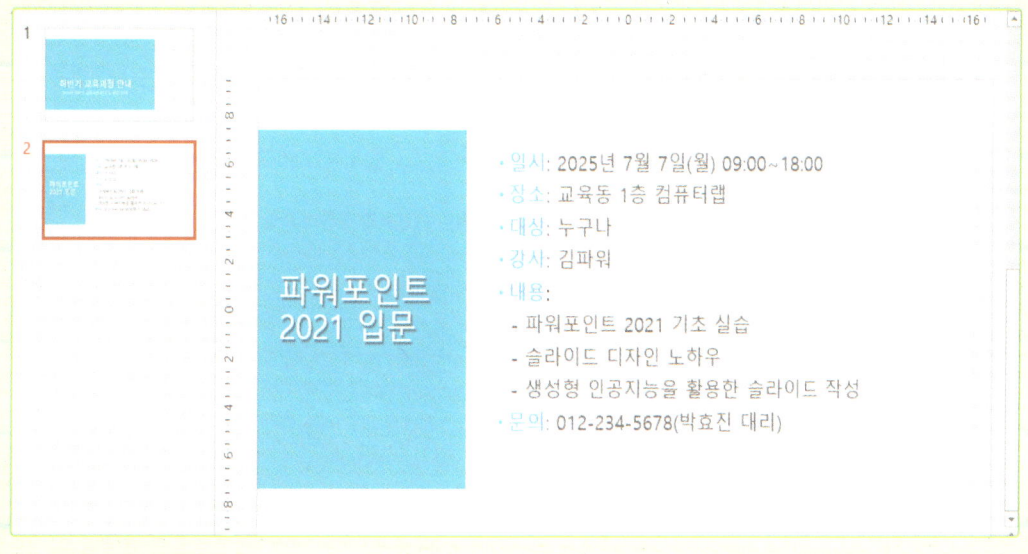

제목 글꼴에 그림자를 적용하고 강조 색으로 [연한 파랑]을 선택하세요.

단락 서식 지정하기

텍스트의 글머리 기호와 번호 매기기로 단락을 구분하고, 줄 간격을 조절하여 가독성을 높일 수 있습니다.

➡➡ 단락을 정렬하는 방법을 알아봅니다.
➡➡ 글머리 기호와 번호를 삽입하는 방법을 알아봅니다.
➡➡ 단락 수준과 줄 간격을 조절하는 방법을 알아봅니다.

배울 내용 미리 보기

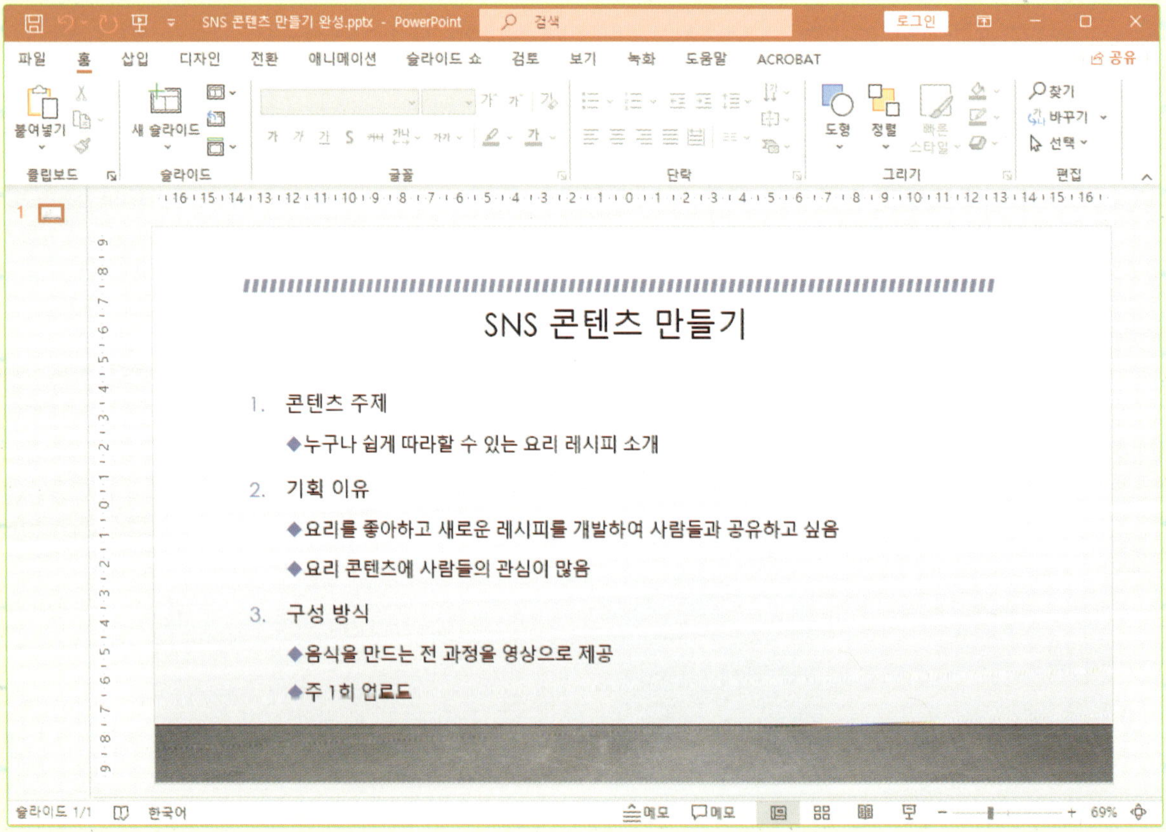

▲ **파일명** SNS 콘텐츠 만들기 완성.pptx

1 단락 정렬하기

1 'SNS 콘텐츠 만들기.pptx' 파일을 엽니다.

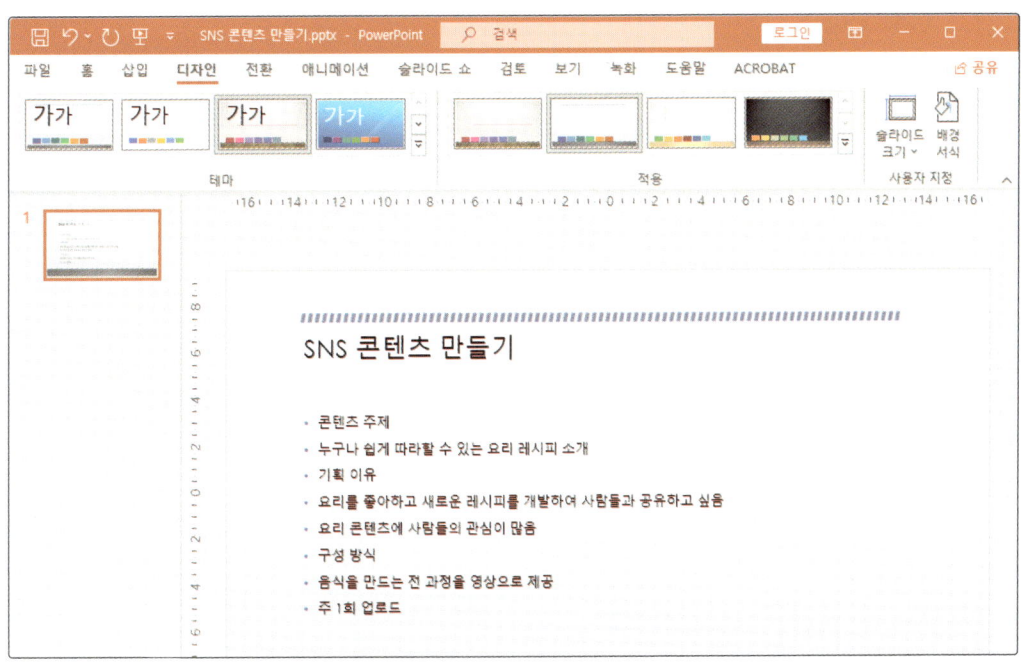

2 ❶ [제목] 입력란을 선택한 후 ❷ [홈] 탭의 [단락] 그룹에서 ❸ [가운데 맞춤]을 클릭하여 제목을 가운데로 정렬합니다.

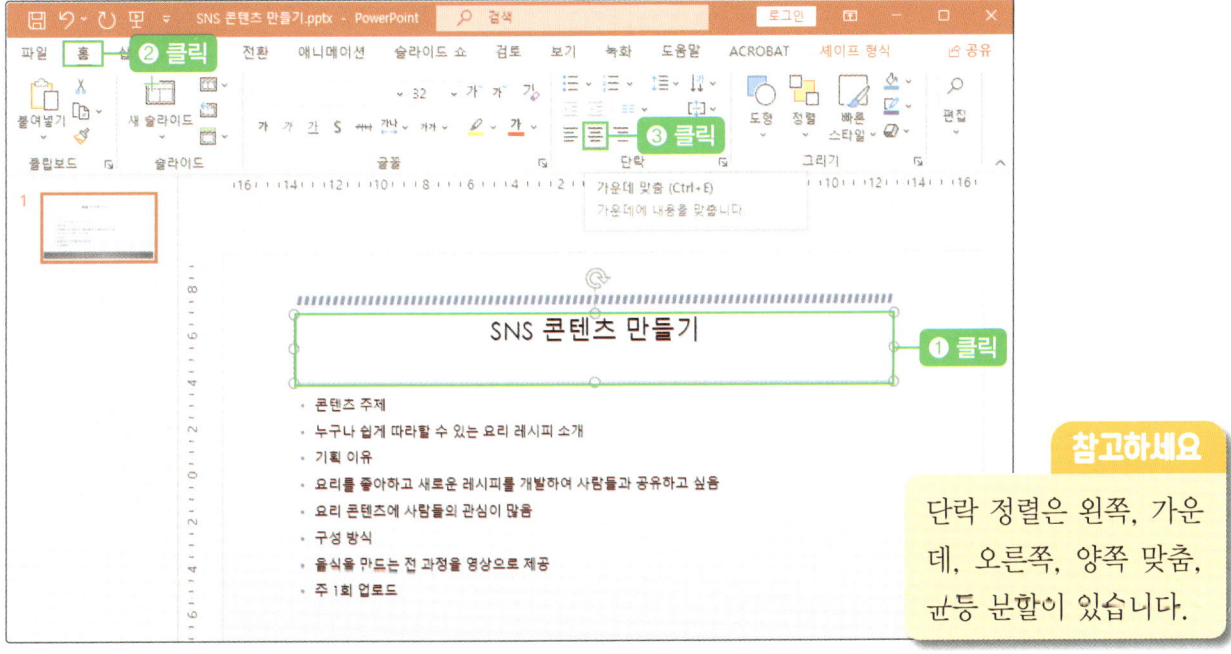

> **참고하세요**
> 단락 정렬은 왼쪽, 가운데, 오른쪽, 양쪽 맞춤, 균등 분할이 있습니다.

2 글머리 기호와 번호 매기기

1 ❶ 내용 입력란을 선택한 후 ❷ [홈] 탭의 [단락] 그룹에서 ❸ [번호 매기기] 목록을 클릭한 후 ❹ [1. 2. 3.]을 선택합니다.

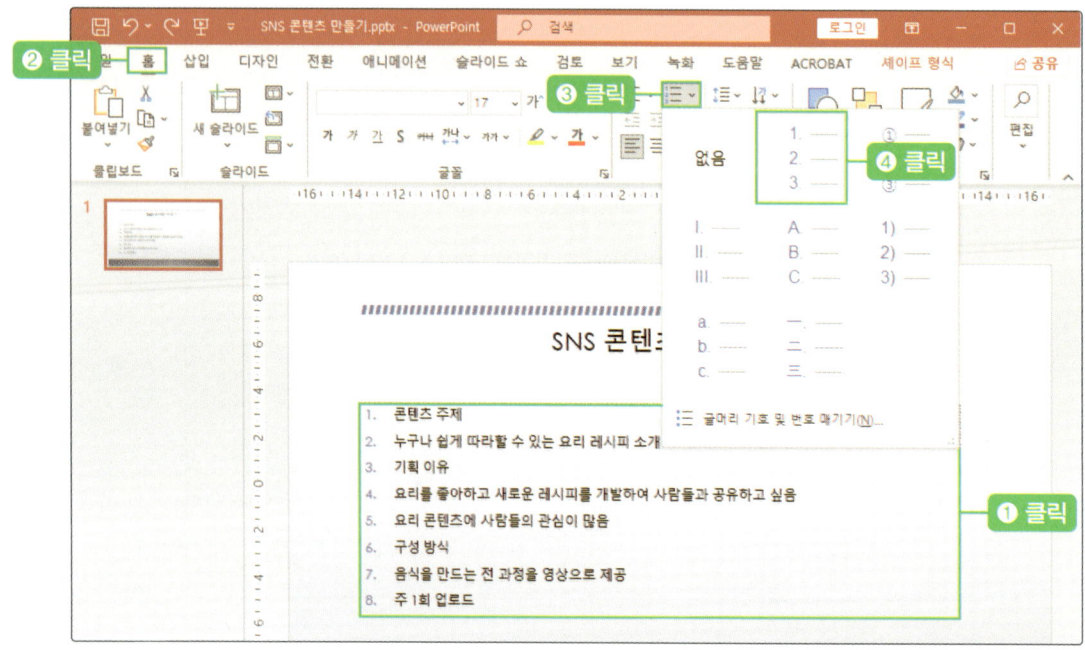

2 ❶ 두 번째 줄을 드래그하여 선택한 후 ❷ Ctrl 키를 누른 상태에서 4~5번째, 7~8번째 줄을 드래그하여 영역을 지정합니다. ❸ [홈] 탭의 [단락] 그룹에서 ❹ [글머리 기호] 목록을 클릭한 후 ❺ [다이아몬드형 글머리 기호]를 선택합니다.

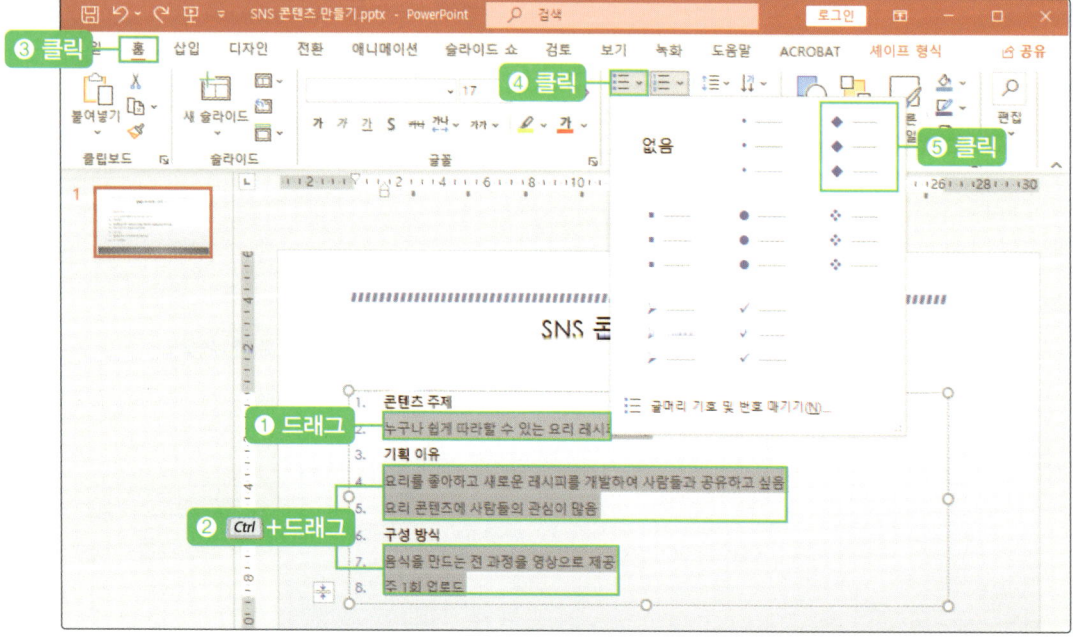

3 글머리 번호의 순서를 수정하기 위해 ❶ 세 번째 줄을 클릭합니다. ❷ [홈] 탭의 [단락] 그룹에서 ❸ [번호 매기기] 목록을 클릭한 후 ❹ [글머리 기호 및 번호 매기기]를 선택합니다.

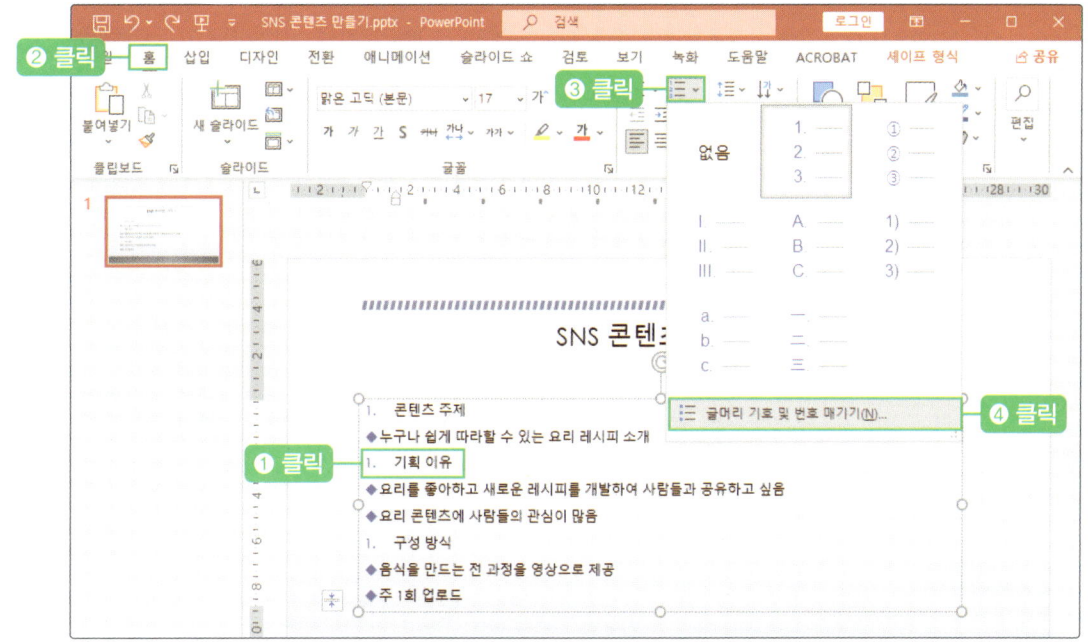

4 [글머리 기호 및 번호 매기기] 대화상자가 열리면 ❶ [시작 번호]에 "2"를 입력하고 ❷ [확인]을 클릭합니다. 여섯 번째 줄도 마찬가지로 [시작 번호]를 "3"으로 입력하여 순서를 맞춥니다.

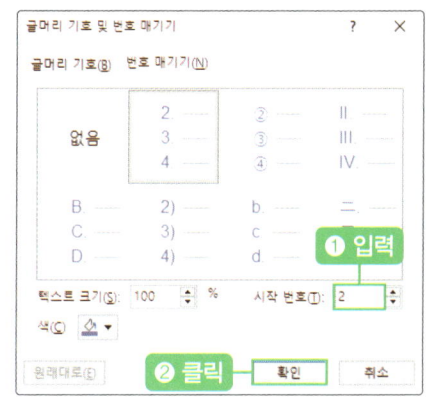

참고하세요

[글머리 기호 및 번호 매기기] 대화상자에서 [글머리 기호]의 ❶ [크기]와 ❷ [색]을 변경할 수 있습니다. ❸ [사용자 지정]을 클릭하여 다양한 글머리 기호를 선택할 수 있습니다.

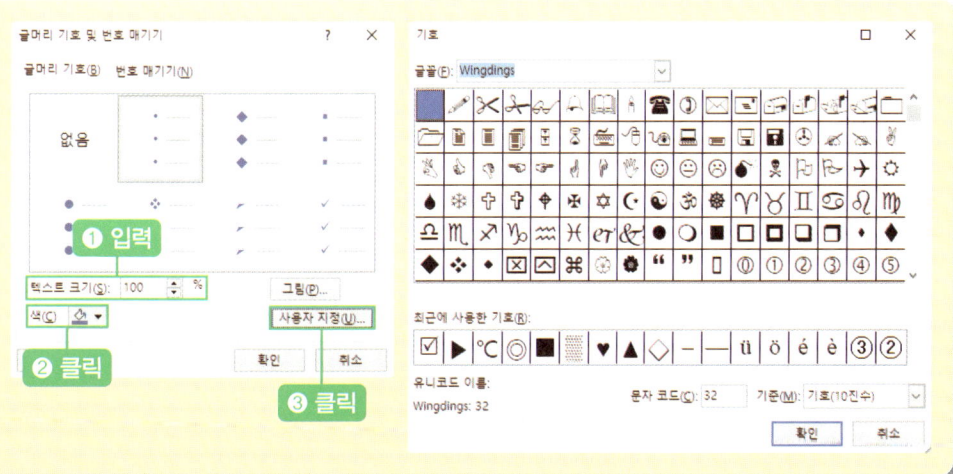

3 단락 수준과 줄 간격 조절하기

1 단락 수준을 조절하기 위해 ① 두 번째 줄을 드래그하여 선택합니다. ② Ctrl 키를 누른 상태에서 나머지 영역을 선택합니다. ③ [홈] 탭의 [단락] 그룹에서 ④ [목록 수준 늘림]을 클릭하면 선택한 단락이 오른쪽으로 들여쓰기가 됩니다.

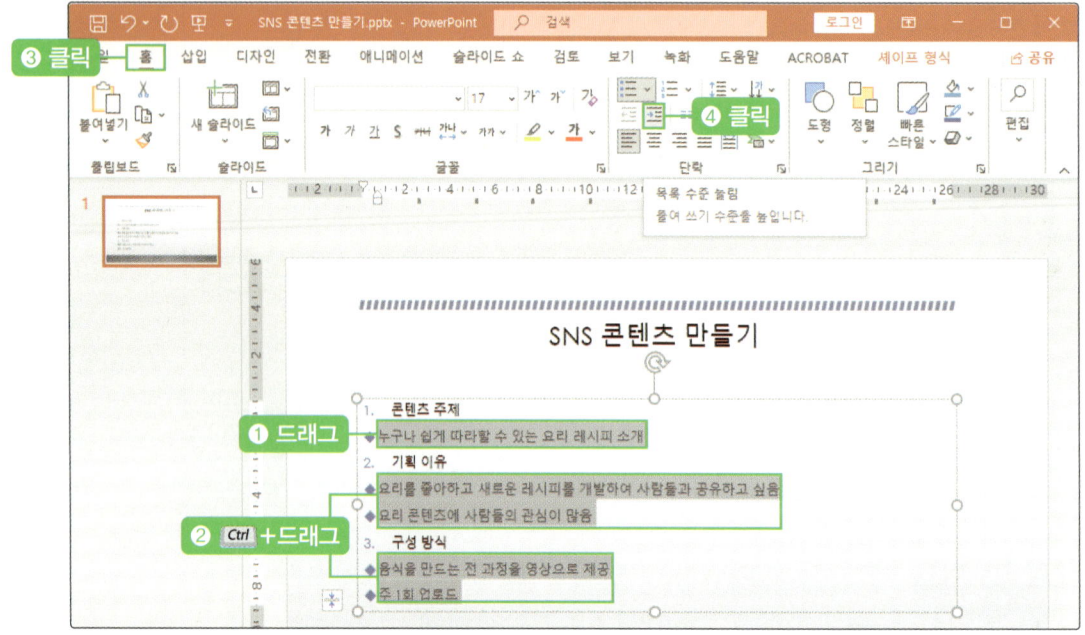

2 ① 내용 입력란을 선택한 후 ② [홈] 탭의 [단락] 그룹에서 ③ [줄 간격] 목록 단추를 클릭하여 ④ [1.5]를 선택하여 줄 간격을 조절합니다.

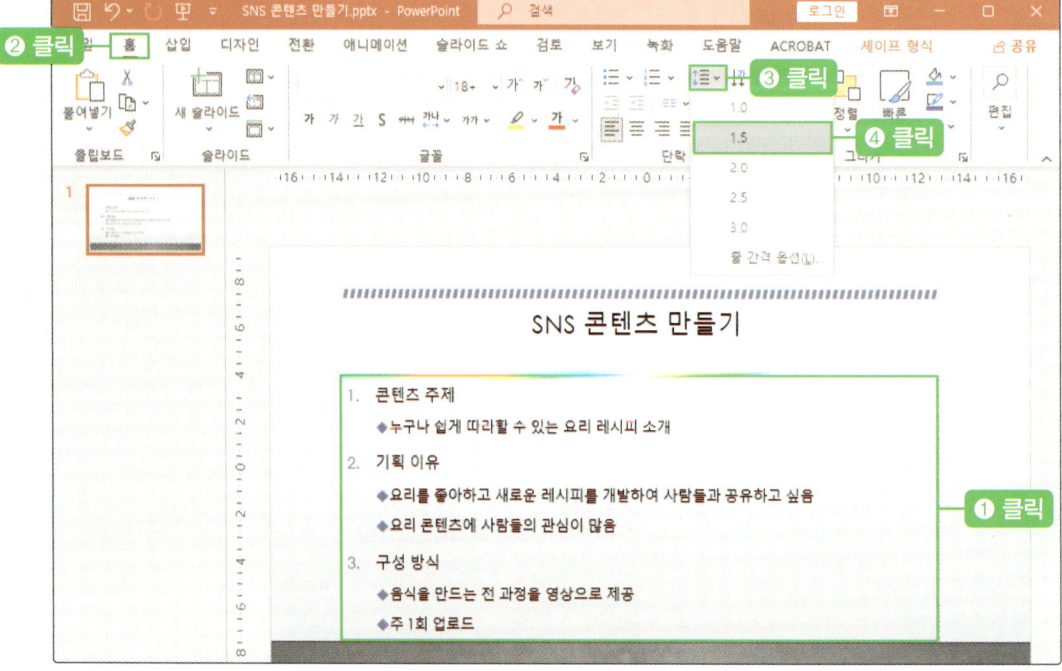

도전! 혼자 풀어 보세요!

① '가루베이커리.pptx' 파일을 불러와 다음과 같이 작성해 보세요.

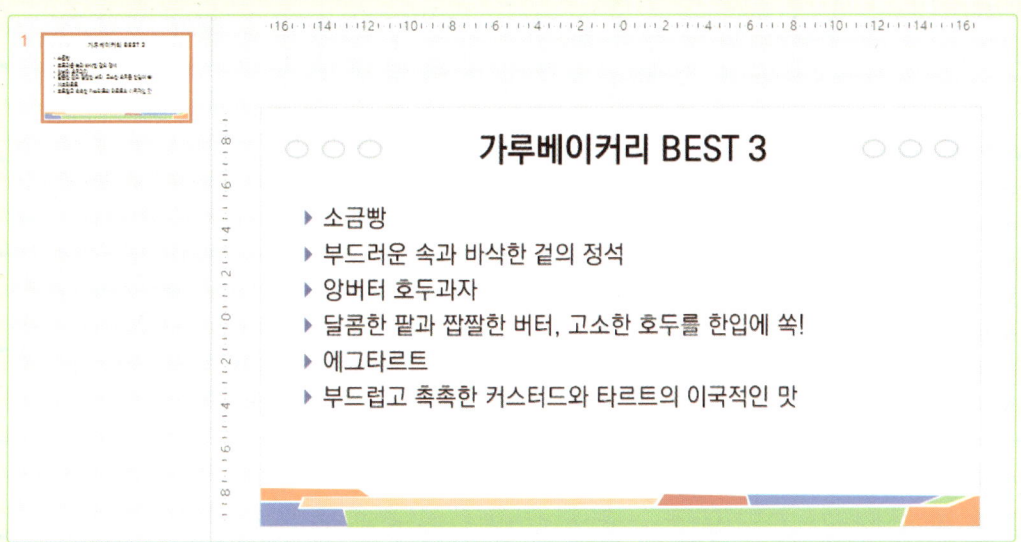

❶ 글머리 기호는 [글머리 기호 및 번호 매기기] 대화 상자에서 [사용자 지정]을 선택합니다.
❷ [기호] 대화 상자의 하위 집합의 [도형 기호]를 선택하면 ▶을 넣을 수 있습니다.

② ①에 이어서 글머리 기호를 이용해서 다음과 같이 변경해 보세요.

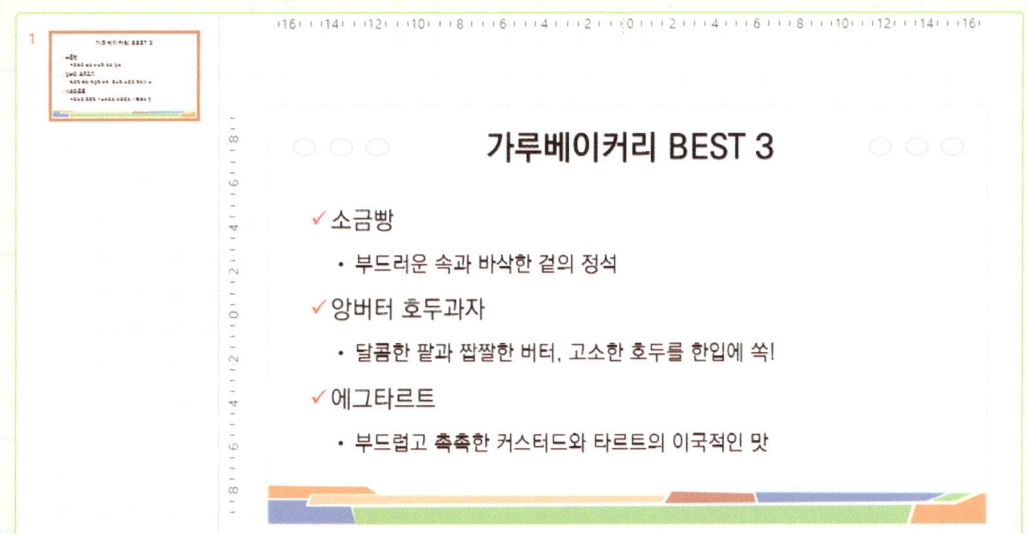

[글머리 기호]와 [목록 수준 늘림]을 이용하여 단락을 수정하고 줄 간격을 [1.5]로 적용하세요.

 그림 슬라이드 만들기

슬라이드에 그림을 삽입하면 청중의 시선을 끌어 집중력을 높일 수 있고, 복잡한 내용을 쉽게 전달하여 이해를 돕는 동시에, 슬라이드의 완성도와 전문성도 함께 향상됩니다.

▶▶ 슬라이드에 그림을 삽입하는 방법을 알아봅니다.
▶▶ 그림을 자르는 방법을 알아봅니다.
▶▶ 그림에 효과를 적용하는 방법을 알아봅니다.

배울 내용 미리 보기

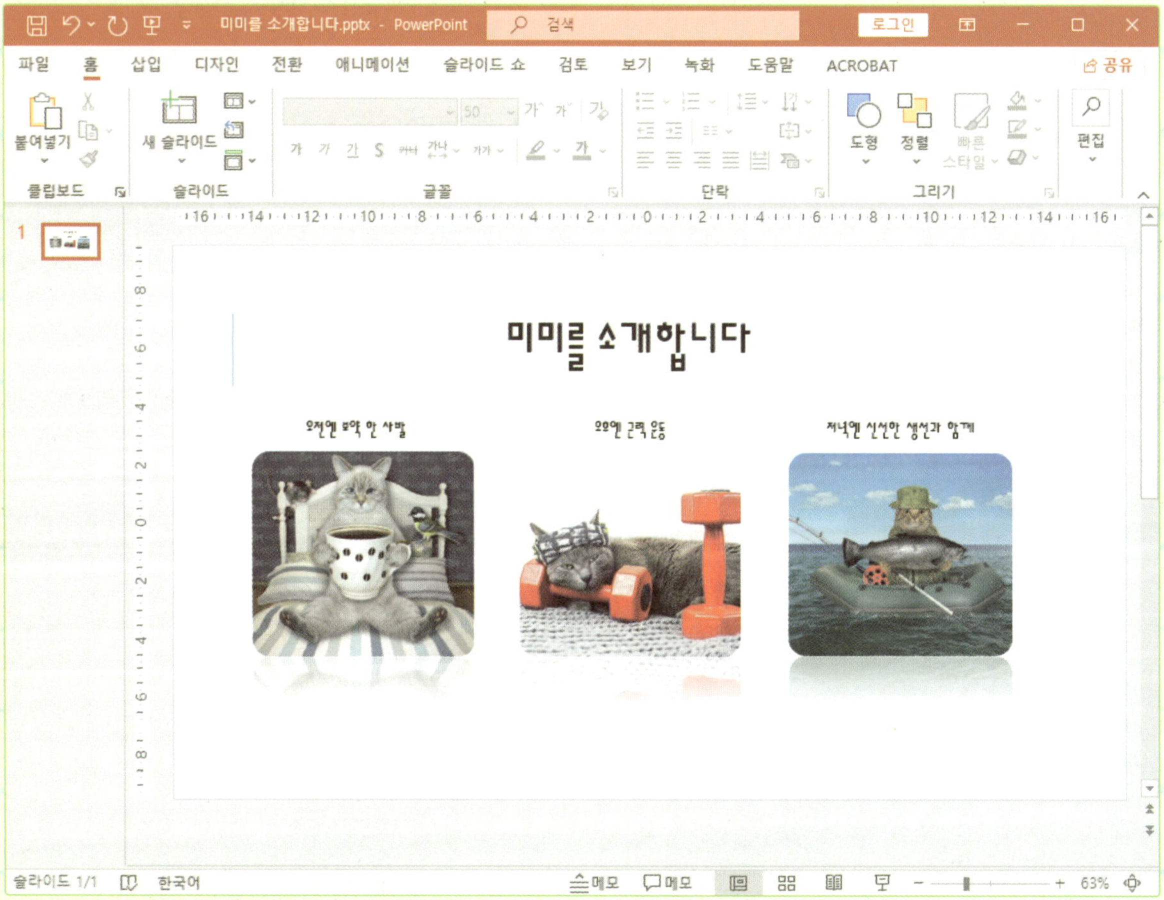

▲ 파일명 미미를 소개합니다.pptx

1 그림 삽입하기

1. [새 프레젠테이션]을 실행한 후 [제목 슬라이드]를 [제목 및 내용] 슬라이드로 변경합니다. 다음과 같이 ❶ 제목을 입력한 후 내용 입력란 안의 ❷ [그림] 아이콘을 클릭합니다.

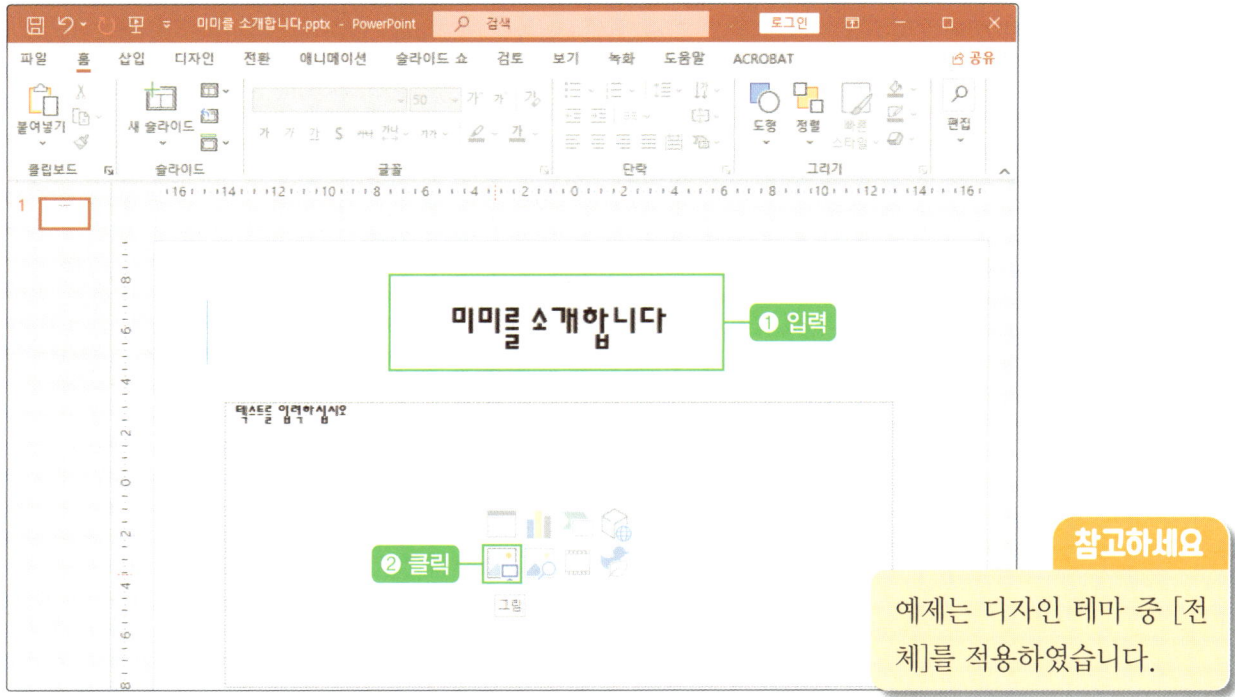

참고하세요
예제는 디자인 테마 중 [전체]를 적용하였습니다.

2. [그림 삽입] 대화상자가 열리면 ❶ '미미_아침'을 선택한 후 ❷ [삽입]을 클릭합니다.

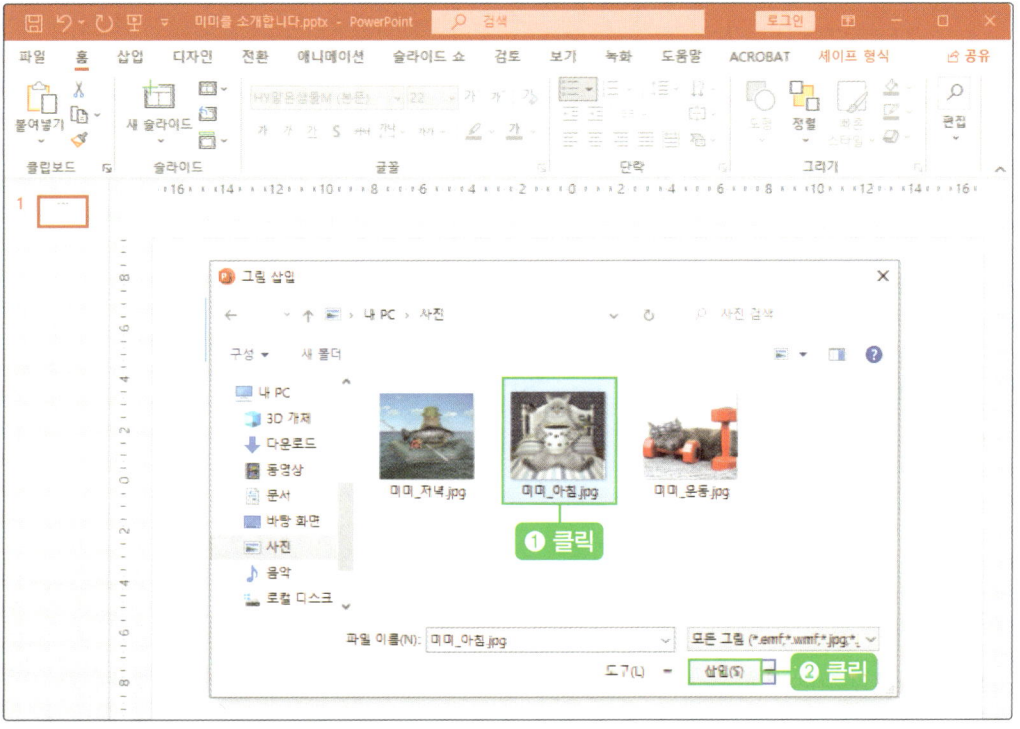

3 그림이 삽입되었으면 ❶ 그림의 조절점을 드래그하여 크기를 조절합니다.

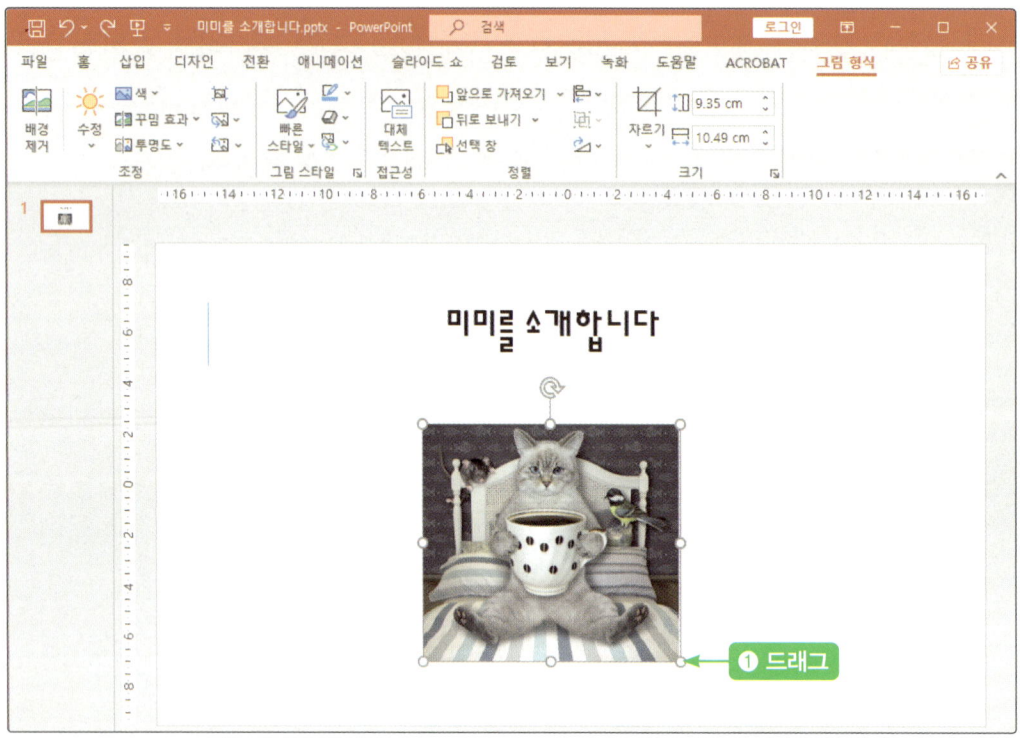

4 ❶ 그림을 왼쪽으로 이동시킨 후 ❷ `Ctrl` + `Shift` 를 동시에 누른 상태에서 그림을 드래그하여 복사합니다.

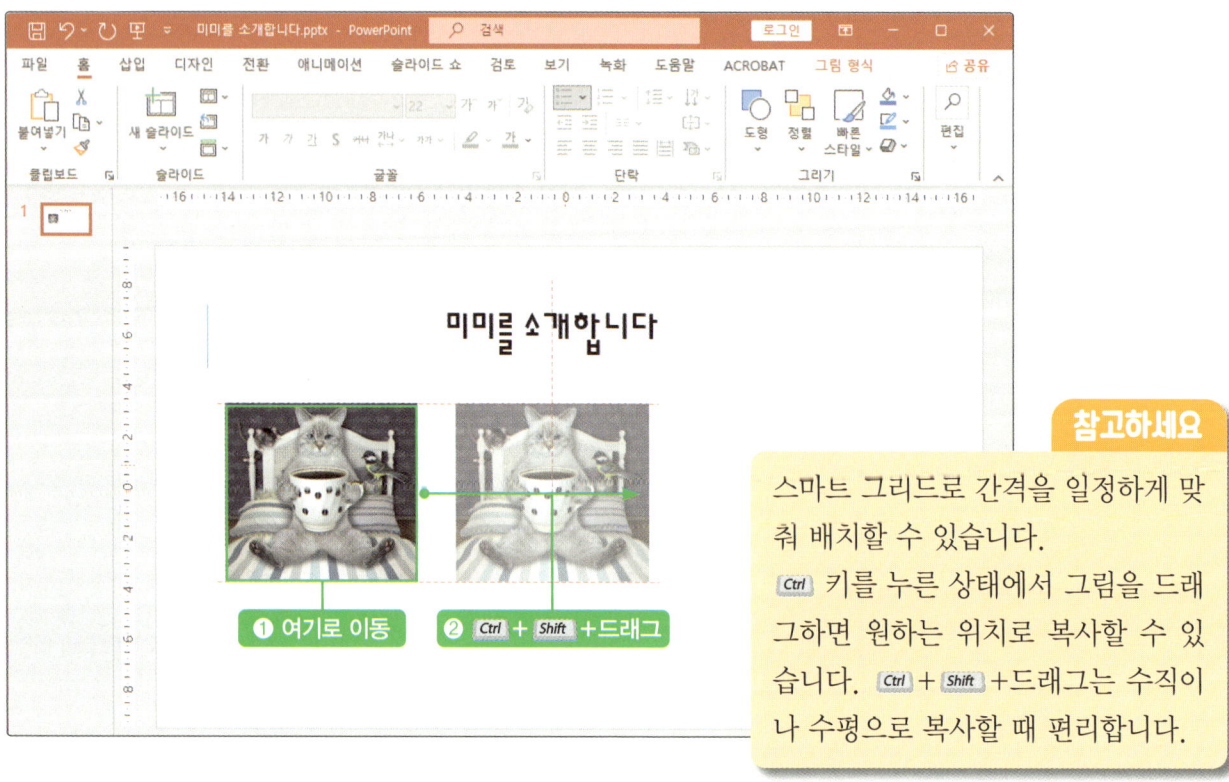

참고하세요

스마트 그리드로 간격을 일정하게 맞춰 배치할 수 있습니다.
`Ctrl` 키를 누른 상태에서 그림을 드래그하면 원하는 위치로 복사할 수 있습니다. `Ctrl` + `Shift` +드래그는 수직이나 수평으로 복사할 때 편리합니다.

5　❶ 두 번째 그림을 선택한 후 마우스 오른쪽 버튼을 눌러 ❷ [그림 바꾸기]-[파일에서]를 클릭합니다.

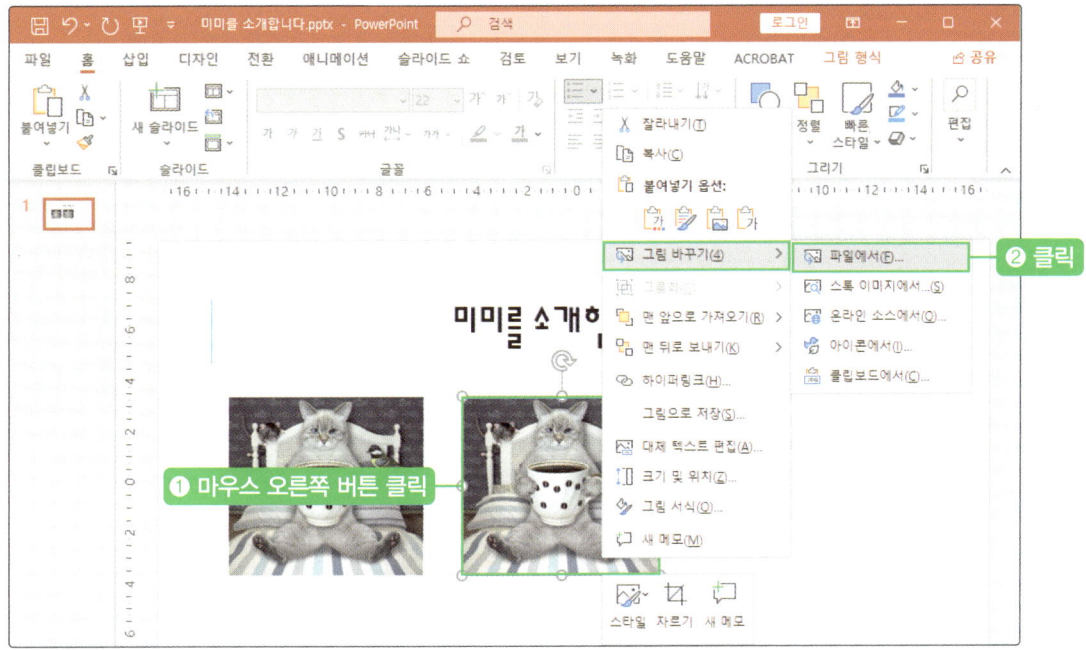

6　[그림 삽입] 대화상자가 나타나면 ❶ '미미_운동'을 선택한 후 ❷ [삽입]을 클릭합니다.

7　같은 방법으로 세 번째 그림을 삽입합니다.

2 그림 자르기

1 ① 마우스로 세 개의 그림을 넓게 드래그하여 한꺼번에 선택합니다.

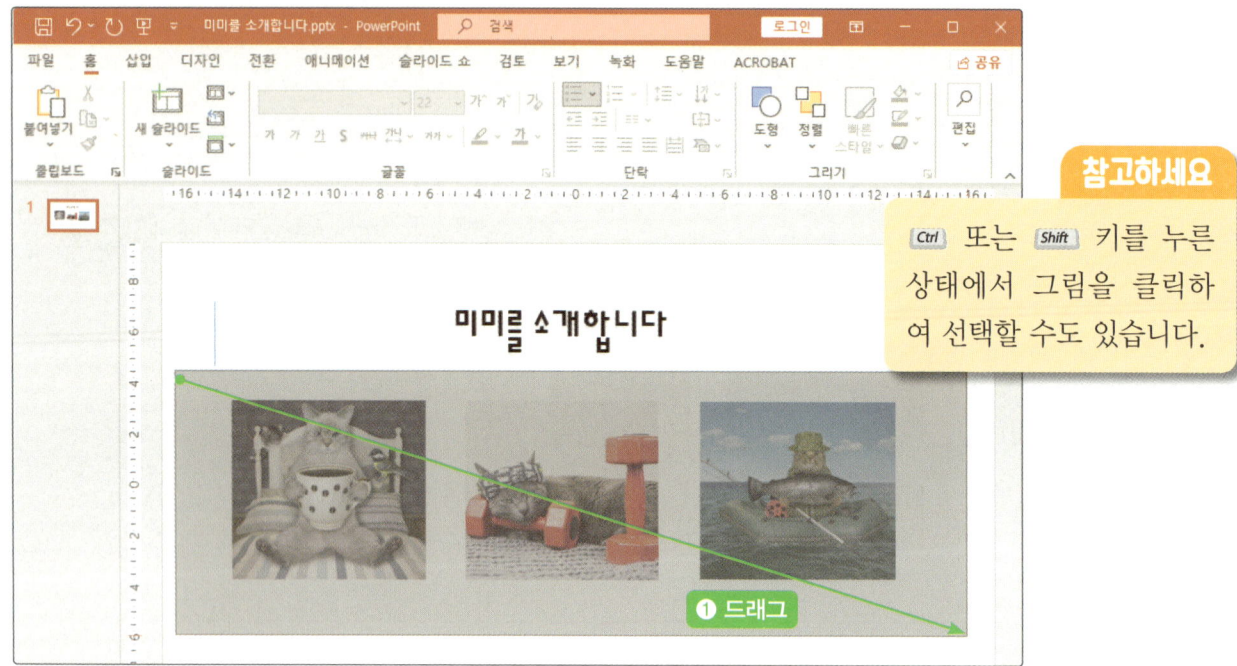

참고하세요
Ctrl 또는 Shift 키를 누른 상태에서 그림을 클릭하여 선택할 수도 있습니다.

2 ① [그림 형식] 탭의 [크기] 그룹에서 ② [자르기] 목록을 클릭한 후 ③ [도형에 맞춰 자르기]에서 ④ [타원]을 선택합니다.

3 그림 효과 적용하기

1 ❶ 마우스로 그림을 모두 선택한 상태에서 ❷ [그림 형식] 탭의 [그림 스타일] 그룹에서 ❸ [그림 서식]을 클릭합니다. 오른쪽에 [그림 서식] 창이 나타납니다.

2 [그림 서식] 창에서 ❶ [채우기 및 선]을 클릭한 후 ❷ [선]은 '실선'을 선택합니다. ❸ [색]은 '회색', ❹ [너비]는 '4pt'를 선택합니다.

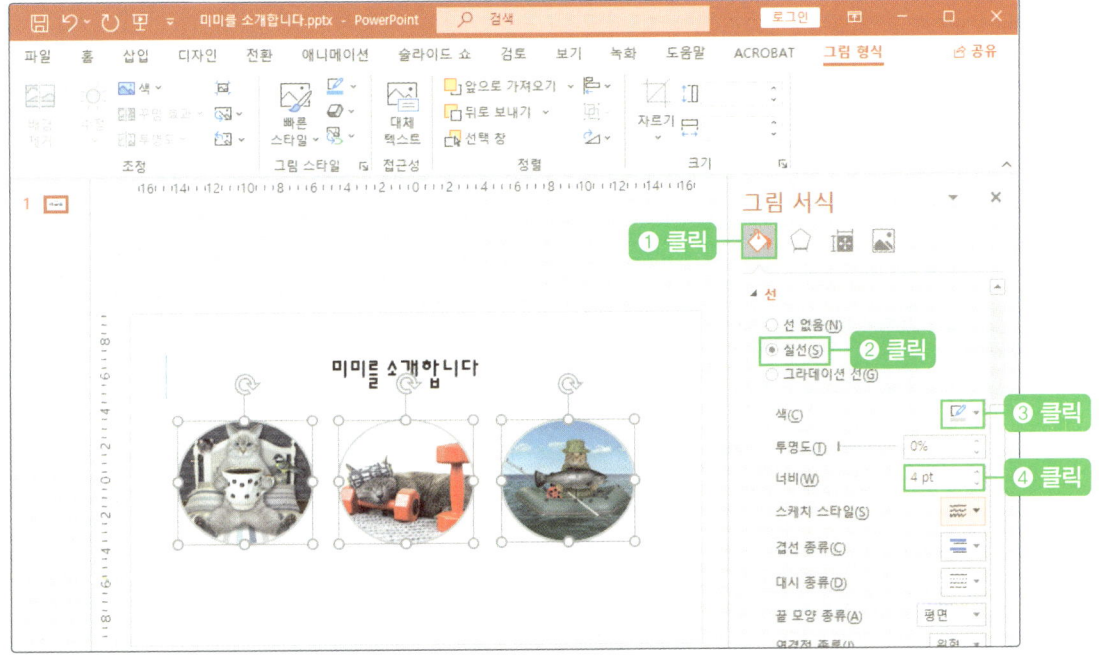

3 이번에는 미리 정의된 스타일을 빠르게 적용해 봅니다. 그림을 모두 선택한 후 ❶ [그림 형식] 탭의 [그림 스타일] 그룹에서 ❷ [빠른 스타일] 목록을 클릭한 후 ❸ [반사형 모서리가 둥근 직사각형]을 선택합니다.

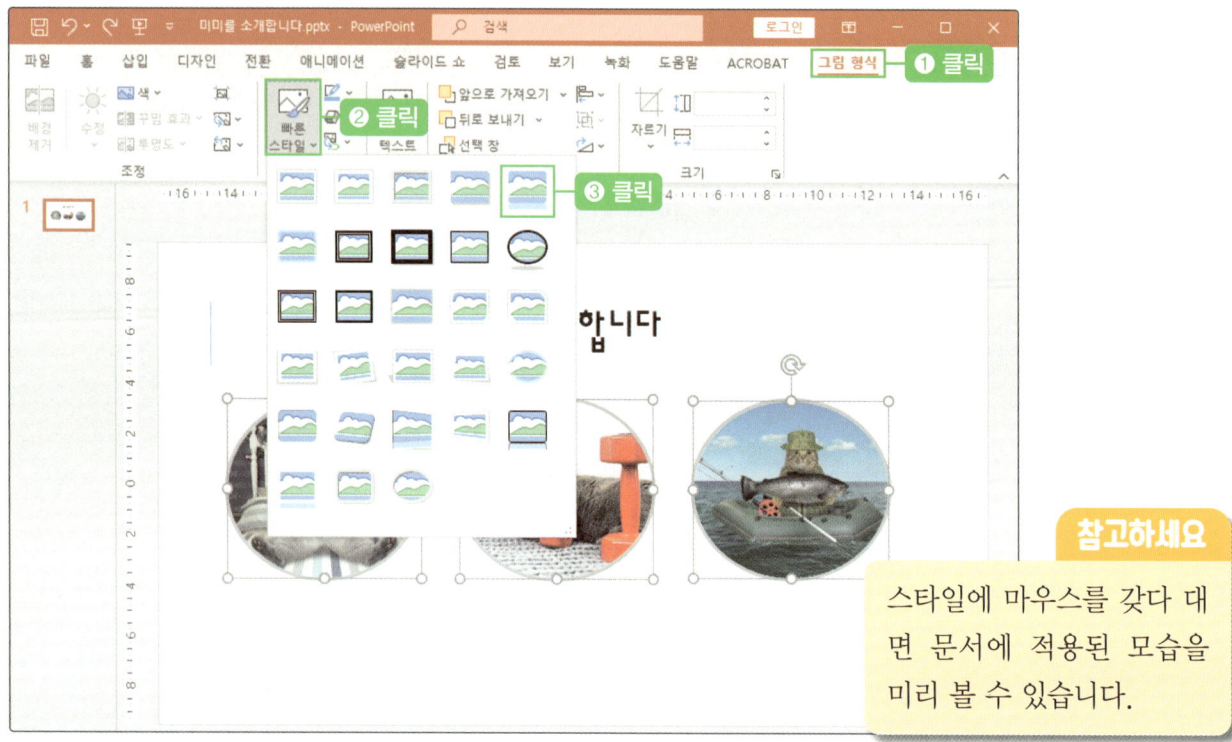

참고하세요
스타일에 마우스를 갖다 대면 문서에 적용된 모습을 미리 볼 수 있습니다.

4 그림 스타일이 적용됩니다.

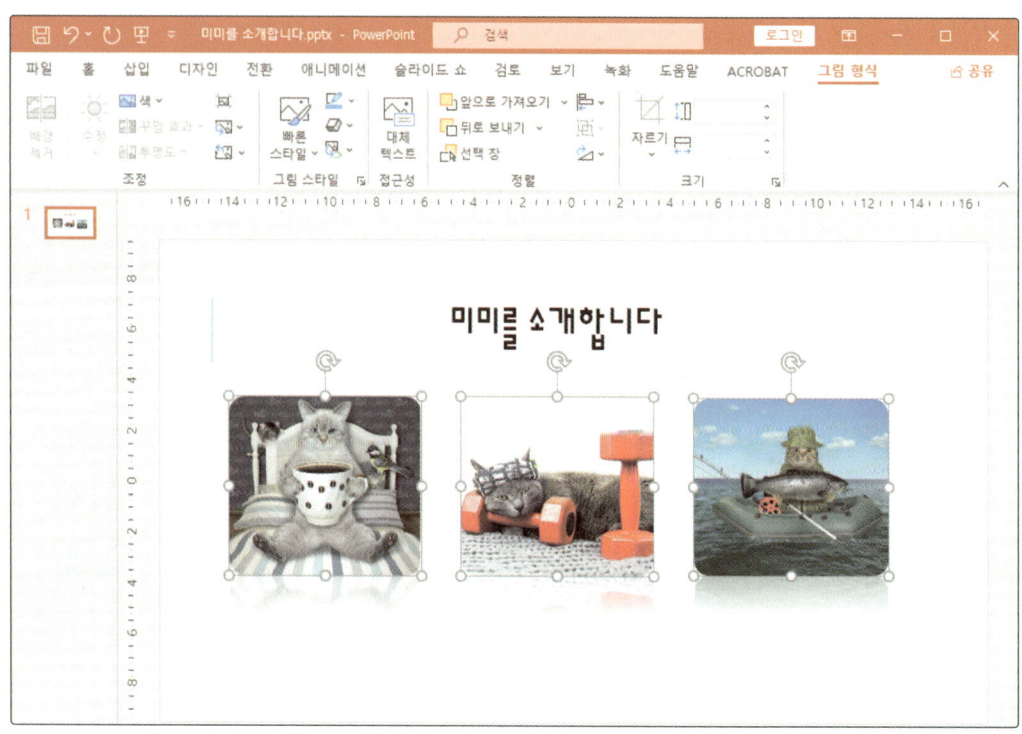

5 그림에 간단한 설명글을 추가합니다. ❶ [삽입] 탭의 [텍스트] 그룹에서 ❷ [텍스트 상자] 목록을 클릭한 후 [가로 텍스트 상자 그리기]를 선택합니다.

6 그림 위에서 각각 드래그하여 텍스트 상자를 만들고 ❶ "오전엔 보약 한 사발", "오후엔 근력 운동", "저녁엔 신선한 생선과 함께"를 차례로 입력하여 완성합니다.

참고하세요

텍스트는 [단락] 그룹에서 [가운데 정렬]로 설정하고 글꼴은 원하는 글꼴로 변경합니다.

그림 조정

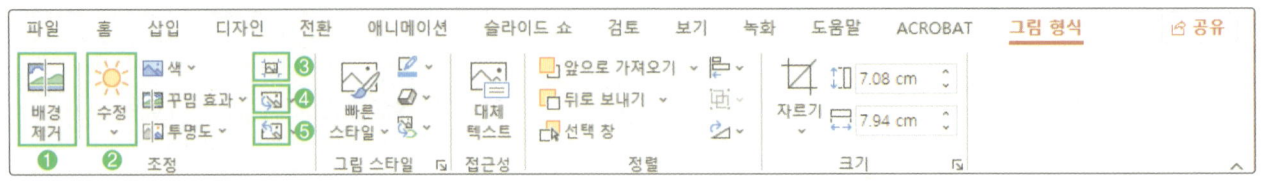

❶ **배경 제거** 그림에서 원하지 않는 부분을 제거합니다.
❷ **수정** 그림의 밝기/대비, 선명도를 조절합니다.
❸ **그림 압축** 이미지를 자른 경우 잘린 부분은 보이지 않지만, 여전히 파일에는 남아 있습니다. 잘린 부분을 파일에서 제거하여 파일 용량을 줄일 수 있습니다.
❹ **그림 바꾸기** 그림의 서식은 유지한 채 그림만 바꿀 수 있습니다.
❺ **그림 원래대로** 그림을 변경하기 이전 상태로 되돌립니다.

온라인 그림 삽입

인터넷에 연결되어 있으면 온라인 그림을 검색하여 삽입할 수 있습니다. ❶ [삽입] 탭의 [이미지] 그룹에서 ❷ [그림] 목록을 클릭한 후 ❸ [온라인 그림]을 선택합니다. ❹ [온라인 그림] 대화상자의 검색란에 찾고자 하는 이미지를 입력하고 Enter 키를 누릅니다. 온라인에서 그림을 검색하여 사용할 때는 저작권과 사용 범위를 반드시 확인해야 합니다.

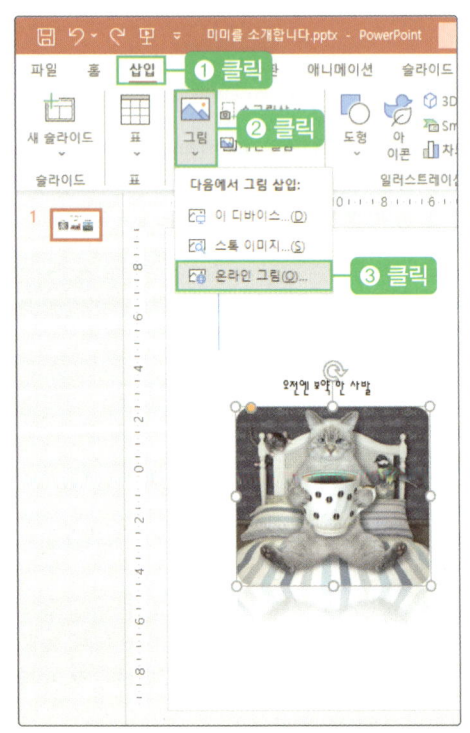

도전! 혼자 풀어 보세요!

① 새 프레젠테이션을 열고, [제목 및 내용] 레이아웃으로 변경한 후 그림을 삽입하고 그림 아래에 설명을 넣어 보세요.

그림을 [둥근 모서리 사각형]으로 자르세요.

② 슬라이드를 복사해서 붙여 넣고 그림의 크기와 배치를 다음과 같이 변경해 보세요.

[둥근 대각선 모서리, 흰색] 스타일- [네온] 효과를 적용하세요.

59

07 그림 정렬/조정하기

그림의 밝기와 대비뿐만 아니라 색과 온도를 수정할 수 있습니다. 그림의 꾸밈 효과를 이용하여 다양하게 그림을 편집할 수 있습니다.

▸▸ 그림을 정렬하는 방법을 알아봅니다.
▸▸ 그림의 밝기/대비, 색 등을 조정하는 방법을 알아봅니다.

배울 내용 미리 보기

▲ **파일명** 도시의 시간.pptx

1 그림 정렬하기

1 새 프레젠테이션을 열고 ❶ [홈] 탭의 [슬라이드] 그룹에서 ❷ [슬라이드 레이아웃] 목록을 클릭한 후 ❸ [빈 화면]을 선택합니다.

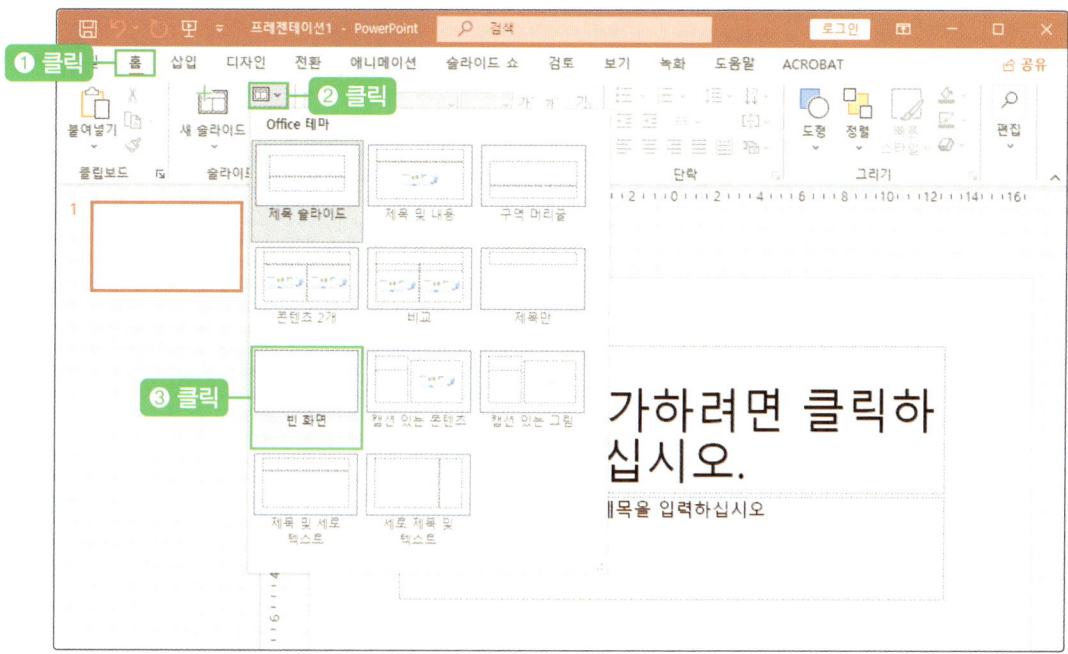

2 ❶ [삽입] 탭의 [텍스트] 그룹에서 ❷ [텍스트 상자] 목록을 클릭한 후 ❸ [세로 텍스트 상자]를 선택합니다. 마우스를 드래그하여 텍스트 상자를 만든 후 ❹ "도시의 시간"을 입력합니다.

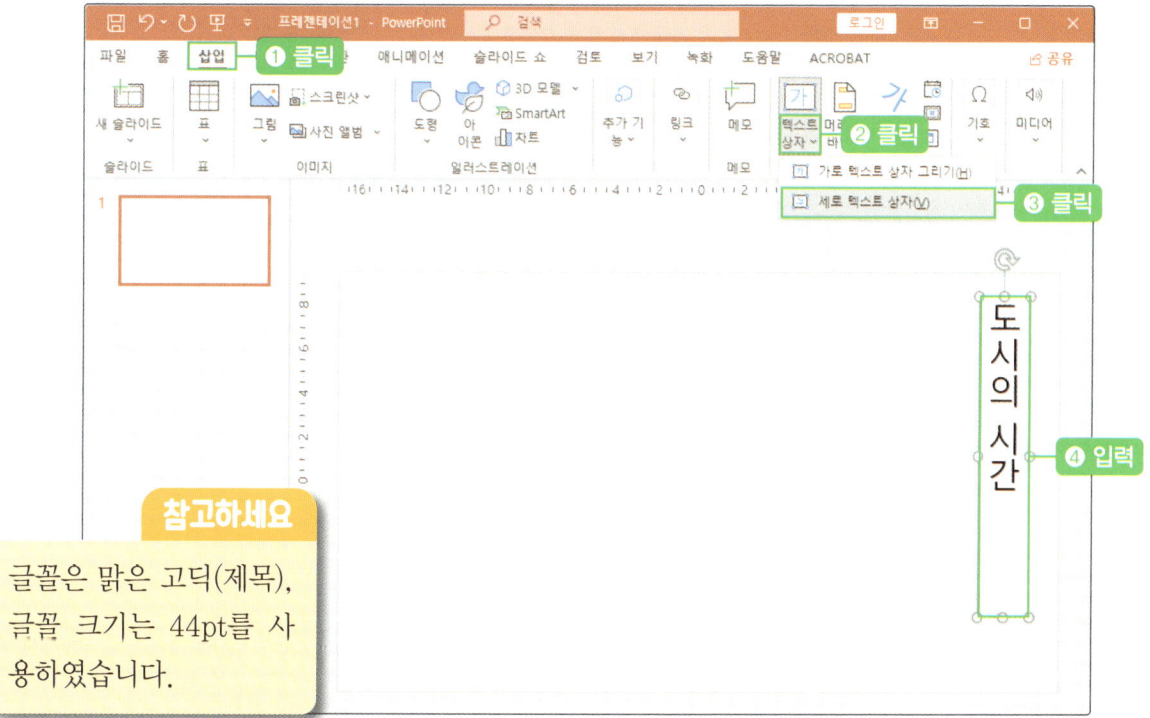

> **참고하세요**
> 글꼴은 맑은 고딕(제목), 글꼴 크기는 44pt를 사용하였습니다.

3 ❶ [삽입] 탭의 [이미지] 그룹에서 ❷ [그림]을 클릭한 후 ❸ [이 디바이스]를 선택합니다. [그림 삽입] 대화상자가 나타나면 ❹ '미술관벽'을 선택하고 ❺ [삽입]을 클릭합니다.

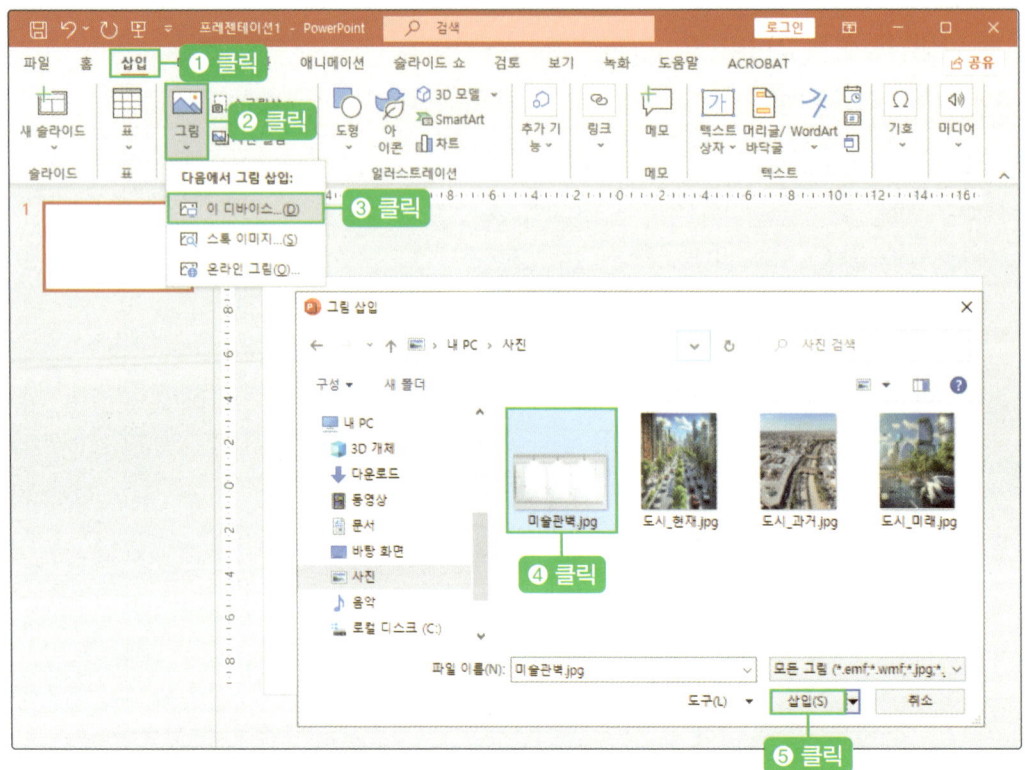

4 ❶ 그림의 조절점을 드래그하여 그림을 슬라이드 크기에 맞춥니다.

5 그림을 선택한 상태에서 ❶ [그림 형식] 탭의 [정렬] 그룹에서 ❷ [뒤로 보내기]의 목록을 클릭한 후 [맨 뒤로 보내기]를 선택합니다.

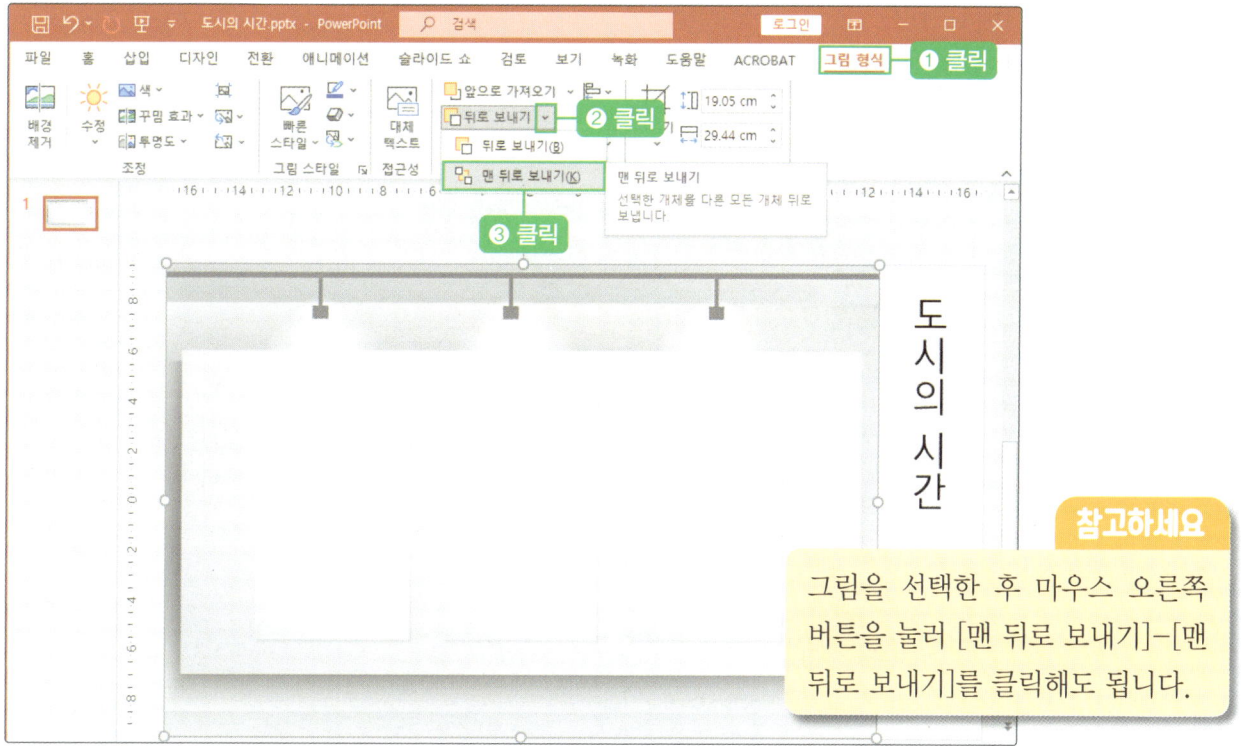

> **참고하세요**
> 그림을 선택한 후 마우스 오른쪽 버튼을 눌러 [맨 뒤로 보내기]-[맨 뒤로 보내기]를 클릭해도 됩니다.

6 ❸과 동일한 방법으로 이미지를 삽입합니다. [그림 삽입] 대화상자가 나타나면 ❶ '도시_과거'를 선택하고 ❷ [삽입]을 클릭합니다.

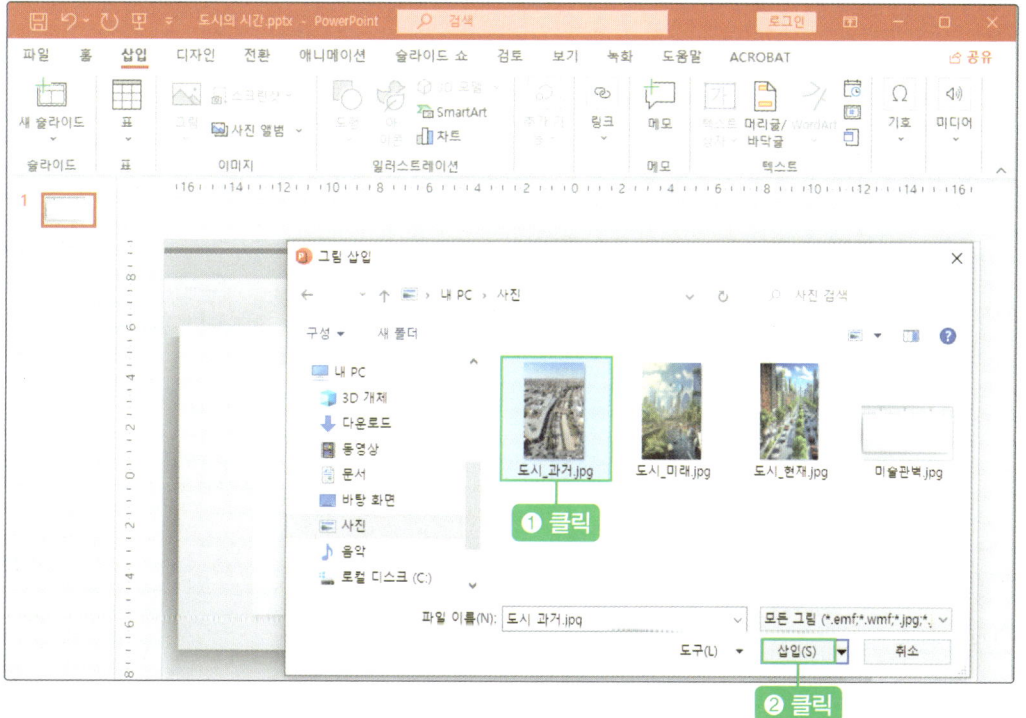

7 ❶ 그림을 클릭하여 첫 번째 액자로 이동하고 ❷ 조절점을 드래그하여 크기를 맞춥니다. 그림을 회전하기 위해 ❸ [그림 형식] 탭의 [정렬] 그룹에서 ❹ [개체 회전] 목록을 클릭한 후 ❺ [좌우 대칭]을 선택합니다.

8 '도시_현재', '도시_미래' 그림도 삽입하여 액자를 채웁니다.

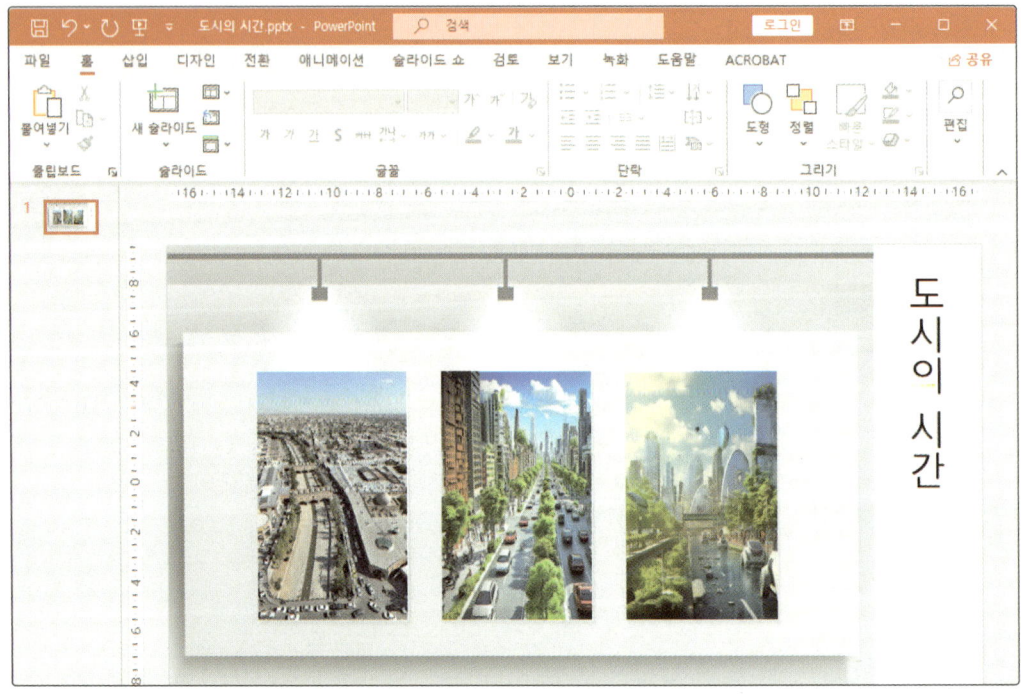

2 그림 조정하기

1 ❶ [삽입] 탭의 [텍스트] 그룹에서 ❷ [텍스트 상자] 목록을 클릭한 후 ❸ [가로 텍스트 상자 그리기]를 선택합니다. ❹ 마우스를 드래그하여 텍스트 상자를 만든 후 각각 "과거", "현재", "미래"를 입력합니다.

참고하세요

텍스트 상자를 하나 그린 후 Ctrl + Shift 키를 누른 채 드래그하면 수평을 유지한 상태로 상자를 복사할 수 있습니다.

2 첫 번째 과거 그림을 선택한 후 ❶ [그림 형식] 탭의 [조정] 그룹에서 ❷ [색] 목록을 클릭하여 ❸ [다시 칠하기]-[회색조]를 선택합니다.

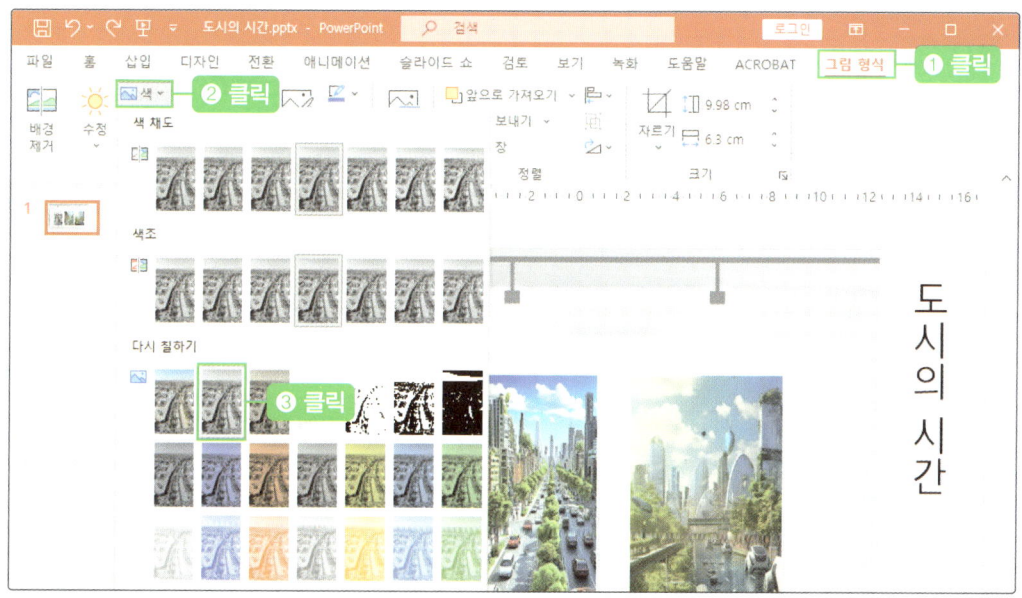

3 두 번째 그림을 선택한 후 ❶ [그림 형식] 탭의 [조정] 그룹에서 ❷ [수정] 목록을 클릭하여 ❸ [선명도]는 [부드럽게 25%]를 선택하고, ❹ [밝기/대비]는 [밝기: 0% (표준) 대비: −20%]를 선택합니다.

4 세 번째 그림을 선택한 후 ❶ [그림 형식] 탭의 [조정] 그룹에서 ❷ [색] 목록을 클릭하여 ❸ [색채도]는 [200%]를 선택하고, ❹ [색조]는 [온도 4700K]를 선택합니다.

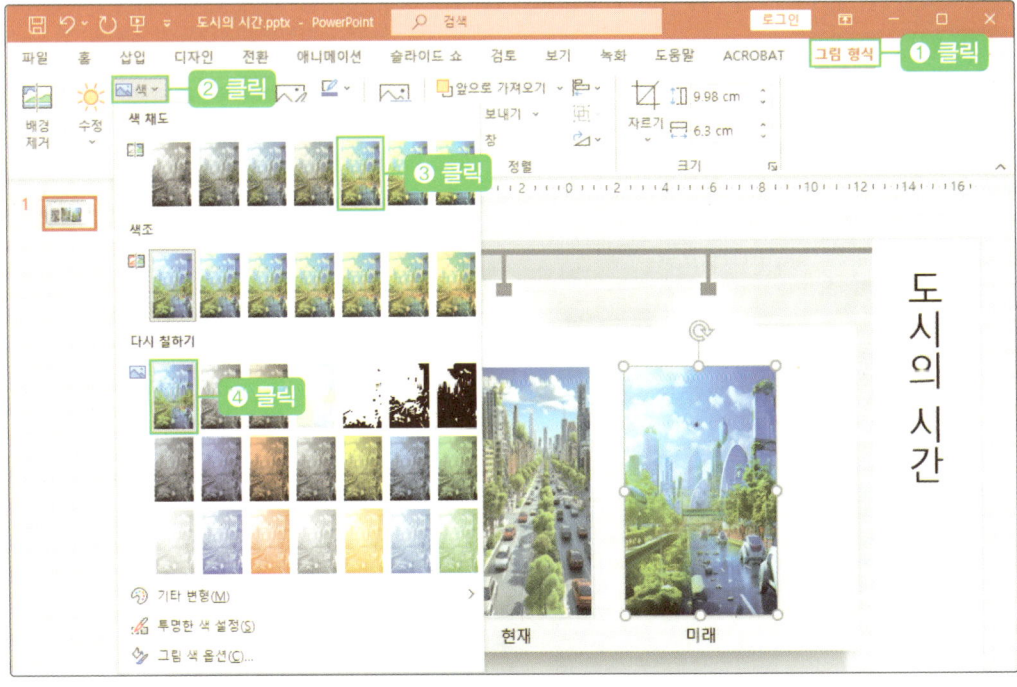

도전! 혼자 풀어 보세요!

1 [새 프레젠테이션]을 시작한 후 다음과 같이 작성해 보세요.

그림을 선택한 후 [정렬] 그룹에서 [맨 앞으로 가져오기]를 사용하세요.

2 [새 프레젠테이션]을 시작한 후 다음과 같이 작성해 보세요.

그림 크기를 슬라이드에 맞게 조절하고, 백조 그림을 맨 앞으로 가져오세요.
배경 그림의 색을 [파랑, 어두운 강조색 5]로 조정하세요.

도형 슬라이드 만들기

도형을 사용하면 체계적으로 슬라이드를 구성하는 데 도움이 됩니다. 도형을 균형 있게 배치하면 정보가 잘 정리되어 보이고 집중도를 높일 수 있습니다. 도형의 크기, 색상, 형태 등을 자유롭게 변경하여 시각적 효과를 낼 수 있습니다.

➤➤ 도형을 그리는 방법을 알아봅니다.
➤➤ 도형을 복사하고 정렬하는 방법을 알아봅니다.
➤➤ 도형에 텍스트를 입력하는 방법을 알아봅니다.

배울 내용 미리 보기

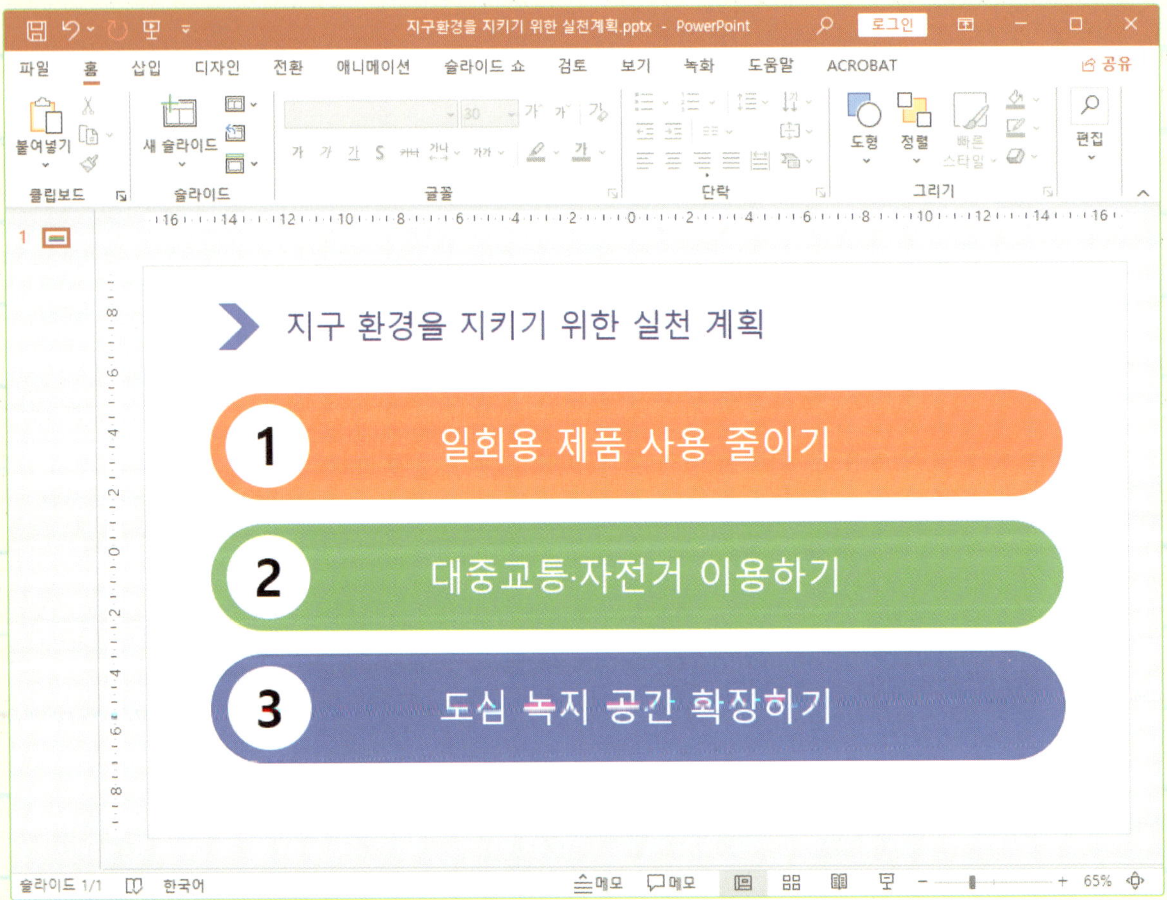

▲ **파일명** 지구환경을 지키기 위한 실천계획.pptx

1 도형 그리기

1 [새 프레젠테이션]을 실행한 후 슬라이드 레이아웃을 [빈 화면]으로 변경합니다. ❶ [홈] 탭의 [그리기] 그룹에서 ❷ [도형]을 클릭한 후 ❸ [블록 화살표]-[화살표: 갈매기형 수장]을 선택합니다.

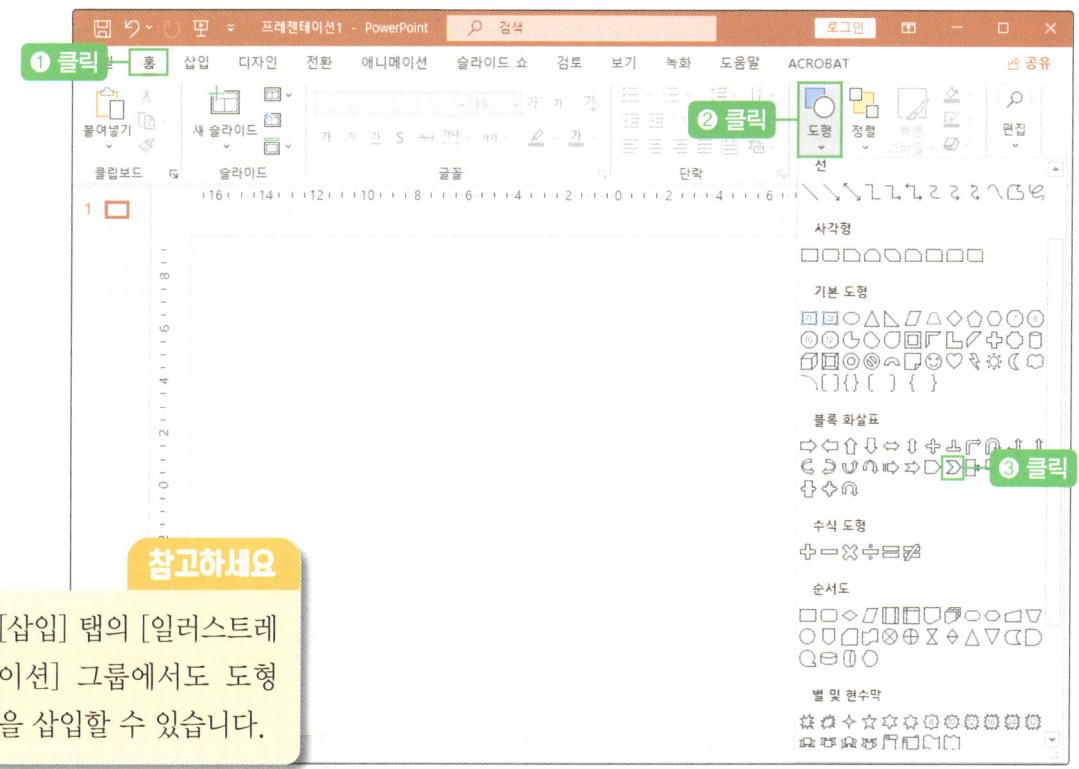

> **참고하세요**
> [삽입] 탭의 [일러스트레이션] 그룹에서도 도형을 삽입할 수 있습니다.

2 마우스를 드래그하여 화살표를 그린 후 ❶ [세이프 형식] 탭의 [도형 스타일] 그룹에서 ❷ [도형 채우기] 목록을 클릭하여 ❸ 원하는 색을 선택합니다. ❹ 노란색 조절점을 왼쪽으로 드래그하여 모양을 변경합니다.

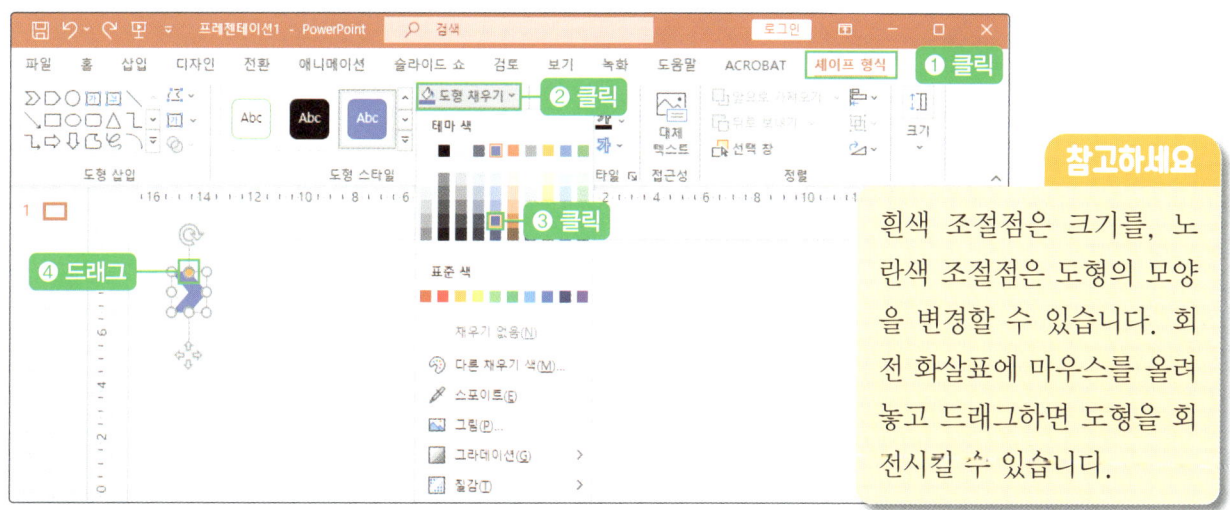

> **참고하세요**
> 흰색 조절점은 크기를, 노란색 조절점은 도형의 모양을 변경할 수 있습니다. 회전 화살표에 마우스를 올려놓고 드래그하면 도형을 회전시킬 수 있습니다.

3 ❶ [삽입] 탭의 [텍스트] 그룹에서 ❷ [텍스트 상자] 목록을 클릭한 후 ❸ [가로 텍스트 상자 그리기]를 선택합니다. ❹ 마우스로 드래그하여 텍스트 상자를 만든 후 다음과 같이 입력합니다.

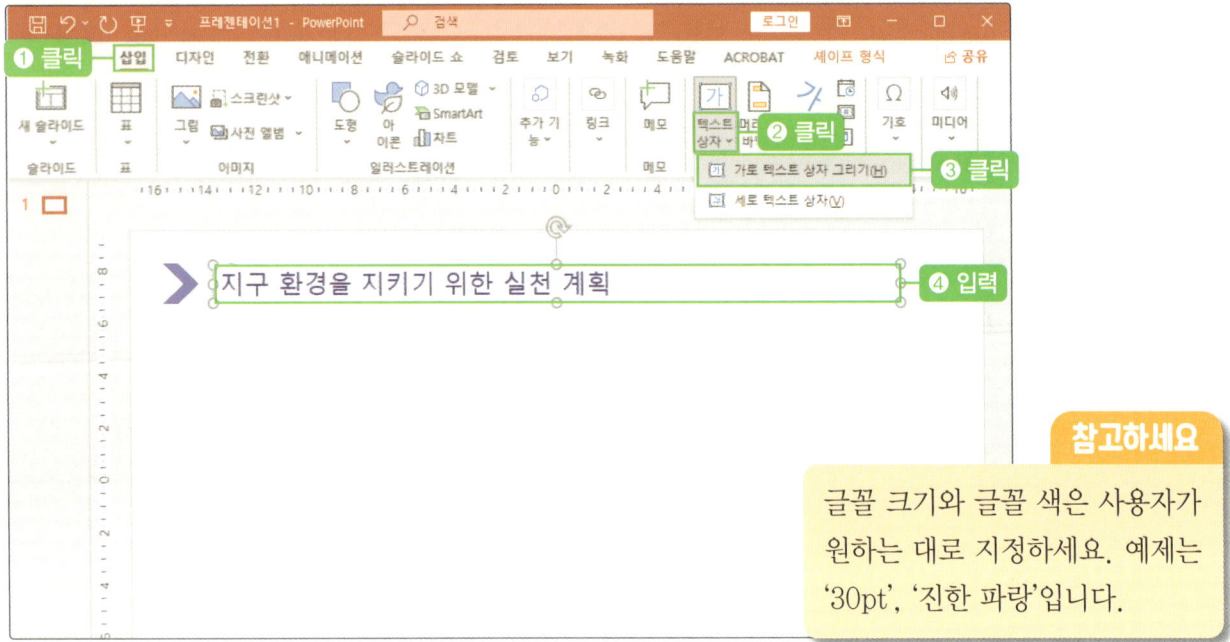

참고하세요

글꼴 크기와 글꼴 색은 사용자가 원하는 대로 지정하세요. 예제는 '30pt', '진한 파랑'입니다.

4 모서리가 둥근 사각형을 삽입하기 위해 1과 동일한 방법으로 ❶ [세이프 형식] 탭의 ❷ [도형] 목록을 클릭한 후 ❸ [사각형]-[사각형: 둥근 모서리]를 선택하여 그려 줍니다. ❹ 노란색 조절점을 오른쪽으로 드래그하여 모양을 변경합니다.

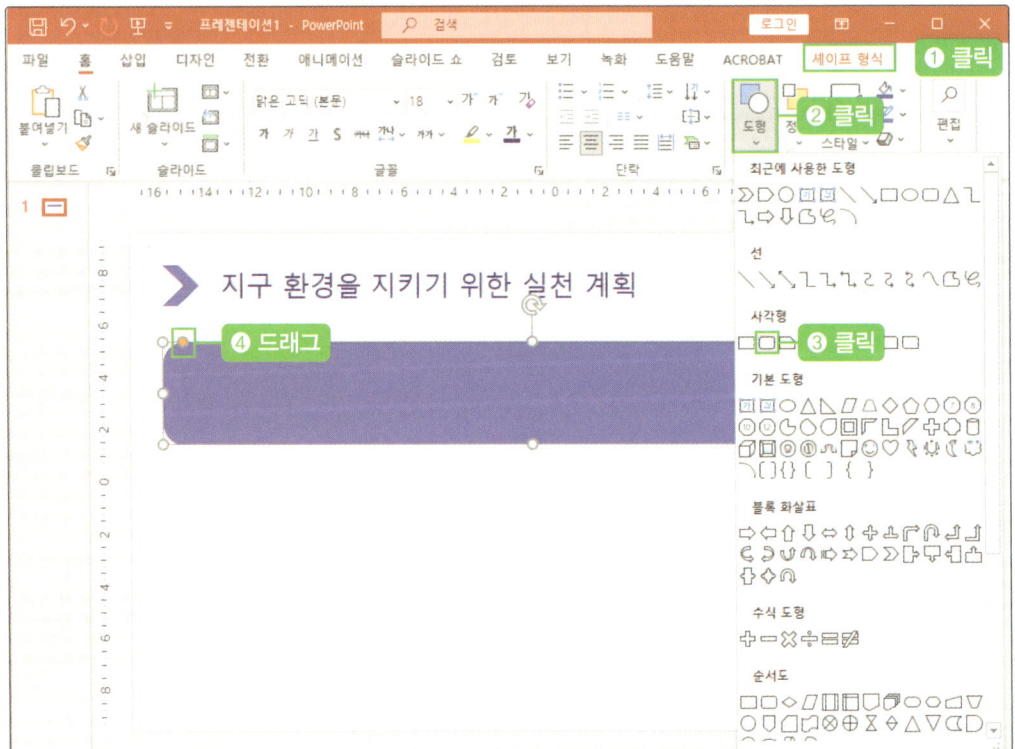

2 도형 복사/정렬하기

1 ❶ 도형을 선택한 후 ❷ Ctrl + Shift 키를 누른 상태에서 아래로 드래그하여 수직으로 도형을 복사합니다. 한 번 더 반복하여 세 개의 도형을 그려 줍니다.

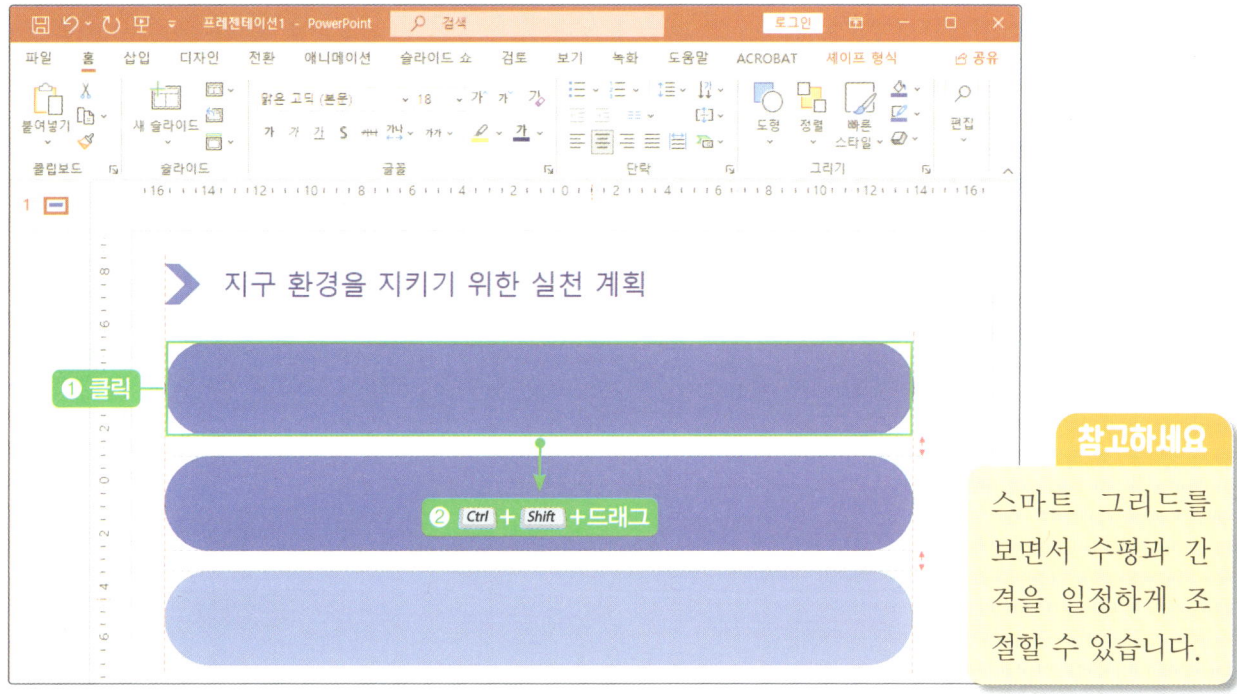

참고하세요
스마트 그리드를 보면서 수평과 간격을 일정하게 조절할 수 있습니다.

2 도형의 색을 변경해 줍니다. ❶ 첫 번째 도형을 선택하고 ❷ [홈] 탭의 [그리기] 그룹에서 ❸ [도형 채우기] 목록을 클릭한 후 ❹ '주황'을 선택합니다.

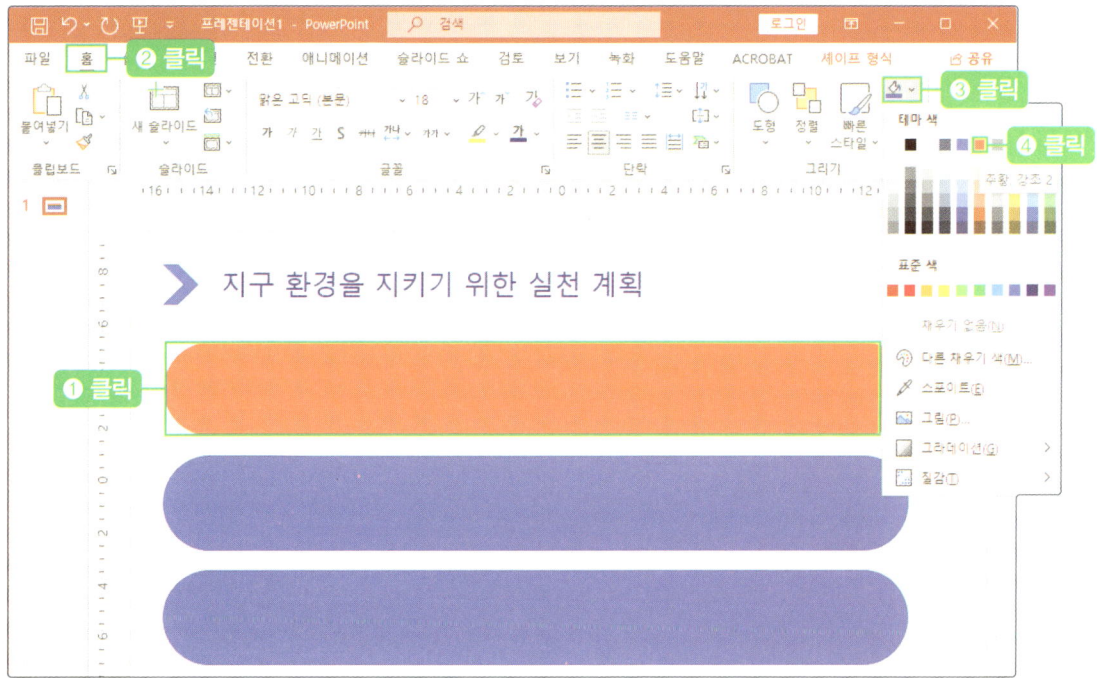

3 두 번째 도형의 색도 변경합니다. ❶ 세 개의 도형을 모두 선택하고 ❷ [홈] 탭의 [그리기] 그룹에서 ❸ [정렬] 목록을 클릭한 후 ❹ [맞춤]-[세로 간격을 동일하게]를 선택합니다.

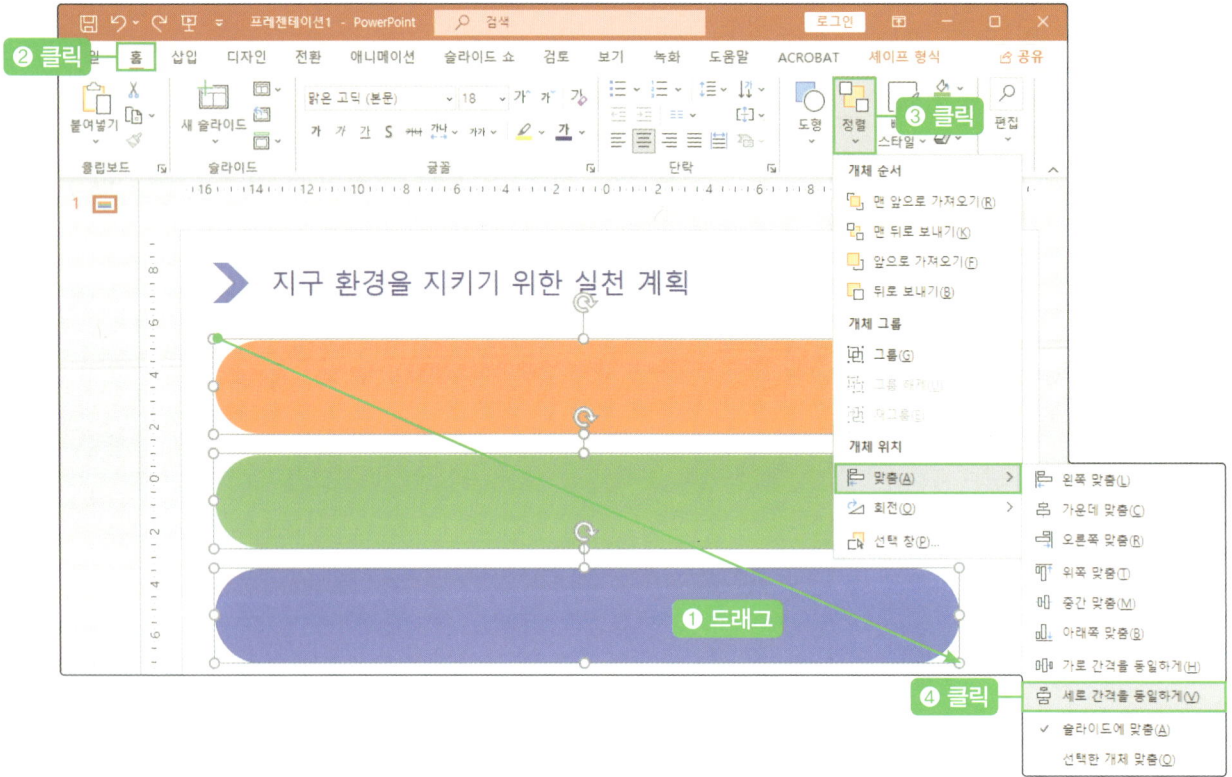

4 원을 그리기 위해 ❶ [홈] 탭의 [그리기] 그룹에서 ❷ [도형] 목록을 클릭한 후 ❸ [기본 도형]-[타원]을 선택합니다.

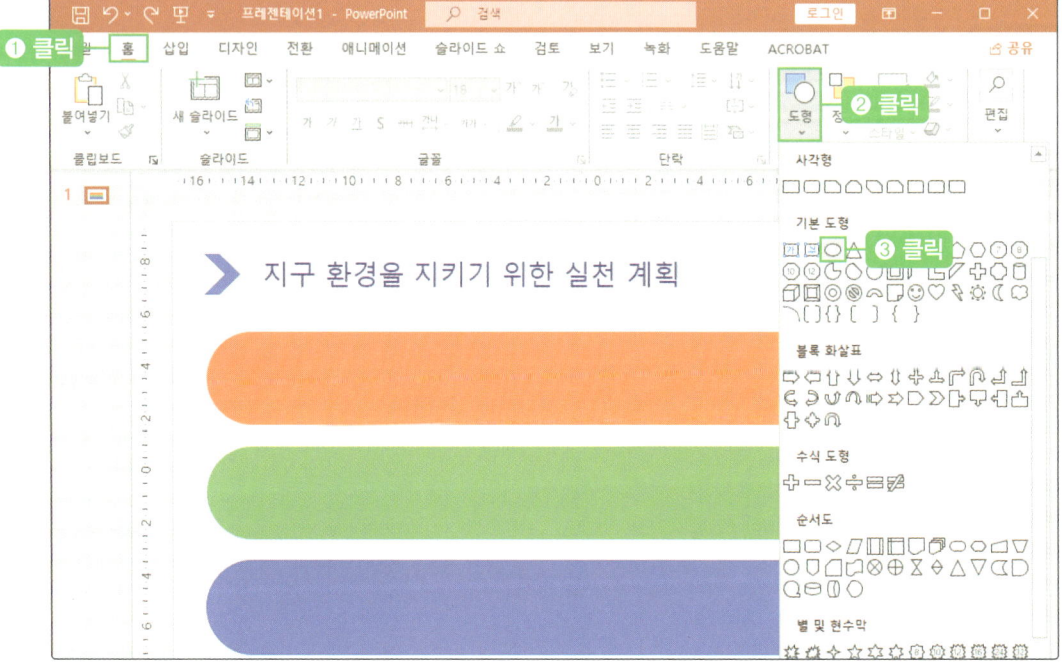

5 ① Shift 키를 누른 상태에서 마우스를 드래그하여 원을 그린 후 다음과 같이 배치합니다.

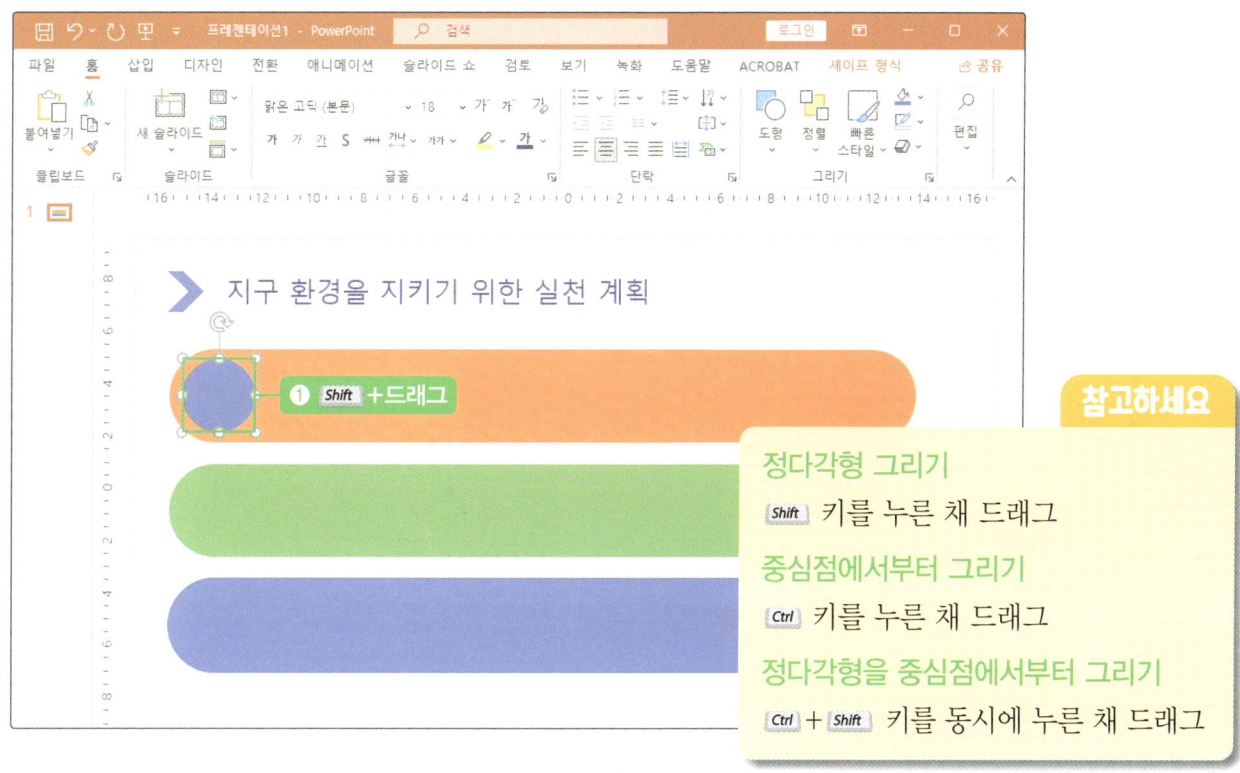

6 원이 선택된 상태에서 ① [홈] 탭의 [그리기] 그룹에서 ② [도형 채우기] 목록을 클릭한 후 ③ '흰색'을 선택합니다.

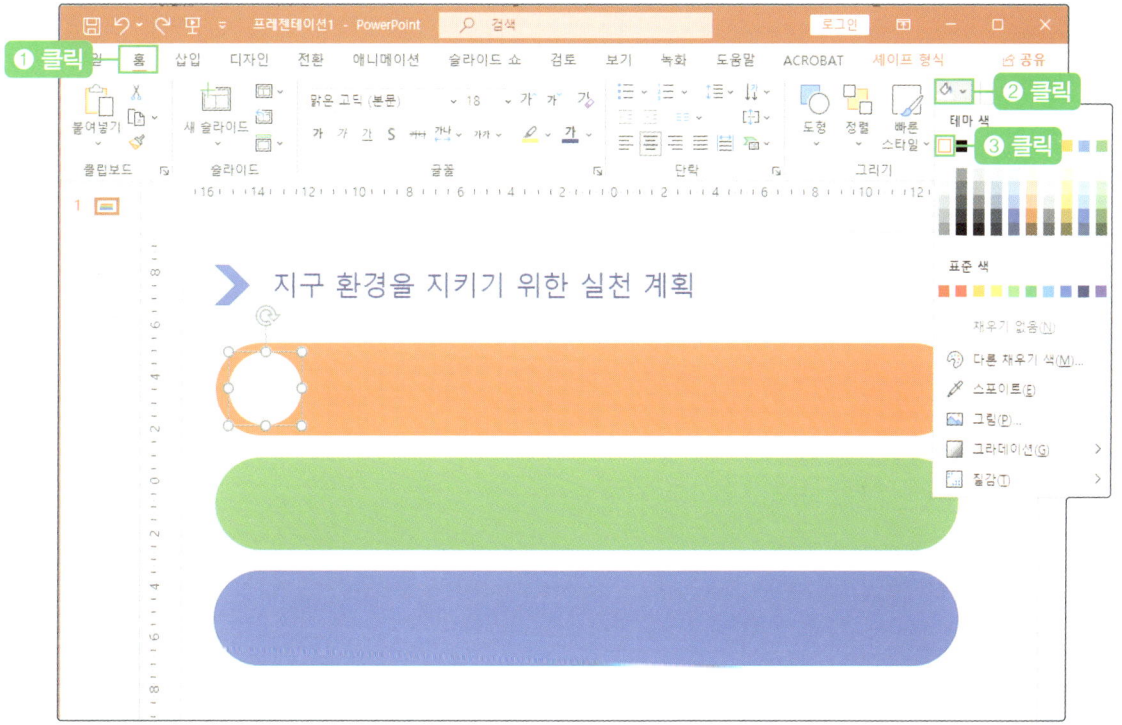

도형 안에 텍스트 입력하기

1 원을 선택하고 ❶ [홈] 탭에서 ❷ 글꼴은 [맑은 고딕, 50pt], 굵게 ❸ 글꼴 색은 [검정]으로 설정합니다. ❹ 원을 더블클릭하고 "1"을 입력합니다.

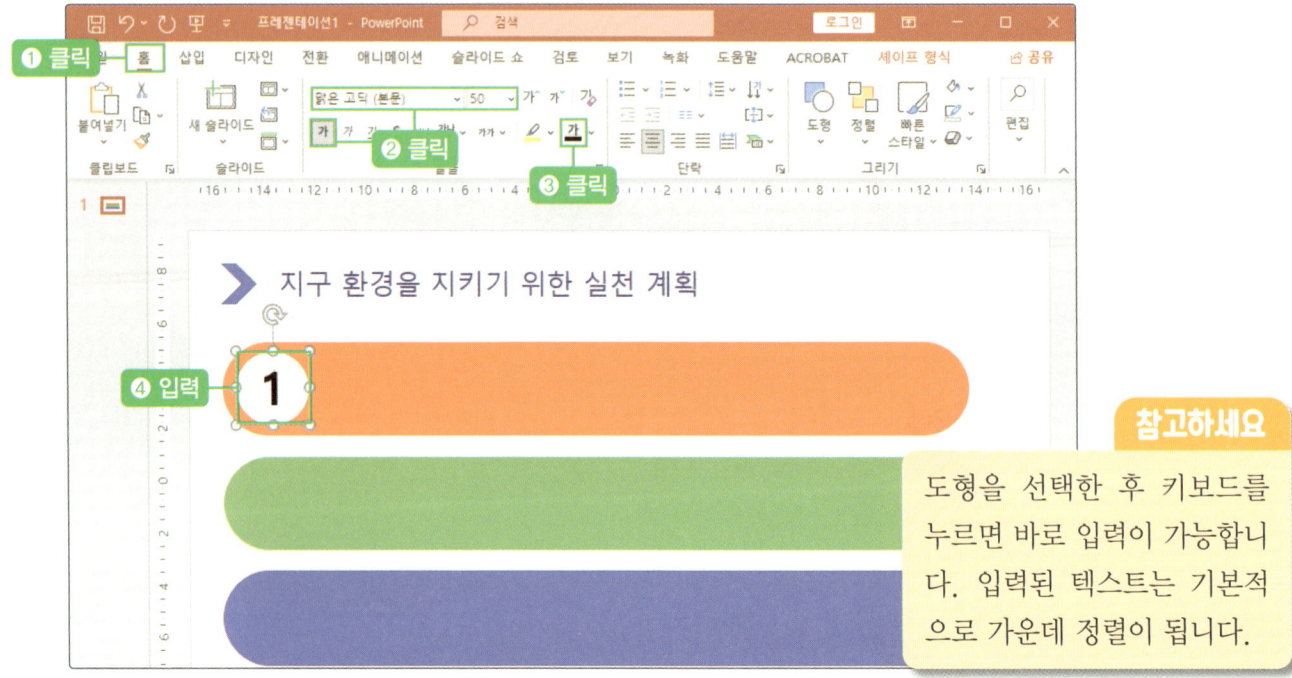

> **참고하세요**
> 도형을 선택한 후 키보드를 누르면 바로 입력이 가능합니다. 입력된 텍스트는 기본적으로 가운데 정렬이 됩니다.

2 ❶ 둥근 모서리 사각형을 모두 선택한 상태에서 ❷ 글꼴은 [맑은 고딕, 35pt] ❸ 글꼴 색은 [하양]으로 설정합니다.

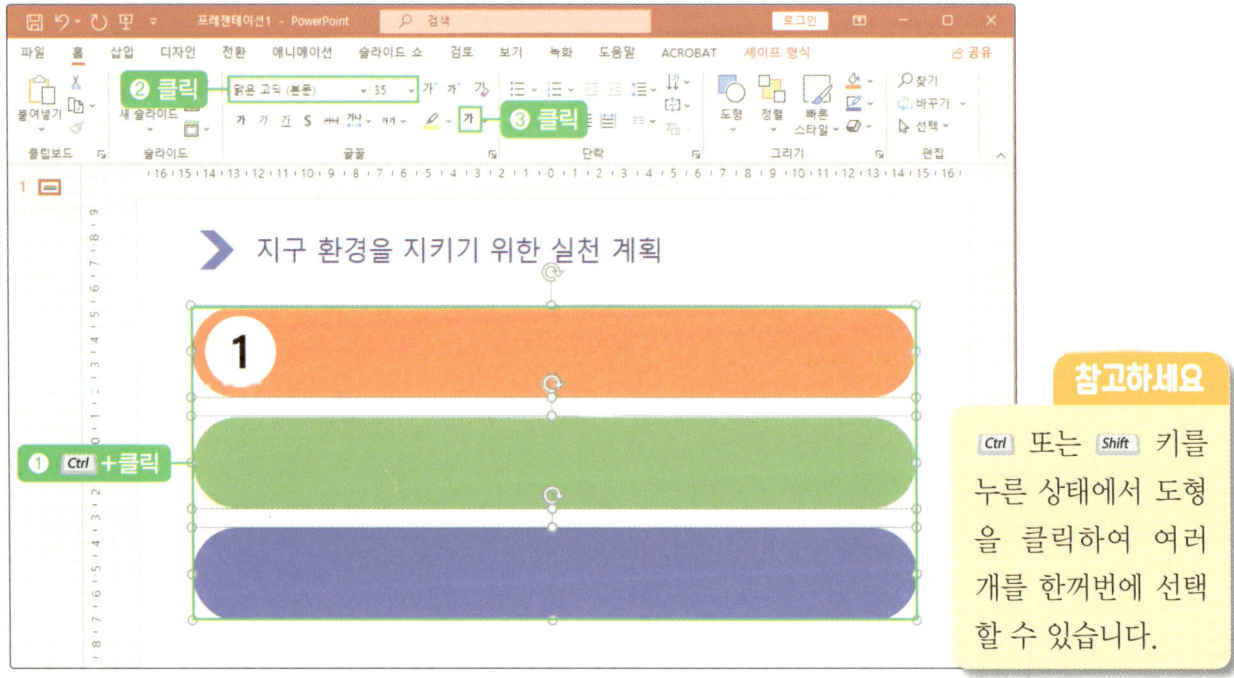

> **참고하세요**
> Ctrl 또는 Shift 키를 누른 상태에서 도형을 클릭하여 여러 개를 한꺼번에 선택할 수 있습니다.

3 도형을 더블클릭하고 ❶ 다음과 같이 입력합니다.

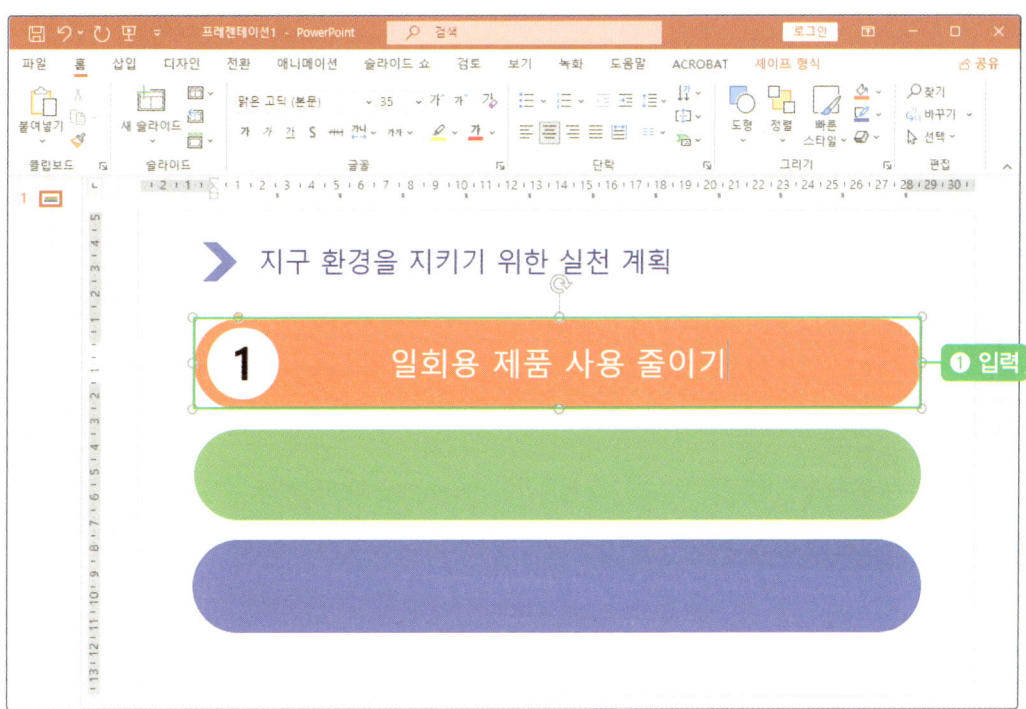

4 나머지 텍스트도 모두 입력합니다.

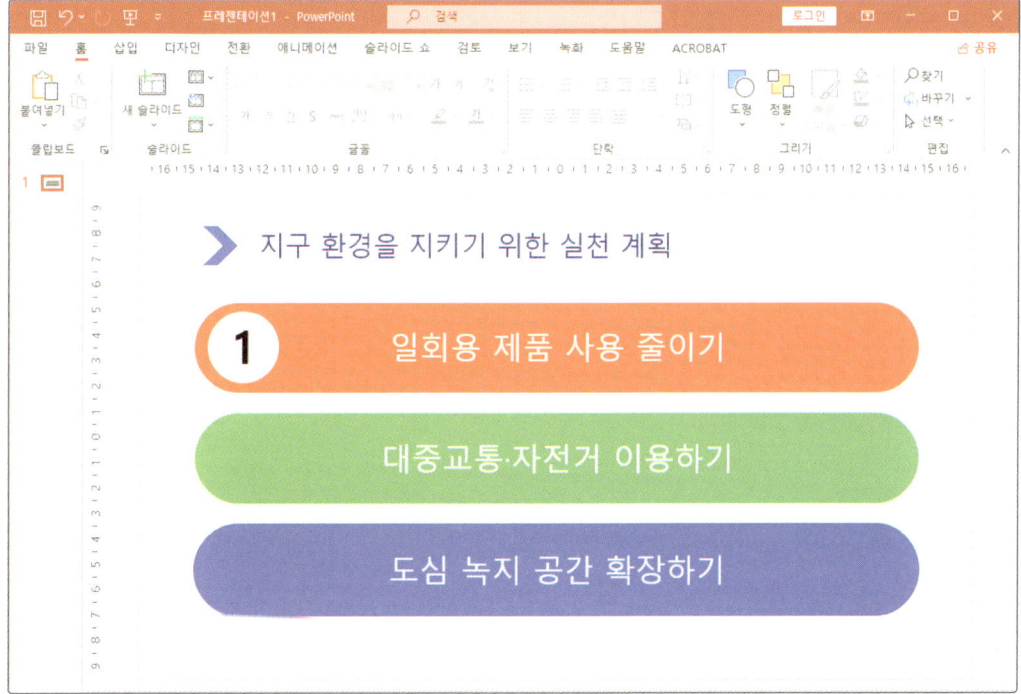

5 ❶ 첫 번째 원을 선택한 후 ❷ [Ctrl] + [Shift] 키를 누른 상태에서 아래로 드래그하여 수직으로 도형을 복사하여 넣습니다.

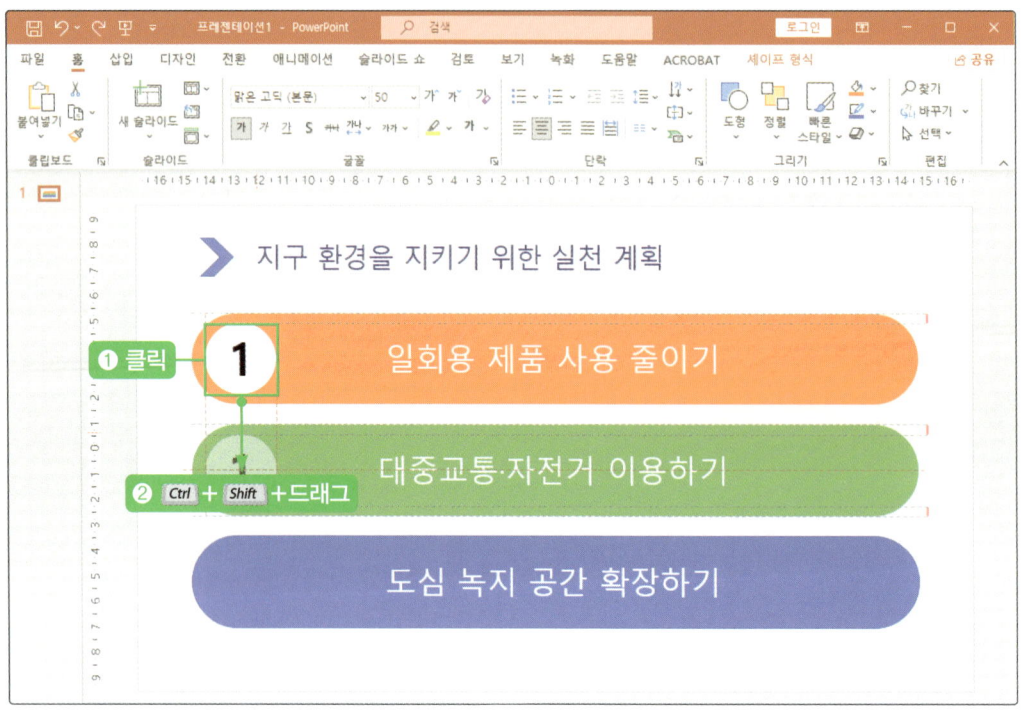

6 같은 방법으로 세 번째 원을 복사한 후 숫자를 수정하여 완성합니다.

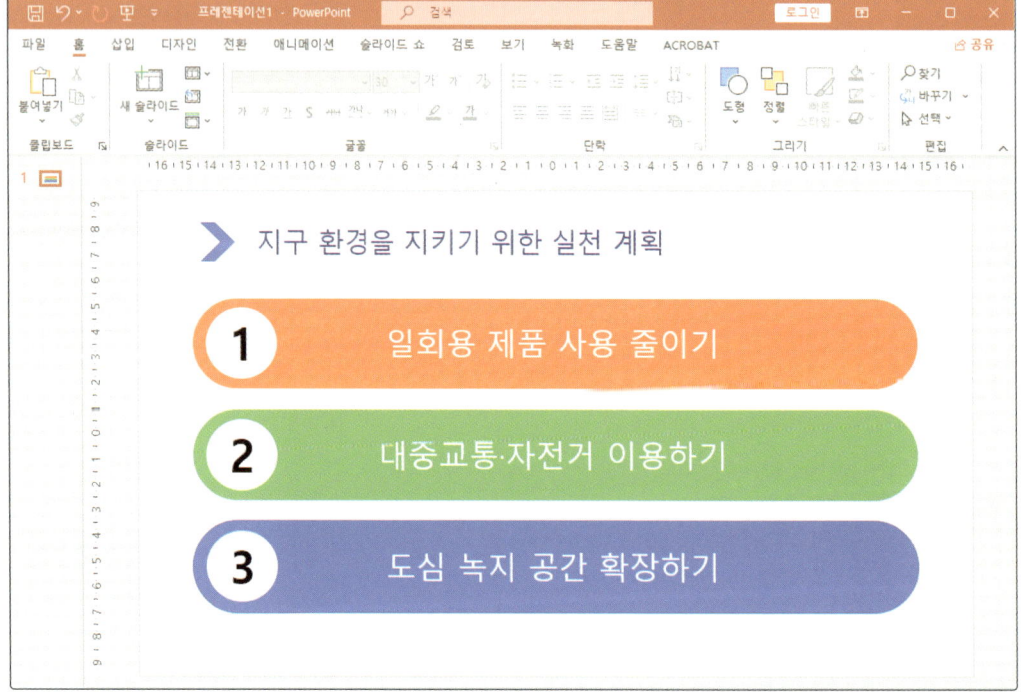

[정렬] 기능 알아보기

[홈] 탭의 [그리기] 그룹에서 [정렬] 그룹 또는 [셰이프 형식] 탭의 [정렬] 그룹을 사용하면 도형이나 그림 등 여러 개의 개체를 정렬 기능을 이용해 쉽게 배치할 수 있으며 회전을 시키거나 반대로 뒤집어서 표시할 수 있습니다.

❶ 개체 순서

슬라이드에 삽입된 개체의 순서를 변경합니다. 선택한 도형이나 개체를 맨 앞으로 또는 맨 뒤로 보낼 수 있으며, 바로 앞에 있는 개체보다 하나 앞 또는 바로 뒤에 있는 개체보나 하나 뒤에서 표시할 수 있습니다.

❷ 개체 그룹

도형이나 개체를 하나로 묶어 그룹으로 만들거나 묶여진 그룹을 분리합니다. 도형을 그룹으로 만들면 개체를 이동시키거나 회전 등의 작업을 할 때 편리합니다.

❸ 개체 위치

개체를 정렬하거나 회전합니다. [맞춤]에서는 여러 개의 개체를 정렬하거나 간격을 조절하는 하위 메뉴를 선택할 수 있으며, [회전]에서는 개체를 오른쪽 또는 왼쪽으로 회전시키거나 좌우 또는 상하로 뒤집어 주는 하위 메뉴를 선택할 수 있습니다.

[개체 위치]-[맞춤]

- 세로로 배열된 여러 개체 중 가장 왼쪽, 가운데, 오른쪽에 배치된 개체를 기준으로 정렬합니다.
- 가로로 배열된 여러 개체 중 가장 위쪽, 중간, 아래쪽에 배치된 개체를 기준으로 정렬합니다.
- 선택한 개체들의 가로 간격 또는 세로 간격을 동일하게 조절합니다.
- [슬라이드에 맞춤]을 해제하면 전체 슬라이드 크기에 맞춰 [가로 간격] 또는 [세로 간격]을 동일하게 조절합니다.

[개체 위치]-[회전]

- 선택한 오른쪽 또는 왼쪽으로 90도 회전하거나 수직, 상하/좌우 대칭으로 개체를 뒤집어 줍니다.

도전! 혼자 풀어 보세요!

① [새 프레젠테이션]을 시작한 후 도형을 다음과 같이 맛있는 라면 끓이기 단계를 만들어 보세요

[블록 화살표]-[화살표: 갈매기형 수장]과 [타원]을 이용하세요.
화살표와 타원은 [정렬]에서 맨 앞으로 배치하세요.

② [새 프레젠테이션]을 시작한 후 도형을 이용하여 다음과 같이 나비의 한살이를 작성해 보세요.

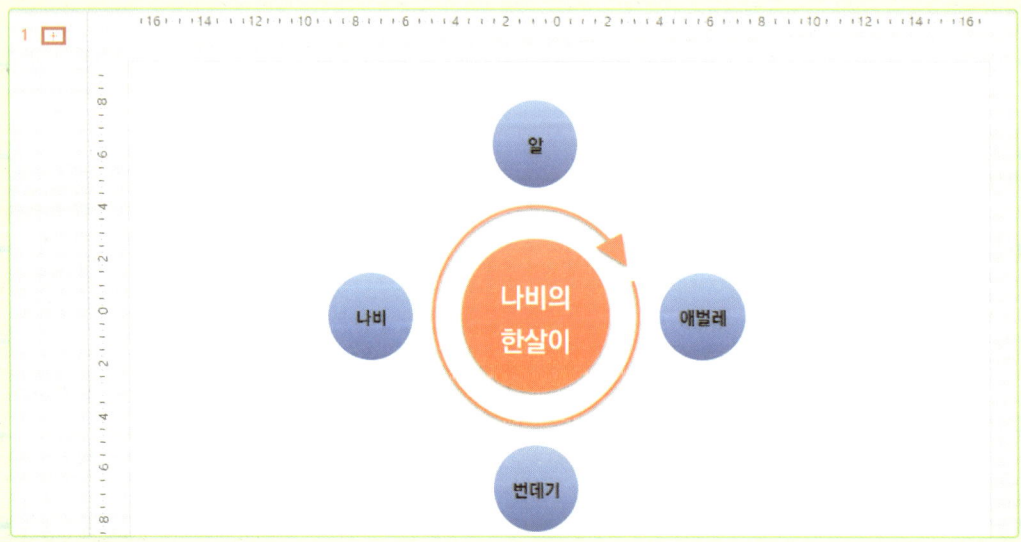

[블록 화살표]-[화살표: 원형]의 노란색 조절점을 이용하여 도형 모양을 조절하세요.
Shift 키를 누르고 도형을 그리면 정다각형 또는 정원을 그릴 수 있습니다.

도전! 혼자 풀어 보세요!

③ [새 프레젠테이션]을 시작한 후 도형을 이용하여 순서도를 작성해 보세요.

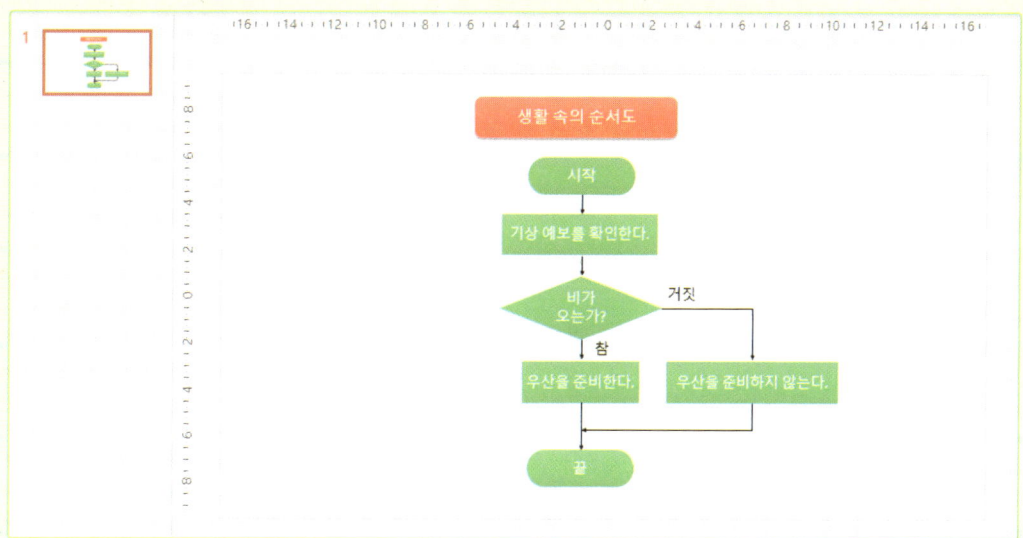

[순서도]–[처리]와 [순서도: 판단], [순서도: 수행의 시작/종료], [선]–[선: 화살표]를 이용하세요.

④ [새 프레젠테이션]을 시작한 후 도형을 이용하여 다음과 같이 융합인재교육 STEAM을 작성해 보세요.

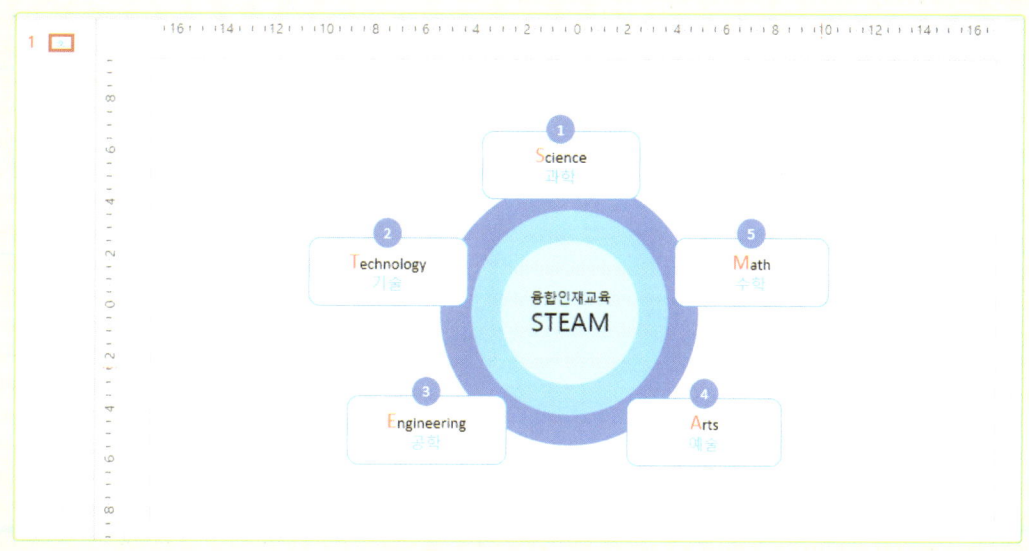

[사각형]–[사각형: 둥근 사각형]과 [타원]을 이용하세요.
중앙의 원은 [맞춤]에서 가운데 맞춤과 중간 맞춤을 이용하세요.

도형 편집하기

도형의 병합 기능을 활용하면 여러 개의 도형을 조합해서 새로운 도형을 만들 수 있습니다. 도형을 통합하거나 조각을 내기도 하고 사용자가 원하는 독특한 모양의 도형을 만들 수 있습니다.

▶▶ 도형을 병합하는 방법을 알아봅니다.
▶▶ 도형 안에 그림을 삽입하는 방법을 알아봅니다.

배울 내용 미리 보기

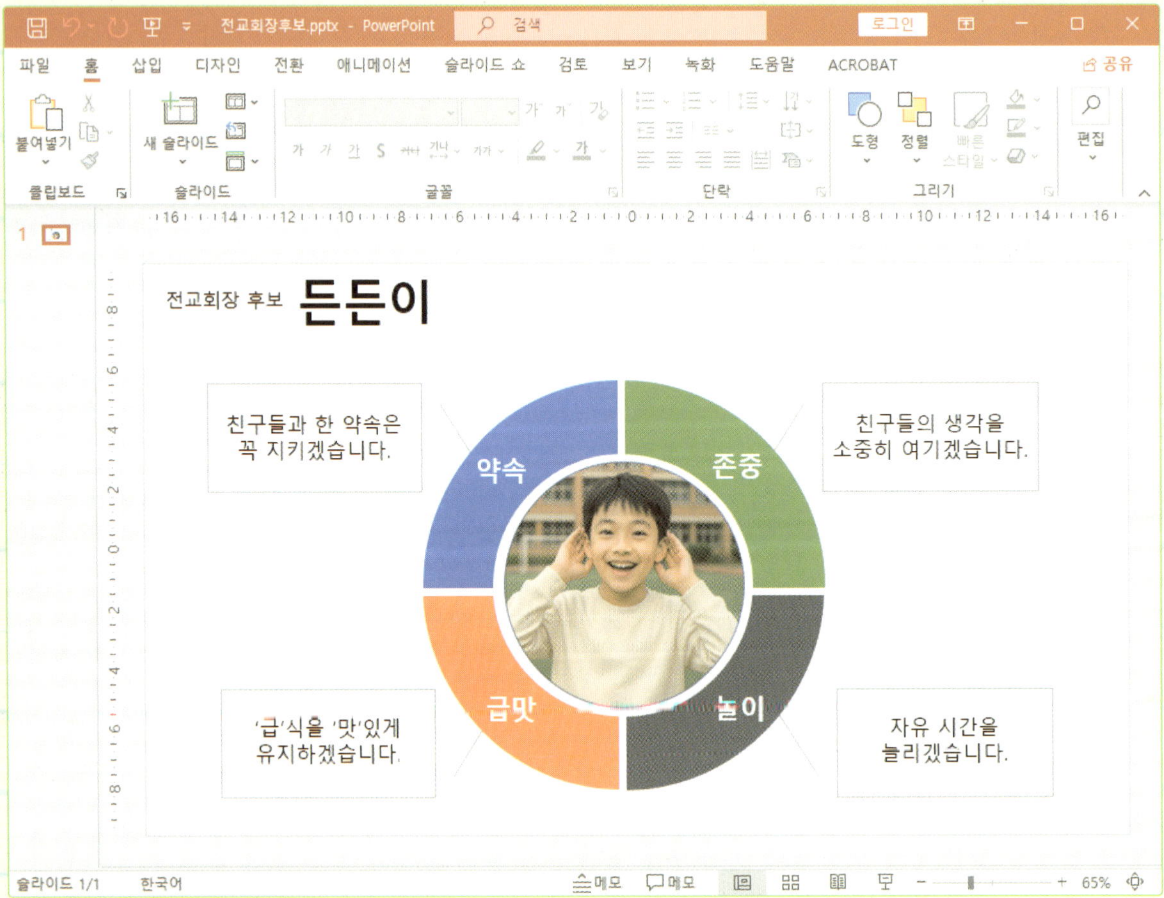

▲ 파일명 전교회장 후보.pptx

1 도형 병합하기

1. [새 프레젠테이션]을 실행한 후 슬라이드 레이아웃을 [빈 화면]으로 변경합니다. ❶ [홈] 탭의 [그리기] 그룹에서 ❷ [도형]을 클릭한 후 ❸ [기본 도형]-[원형: 비어 있음]을 선택합니다.

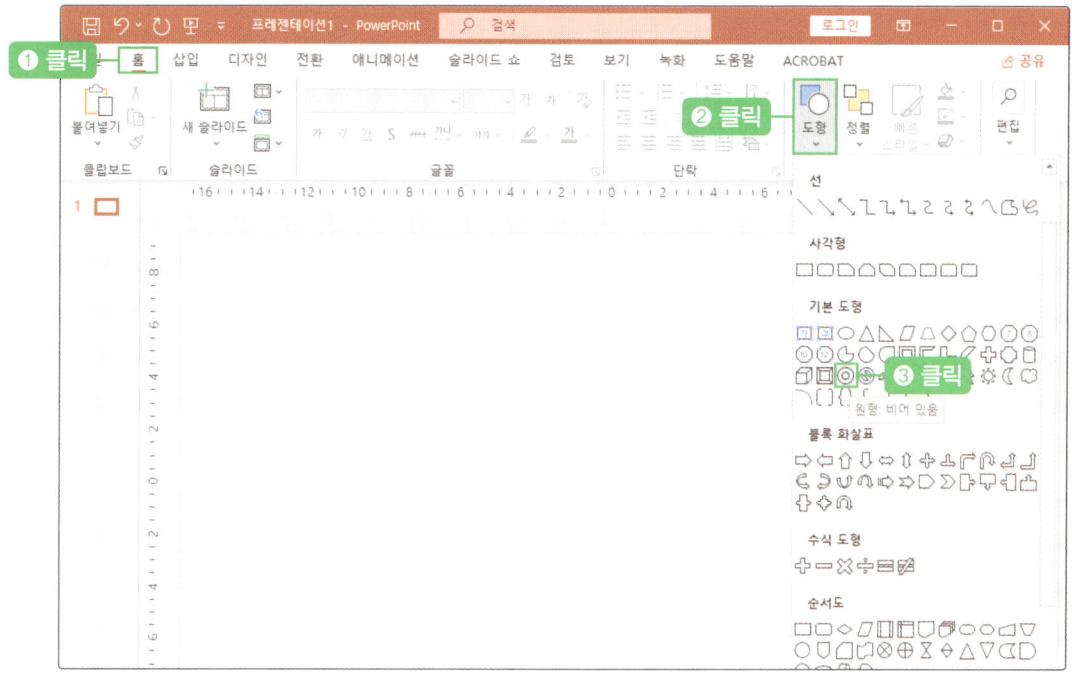

2. ❶ Shift 키를 누른 채 드래그하여 정원을 그립니다. ❷ 노란색 조절점을 드래그하여 가운데 있는 작은 원의 크기를 조절합니다.

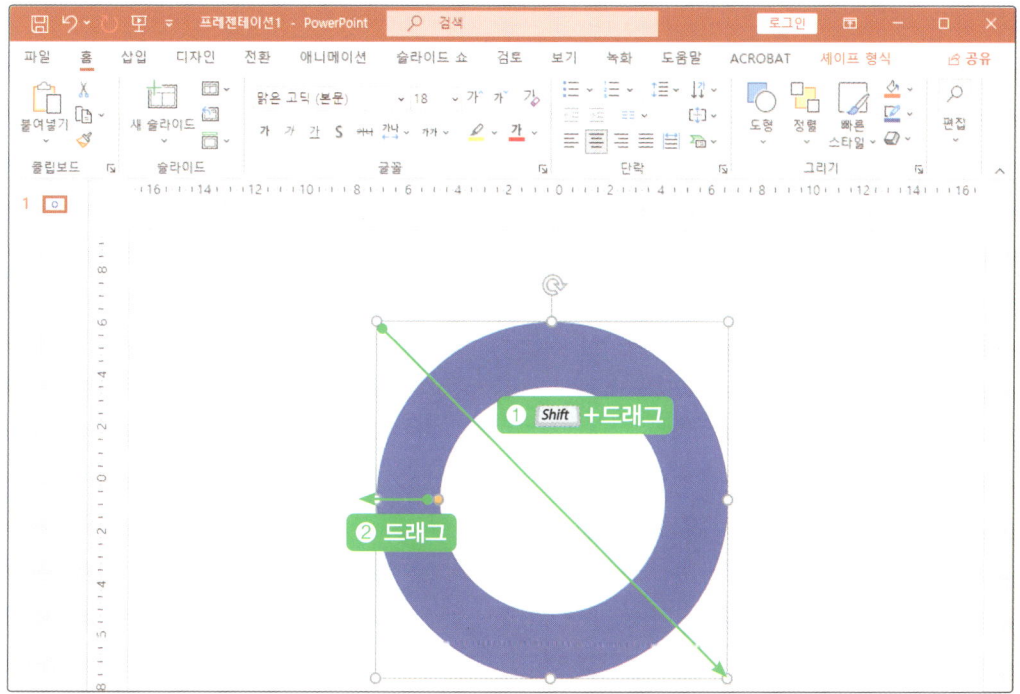

3 이번에는 ❶ [홈] 탭의 ❷ [도형] 목록에서 ❸ [사각형]-[직사각형]을 선택한 후 다음과 같이 ❹ 원보다 길게 사각형을 그려 줍니다.

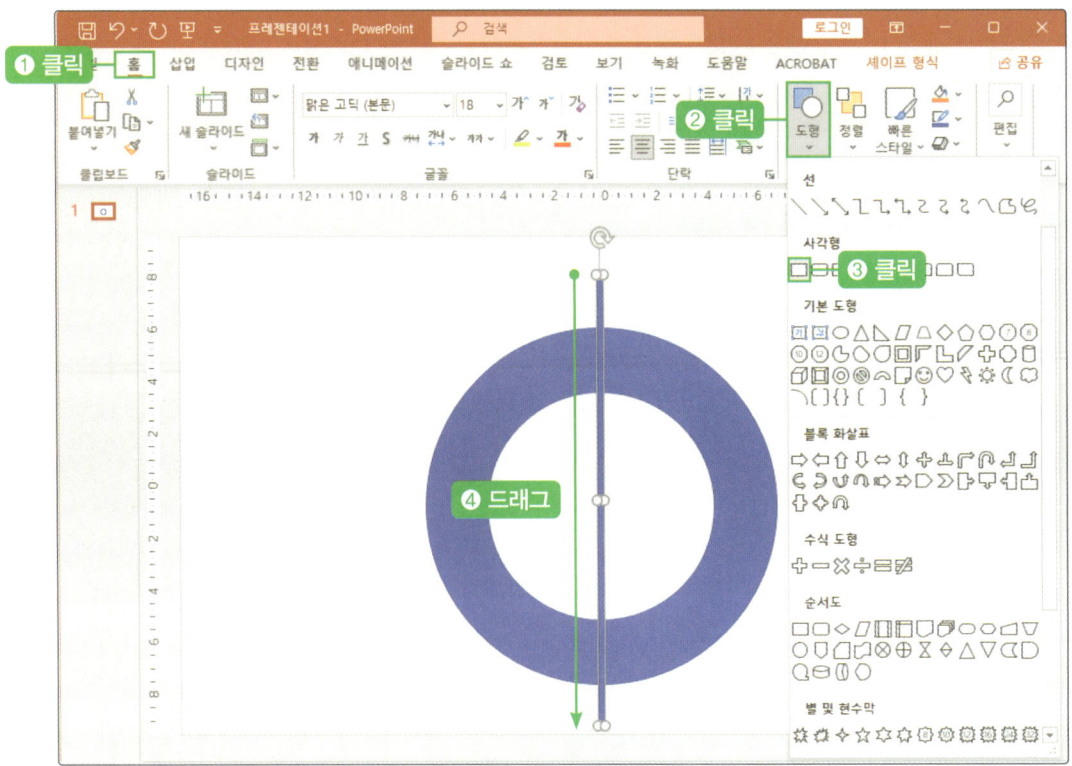

4 사각형을 복제한 후 ❶ 회전 조절점을 드래그하여 수직으로 배치합니다.

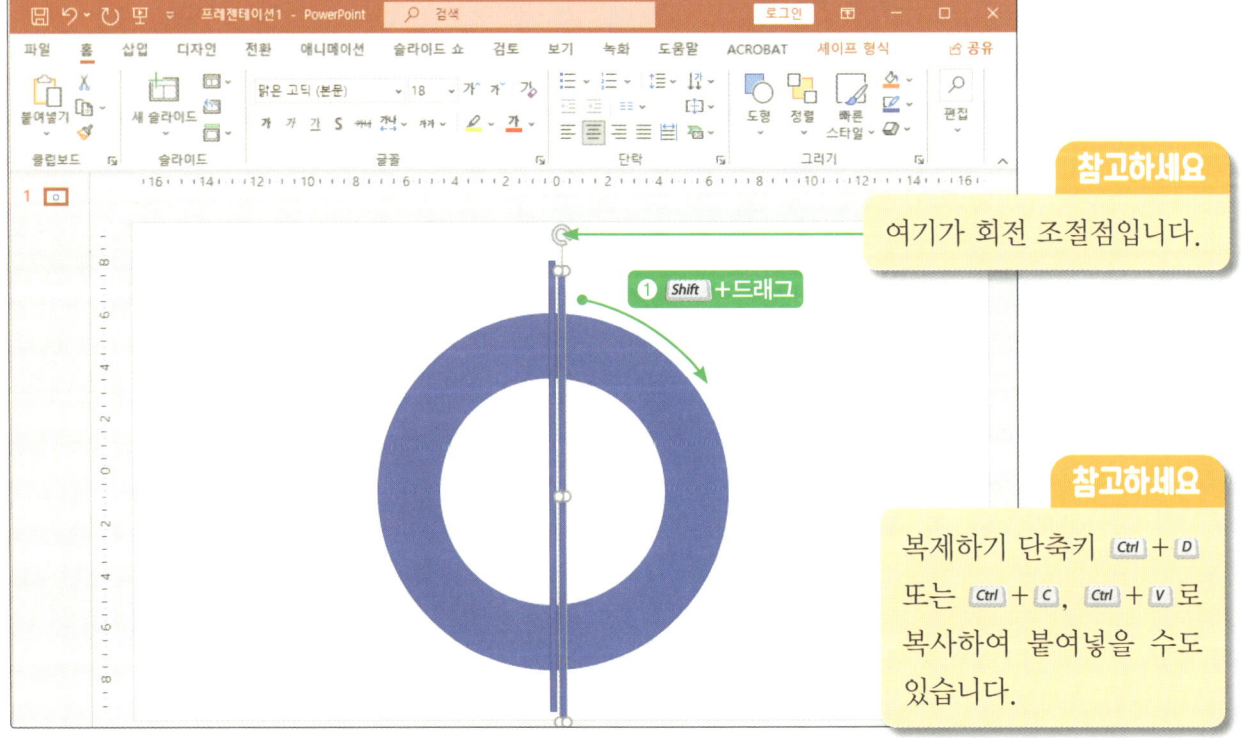

참고하세요
여기가 회전 조절점입니다.

참고하세요
복제하기 단축키 Ctrl + D 또는 Ctrl + C, Ctrl + V 로 복사하여 붙여넣을 수도 있습니다.

5 도형을 모두 선택한 상태에서 ① [홈] 탭의 [그리기] 그룹에서 ② [정렬] 목록을 클릭한 후 ③ [맞춤]에서 ④ [가운데 맞춤]과 ⑤ [중간 맞춤]을 차례로 선택합니다.

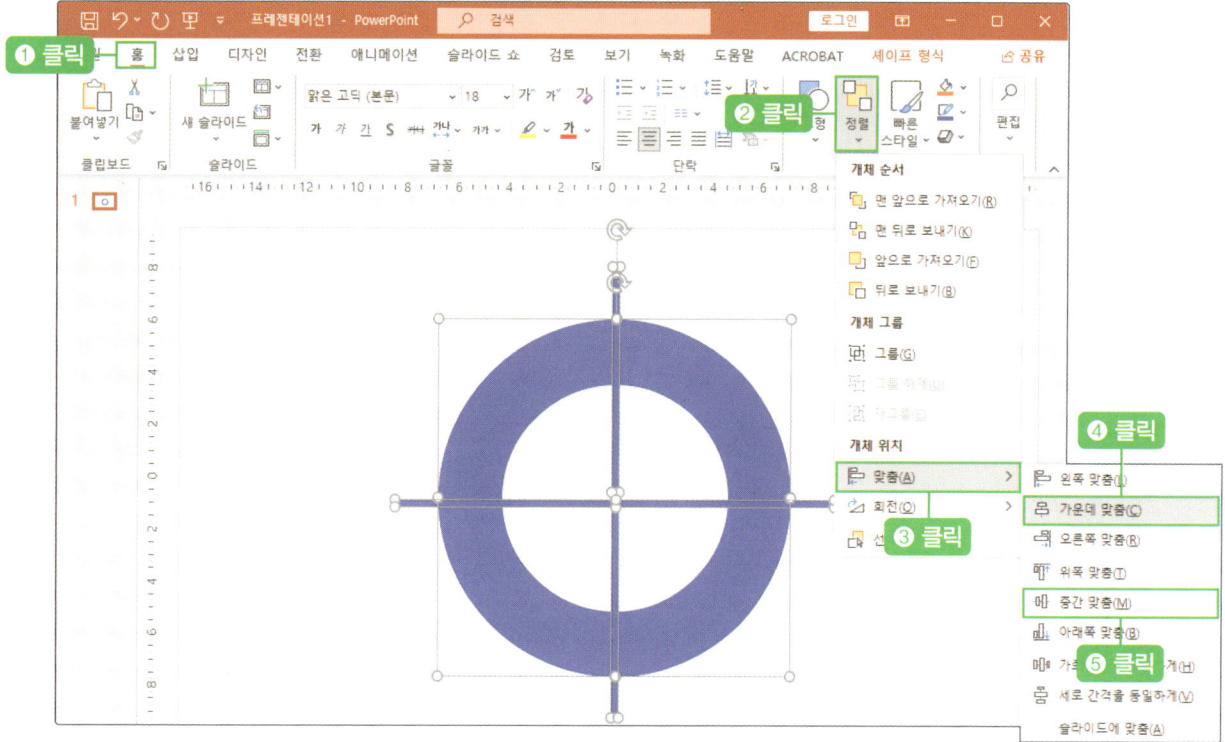

6 도형이 모두 선택된 상태에서 ① [셰이프 형식] 탭의 [도형 삽입] 그룹에서 ② [도형 병합] 목록을 클릭한 후 ③ [조각]을 선택합니다.

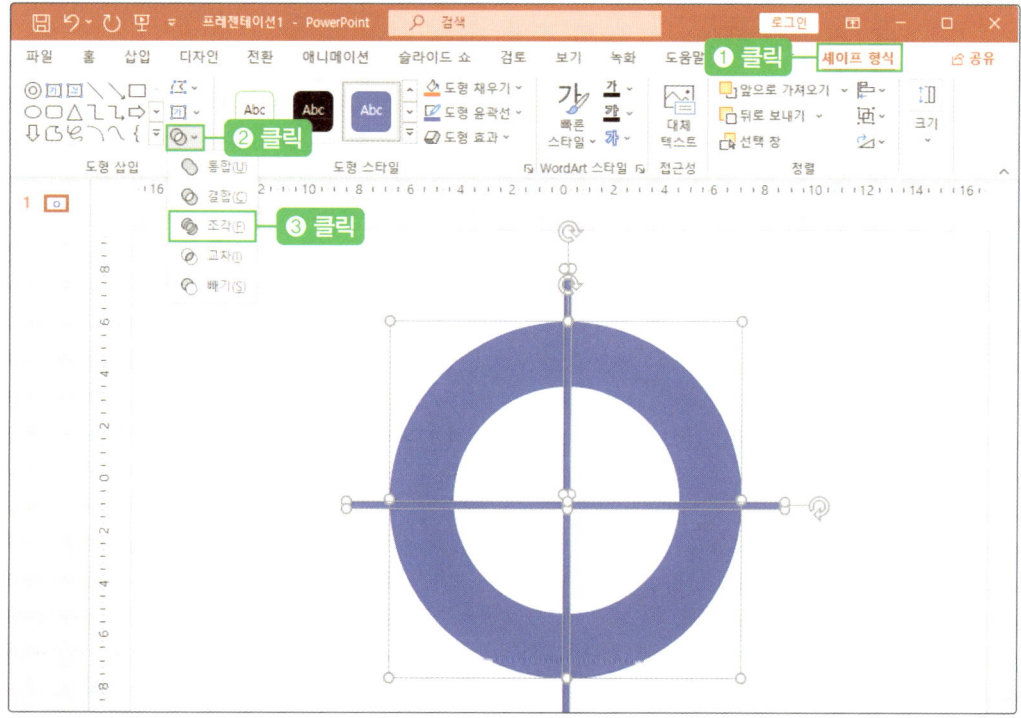

7 도형이 조각조각 나뉩니다. 필요한 부분만 남기고 모두 삭제합니다.

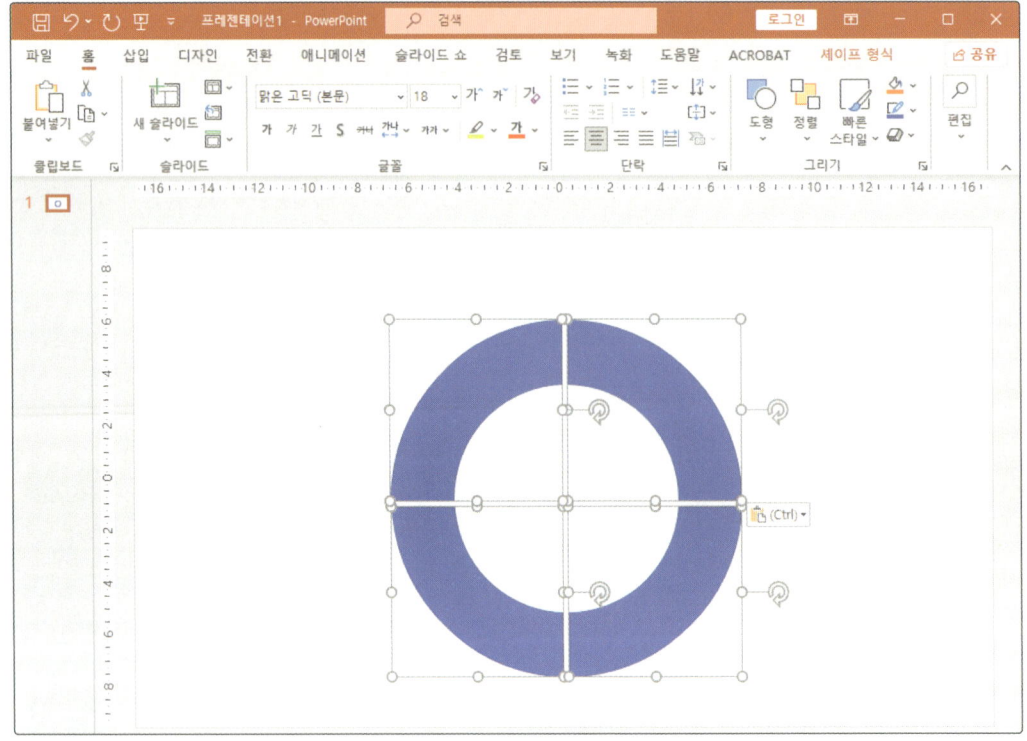

8 도형에 원하는 색을 지정하고, 가로 텍스트 상자를 이용하여 다음과 같이 입력합니다.

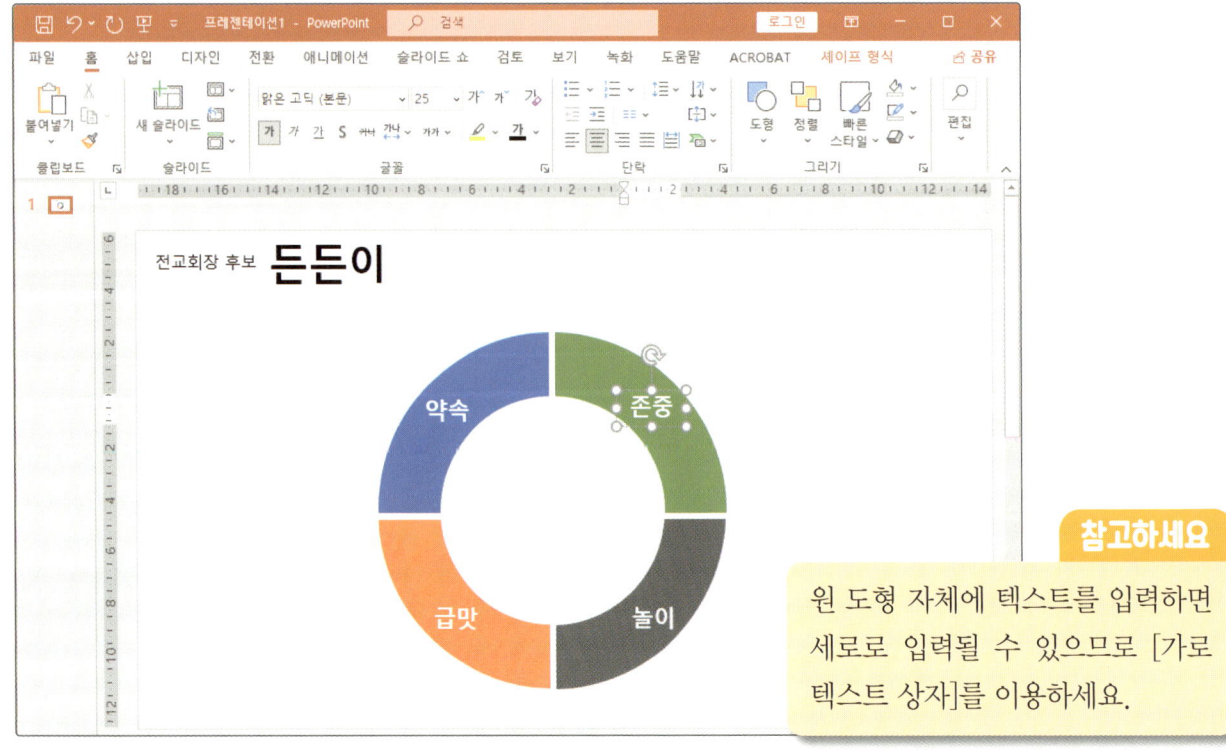

참고하세요

원 도형 자체에 텍스트를 입력하면 세로로 입력될 수 있으므로 [가로 텍스트 상자]를 이용하세요.

2 도형 안에 그림 삽입하기

1 가운데에 그림을 넣기 위해 ❶ [홈] 탭의 [그리기] 그룹에서 ❷ [도형] 목록을 클릭한 후 ❸ [기본 도형]-[타원]을 선택합니다. ❹ 중앙에서 Ctrl + Shift 키를 누른 채 드래그하여 정원을 그립니다.

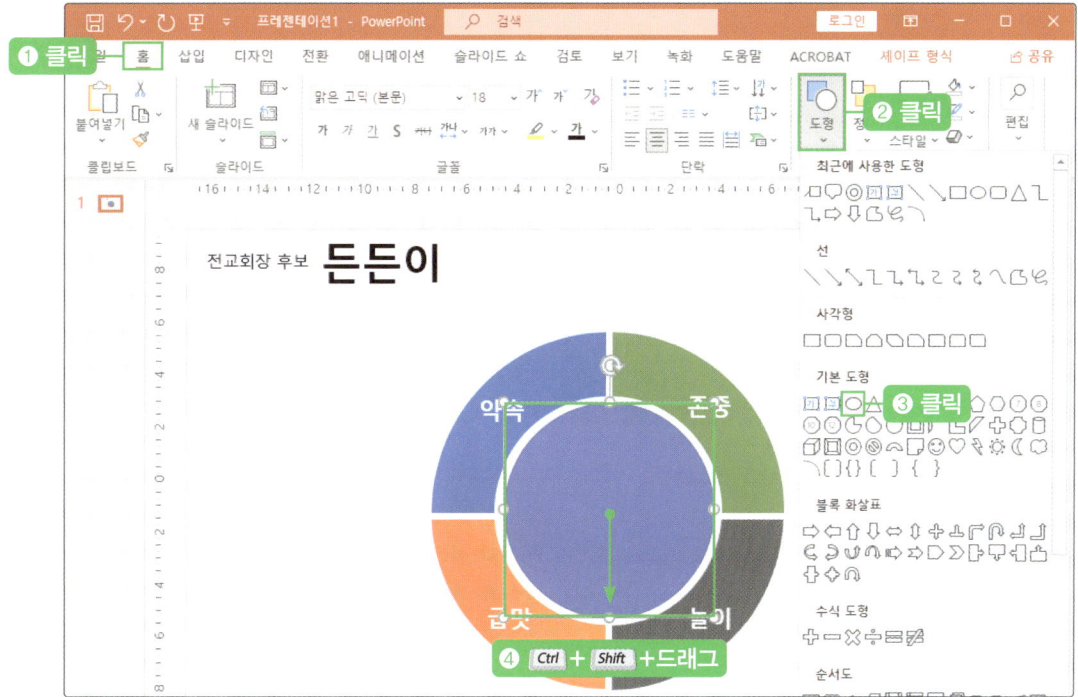

2 정원이 선택된 상태에서 마우스 오른쪽 버튼을 클릭하여 ❶ [채우기] 목록의 ❷ [그림]을 선택합니다.

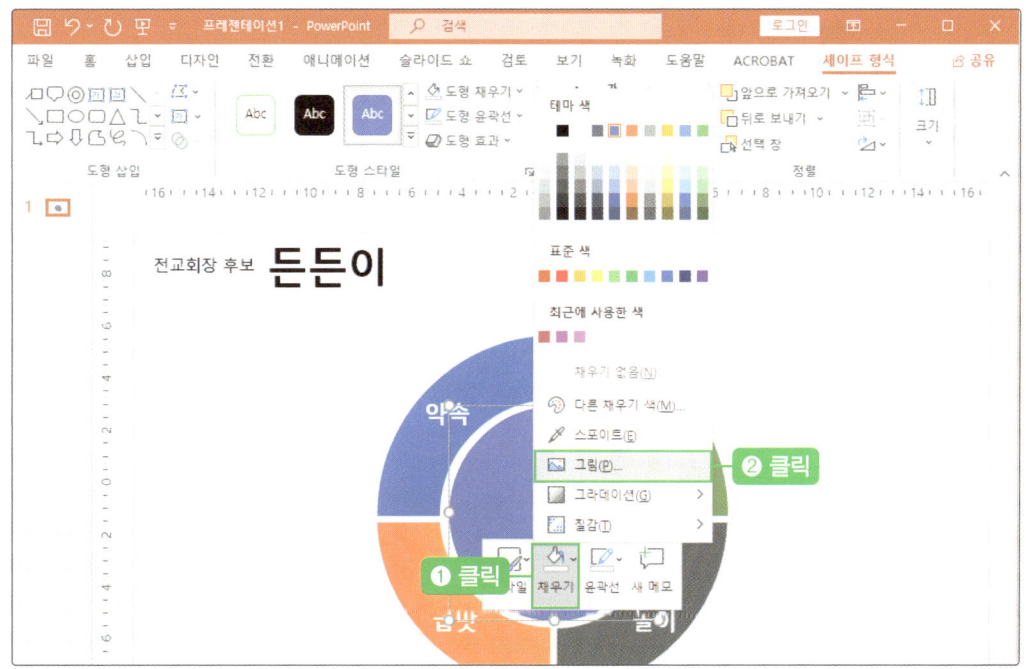

3 [그림 삽입] 대화상자가 열리면 ❶ [파일에서]를 클릭합니다. ❷ 삽입할 그림을 선택한 후 ❸ [삽입]을 클릭합니다.

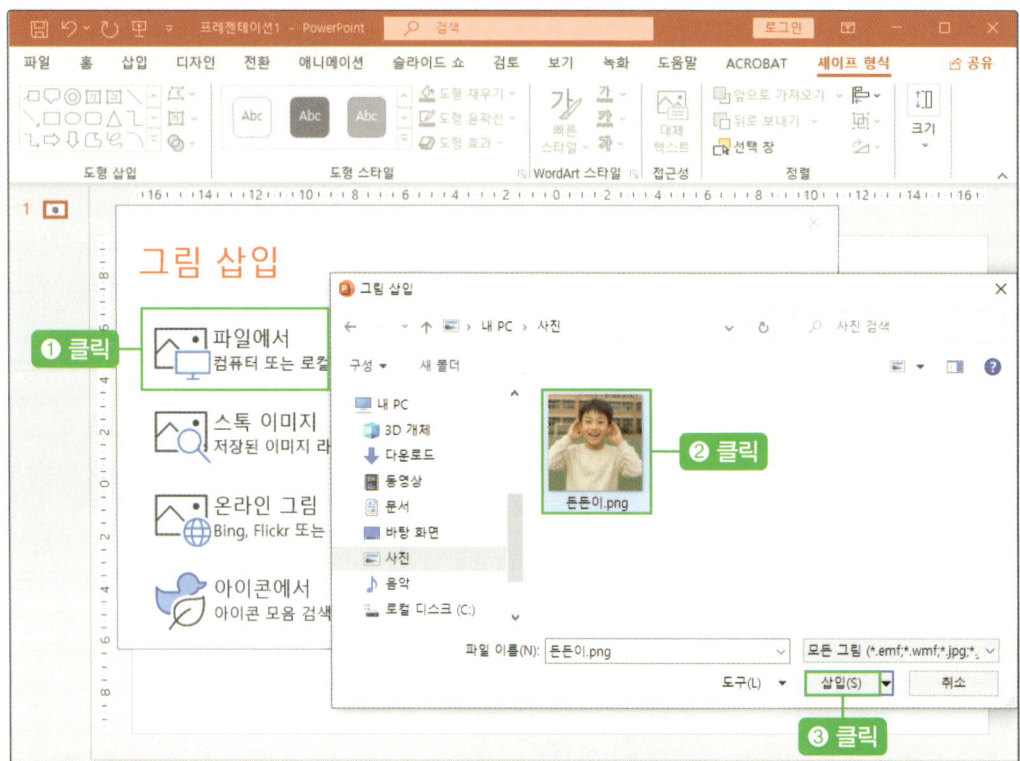

4 도형 모양에 맞게 그림이 삽입됩니다.

5 설명선을 넣기 위해 ❶ [홈] 탭의 [그리기] 그룹에서 ❷ [도형] 목록을 클릭한 후 ❸ [설명선]-[설명선: 선]을 선택합니다.

6 다음과 같이 설명선 도형을 배치한 후 ❶ 텍스트를 입력합니다. 설명선 도형이 선택된 상태에서 마우스 오른쪽 버튼을 클릭하여 ❷ [맨 뒤로 보내기] 목록-[맨 뒤로 보내기]를 선택합니다.

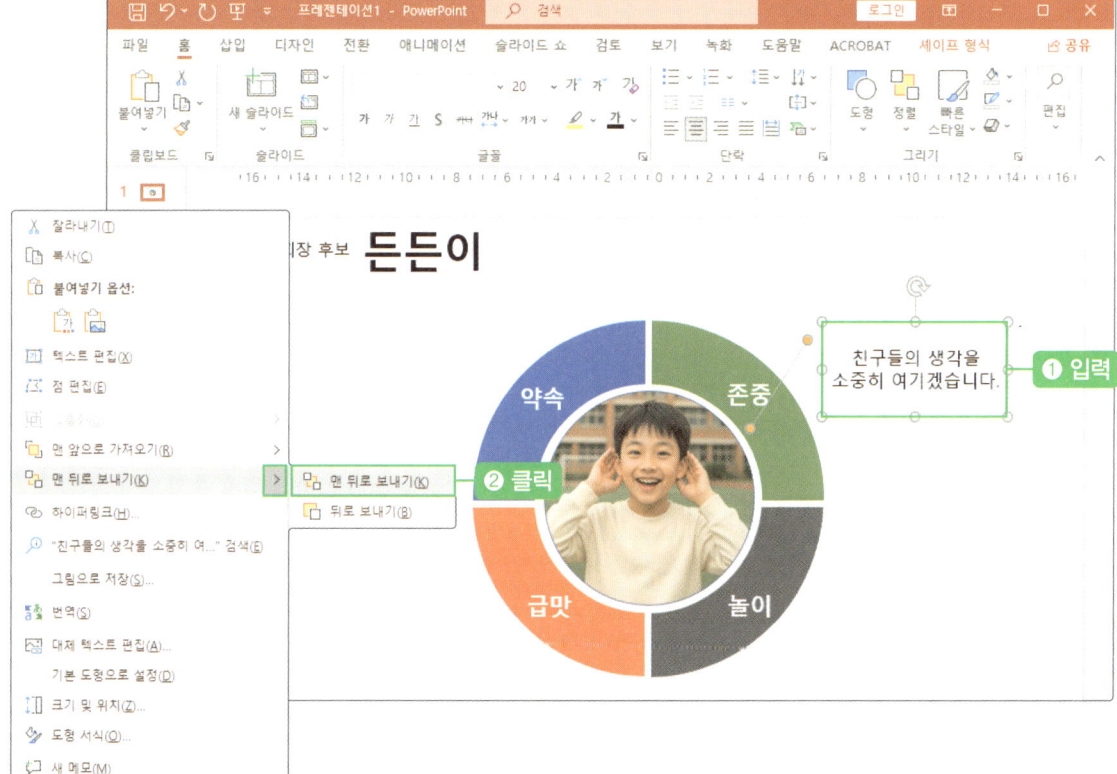

7 설명선 도형을 복제하고 [상하 대칭], [좌우 대칭]을 이용하여 다음과 같이 배치한 후 텍스트를 입력합니다.

> [상하 대칭]으로 복제한 도형에는 가로 텍스트 상자를 이용하여 내용을 입력하세요.

도형 병합

- **통합** 선택한 도형을 합쳐 하나로 만듭니다.
- **결합** 겹치는 부분을 제거합니다.
- **조각** 겹치는 부분을 포함하여 도형을 쪼갭니다.
- **교차** 겹치는 부분만 남기고 나머지는 제거합니다.
- **빼기** 첫 번째 선택한 도형에서 나중에 선택한 도형의 겹치는 부분을 잘라냅니다.

도형 그릴 때 유용한 팁

- **정다각형 그리기** Shift 키를 누른 채 드래그합니다.
- **복사하기** Alt 키를 누른 채 드래그합니다.
- **수평·수직 복사** Alt + Shift +드래그합니다.
- **그룹** 도형을 선택한 후 Ctrl + G 키를 누릅니다.
- **도형 이동** 도형을 선택하고 Ctrl 키를 누르고 드래그 하거나 키보드의 방향키를 누릅니다.
- **세밀하게 이동 조절** Ctrl 키를 누른 채 방향키를 누릅니다.

도전! 혼자 풀어 보세요!

1 [새 프레젠테이션]을 시작한 후 도형을 이용하여 다음과 같이 작성해 보세요.

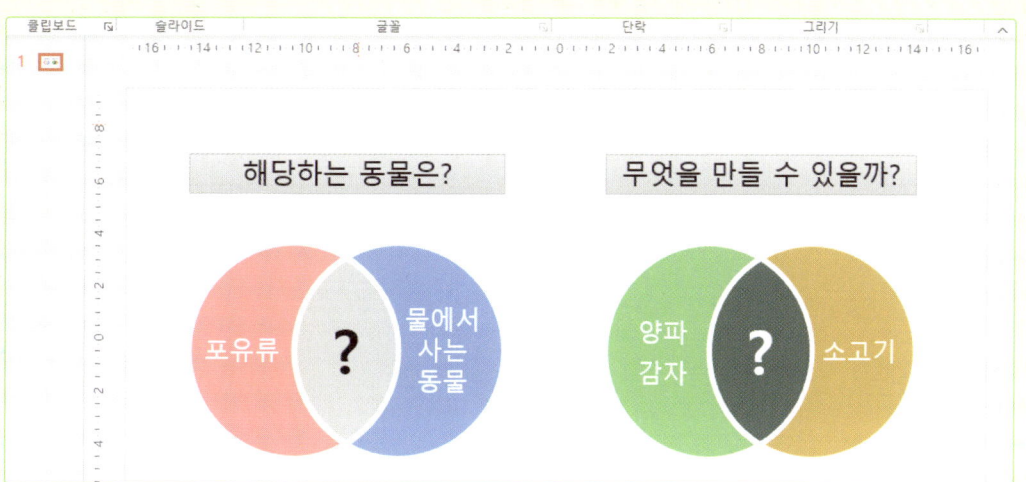

두 개의 원을 선택한 후 [셰이프 형식]의 [도형 삽입] 그룹에서 [도형 병합]-[조각]을 선택하세요. 각각의 도형을 선택하고 색을 지정하세요.

2 '신호등.pptx' 파일을 불러온 후 다음과 같이 작성해 보세요.

신호등 도형을 모두 선택 후 [그룹]으로 묶으세요. 묶인 신호등을 복제한 후 [셰이프 형식]의 [그리기] 그룹에서 [정렬]-[회전]-[좌우 대칭]을 선택하세요.
복제한 도형을 오른쪽으로 배치하세요. [그룹]을 해제한 다음, 화살표 모양 도형을 삽입하세요.

사진 앨범 만들기

여러 사진을 한 번에 삽입하고 정렬하여 앨범을 만들 수 있습니다. 완성한 앨범을 슬라이드쇼 형식으로 내보내기하여 공유할 수 있습니다.

▶▶ 사진 앨범을 구성하는 방법을 알아봅니다.
▶▶ 슬라이드의 배경 서식을 지정하는 방법을 알아봅니다.
▶▶ 사진 앨범을 슬라이드쇼 형식으로 내보내기하는 방법을 알아봅니다.

배울 내용 미리 보기

▲ **파일명** 세계문화유산.pptx

1 앨범 구성하기

1 [새 프레젠테이션]을 실행한 후 ❶ [삽입] 탭의 [이미지] 그룹에서 ❷ [사진 앨범] 목록의 ❸ [새 사진 앨범]을 클릭합니다.

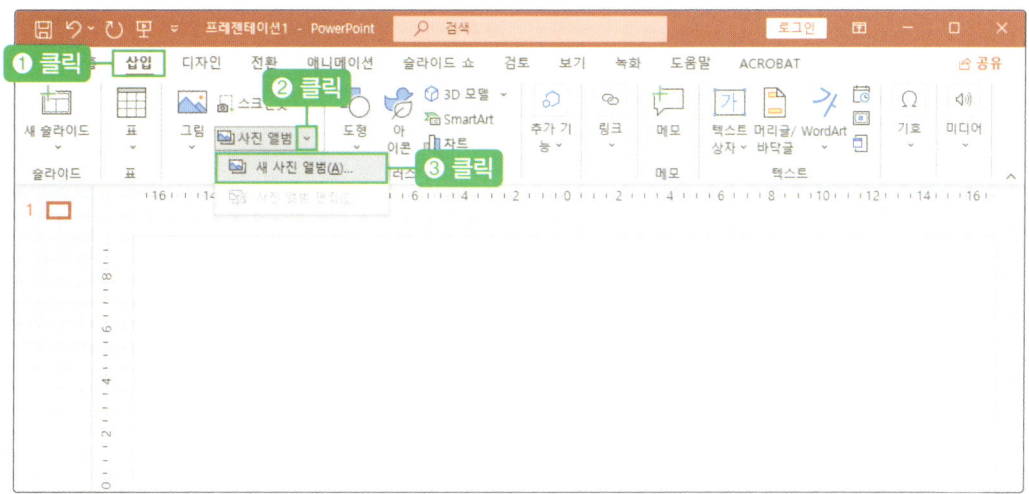

2 [사진 앨범] 대화상자가 열리면 ❶ [파일/디스크]를 클릭합니다.

3 [새 그림 삽입] 대화상자에서 다음과 같이 그림을 선택한 후 ❶ [삽입]을 클릭합니다.

참고하세요

Ctrl + A 키를 누르거나 마우스로 넓게 드래그하여 그림을 모두 선택할 수 있습니다.

91

4 [앨범에서 그림 위치]에서 ① [5 첨성대]를 체크한 후 ② [위로(↑)] 버튼을 눌러 맨 위로 위치를 바꿉니다.

5 [앨범 레이아웃]에서 ① [그림 레이아웃]의 목록을 클릭한 후 ② [제목을 가진 그림 1개]를 선택합니다.

6 [앨범 레이아웃]에서 ① [프레임 모양]의 목록을 클릭한 후 ② [모서리가 둥근 직사각형]을 선택하고 ③ [만들기]를 클릭합니다.

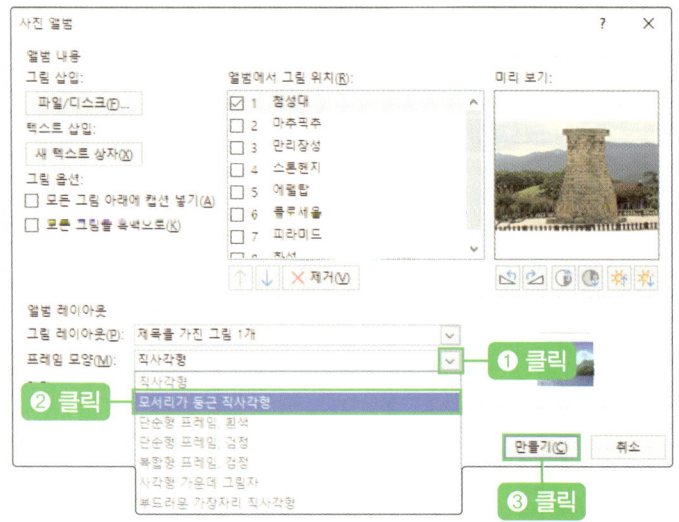

7 사진 앨범이 생성됩니다. ❶ [제목] 입력란을 클릭한 후 텍스트를 수정합니다.

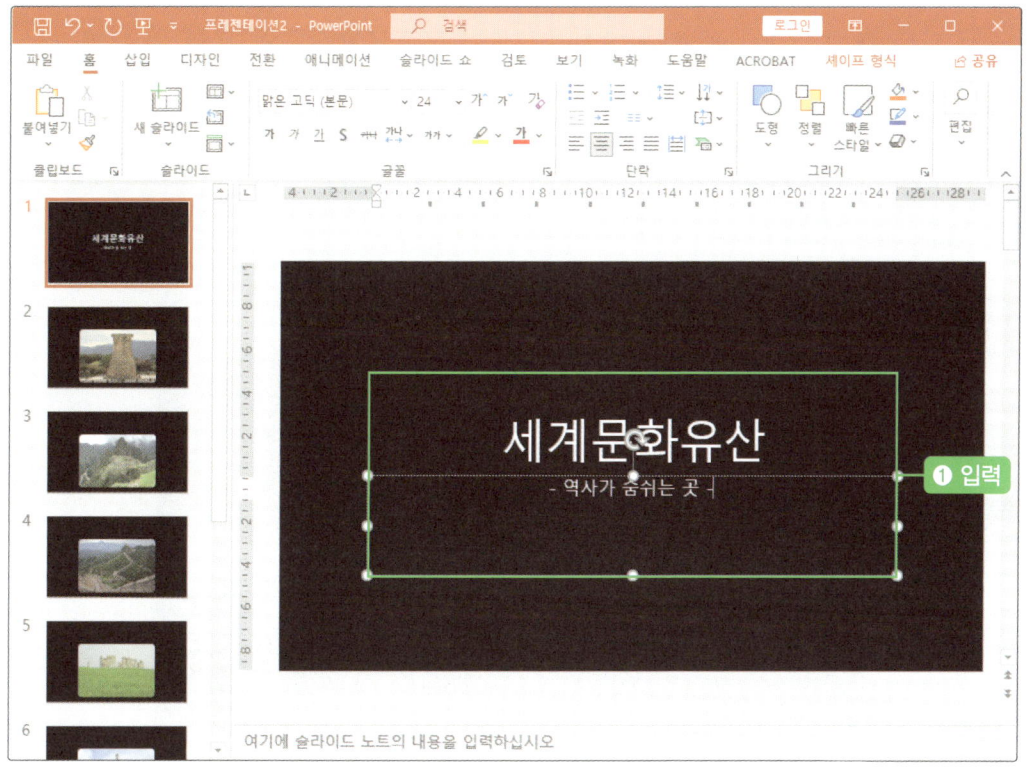

8 각 슬라이드에 ❶ 제목을 입력하여 앨범을 완성합니다.

참고하세요

첨성대 다음의 슬라이드부터 마추픽추, 만리장성, 스톤헨지, 에펠탑, 콜로세움, 피라미드, 화성으로 입력합니다.

2 배경 서식 지정하기

1. 배경을 바꾸기 위해 ① [디자인] 탭의 [사용자 지정] 그룹에서 ② [배경 서식]을 클릭합니다.

2. 오른쪽의 [배경 서식] 창에서 [채우기]의 ① [단색 채우기]를 클릭한 후 ② 원하는 [색]을 선택합니다. 모든 슬라이드에 적용하기 위해 ③ [모두 적용]을 클릭합니다.

3 앨범 내보내기

1 완성된 앨범을 슬라이드쇼 형식으로 내보내기합니다. ❶ [파일]-[내보내기]를 클릭한 후 ❷ [비디오 만들기]를 선택합니다.

2 ❶ [파일 품질] 목록을 클릭한 후 ❷ [Full HD]를 선택합니다.

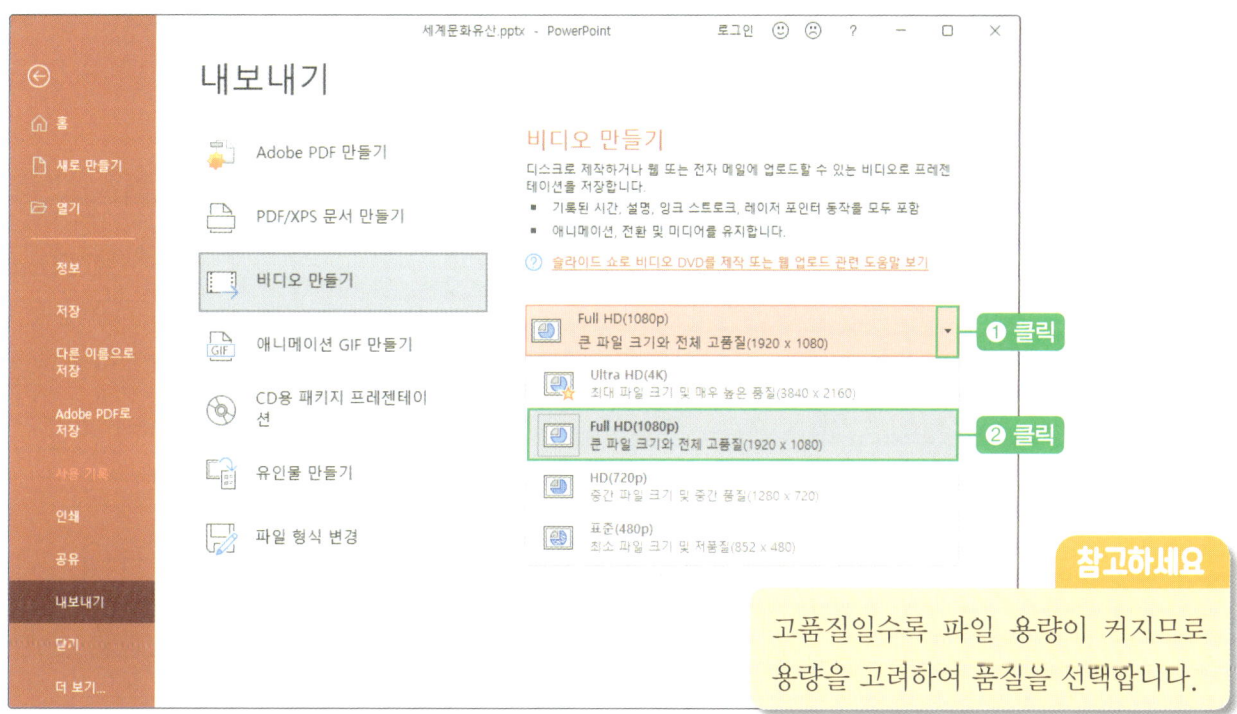

> **참고하세요**
> 고품질일수록 파일 용량이 커지므로 용량을 고려하여 품질을 선택합니다.

3. ① [각 슬라이드에 걸린 시간(초)]을 3초로 설정한 후 ② [비디오 만들기]를 클릭합니다.

4. [다른 이름으로 저장] 대화상자가 열리면 ① 파일 이름을 "세계문화유산"으로 입력하고 ② 파일 형식을 'MPEG-4 비디오'로 지정한 후 ③ [저장]을 클릭합니다.

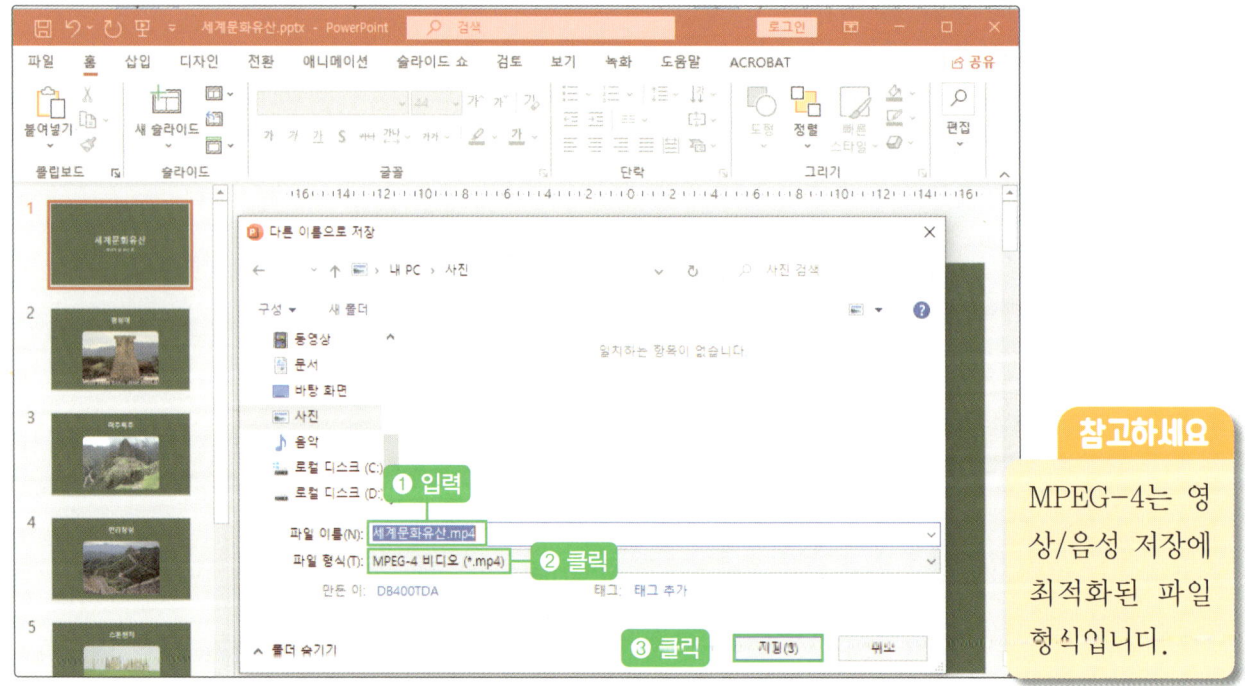

참고하세요

MPEG-4는 영상/음성 저장에 최적화된 파일 형식입니다.

5. ① [세계문화유산.mp4]를 더블클릭하여 파일을 실행합니다.

도전! 혼자 풀어 보세요!

1 '바퀴달린 친구들.pptx' 파일을 참고하여 사진 앨범을 만들어 보세요. 앨범 주제에 맞게 제목과 캡션을 수정해 보세요.

그림 2개, 모든 그림 아래에 캡션 넣기, 단순형 프레임, 흰색을 적용하세요.

2 사진 앨범의 슬라이드 배경색을 변경해 보고, 완성된 사진 앨범을 슬라이드쇼 형식으로 내보내기해 보세요.

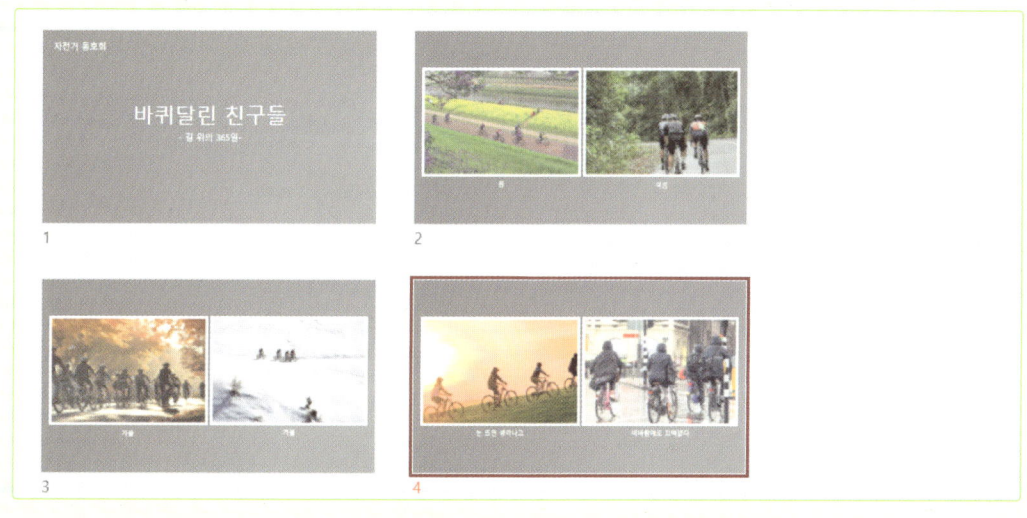

[배경 서식]의 [채우기]-[그라데이션 채우기], [그라데이션 미리 설정]의 [방사형 그라데이션-강조3], [모두 적용]을 선택하세요.

워드아트와 스마트아트

메시지를 간략하게 정리하여 표현하는 방법으로 워드아트와 스마트아트가 있습니다. 워드아트로 텍스트를 돋보이게 만들 수 있고 스마트아트로 도형을 쉽고 빠르게 삽입할 수 있습니다.

➡➡ 워드아트를 삽입하고 효과를 적용하는 방법을 알아봅니다.
➡➡ 스마트아트를 삽입하는 방법을 알아봅니다.

배울 내용 미리 보기

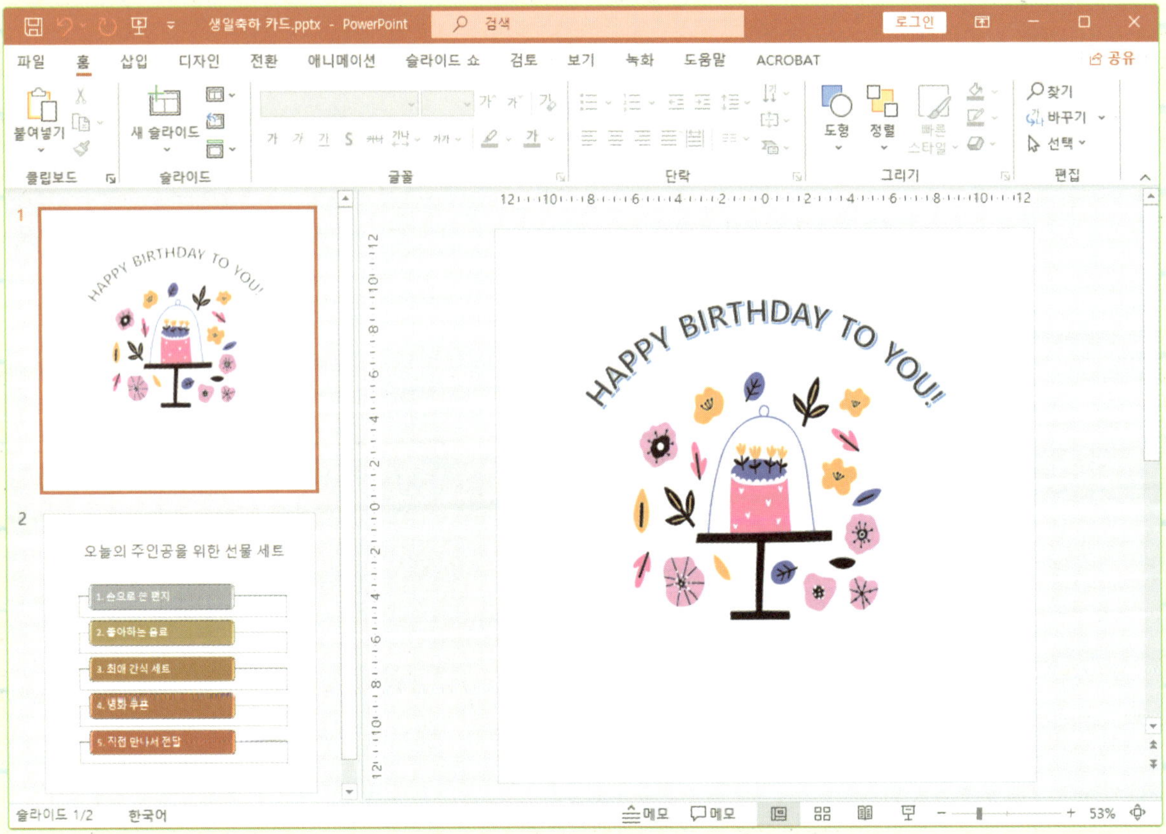

▲ **파일명** 생일축하 카드.pptx

1 워드아트 삽입하기

1. [새 프레젠테이션]을 실행한 후 슬라이드 레이아웃을 [빈 화면]으로 변경합니다. 카드를 만들기 위해 ❶ [디자인] 탭의 [사용자 지정] 그룹에서 ❷ [슬라이드 크기]-[사용자 지정 슬라이드 크기]를 클릭합니다. 슬라이드 크기 대화상자가 나타나면 ❸ [너비]와 [높이]를 모두 25cm로 하고 ❹ [확인]을 클릭합니다.

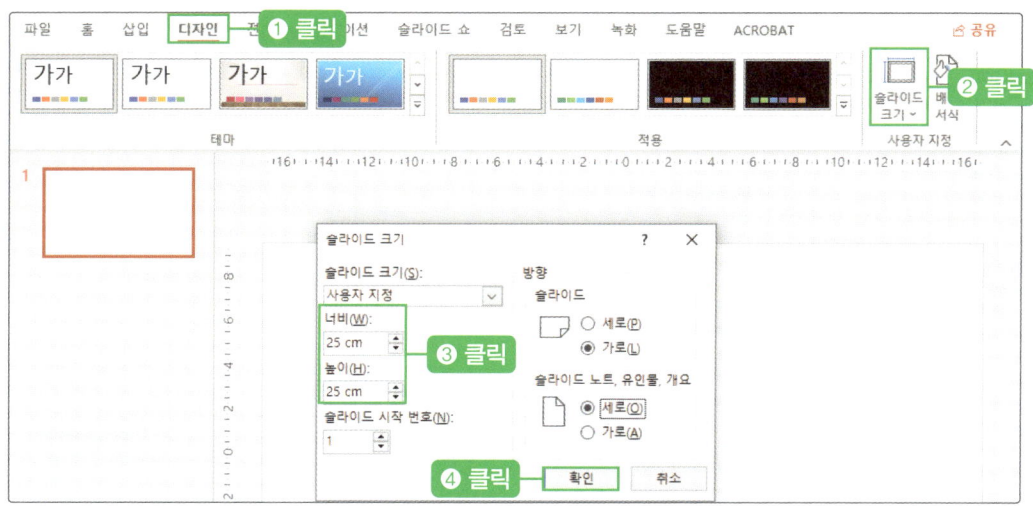

2. 슬라이드 크기가 변경됩니다. 그림을 슬라이드 배경으로 삽입하기 위해 ❶ [디자인] 탭의 [사용자 지정] 그룹에서 ❷ [배경 서식]의 ❸ [채우기]를 ❹ [그림 또는 질감 채우기]로 선택합니다. ❺ [그림 원본]에서 [삽입]을 클릭한 후 [파일에서]를 선택하면 [그림 삽입] 대화상자가 열립니다. ❻ 해당 그림을 선택하고 ❼ [삽입]을 클릭합니다.

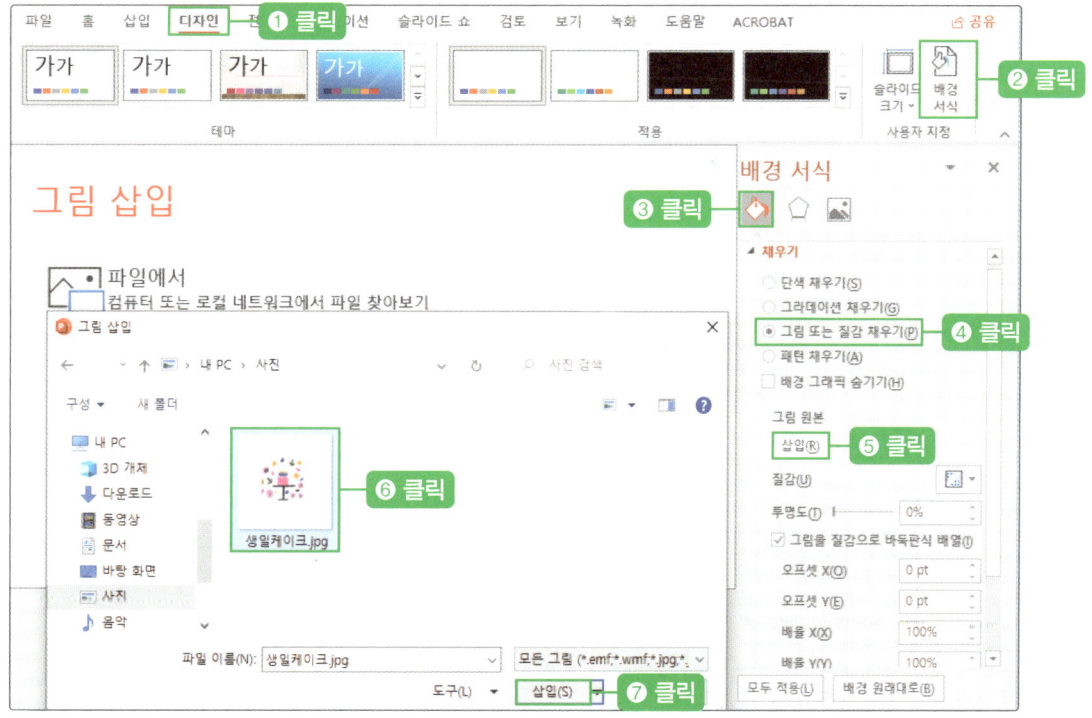

3   그림이 슬라이드에 모두 표시되게 하려면 ❶ [오프셋 왼쪽]과 [오프셋 오른쪽]의 위치를 [0]으로 설정합니다.

4   워드아트를 삽입하기 위해 ❶ [삽입] 탭의 [텍스트] 그룹에서 ❷ [WordArt] 목록을 클릭한 후 ❸ 원하는 스타일을 선택합니다.

5 텍스트 입력상자가 열리면 드래그하여 카드 상단에 배치하고 ❶ "HAPPY BIRTHDAY!"를 입력한 뒤 ❷ [홈] 탭의 [글꼴] 그룹에서 ❸ 글꼴 크기를 40pt로 조절합니다.

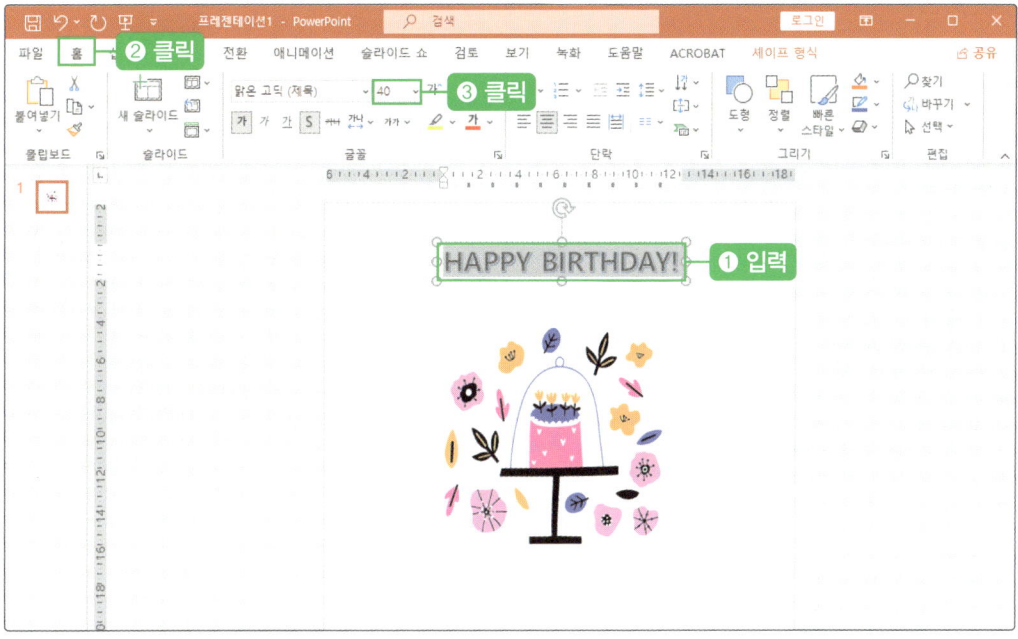

6 ❶ [셰이프 형식] 탭의 [WordArt 스타일] 그룹에서 ❷ [텍스트 효과]의 목록을 클릭합니다. ❸ [변환]을 클릭하고 ❹ [모양]에서 [원호]를 선택합니다. 흰색과 노란색 조절점을 드래그하여 모양을 조절합니다.

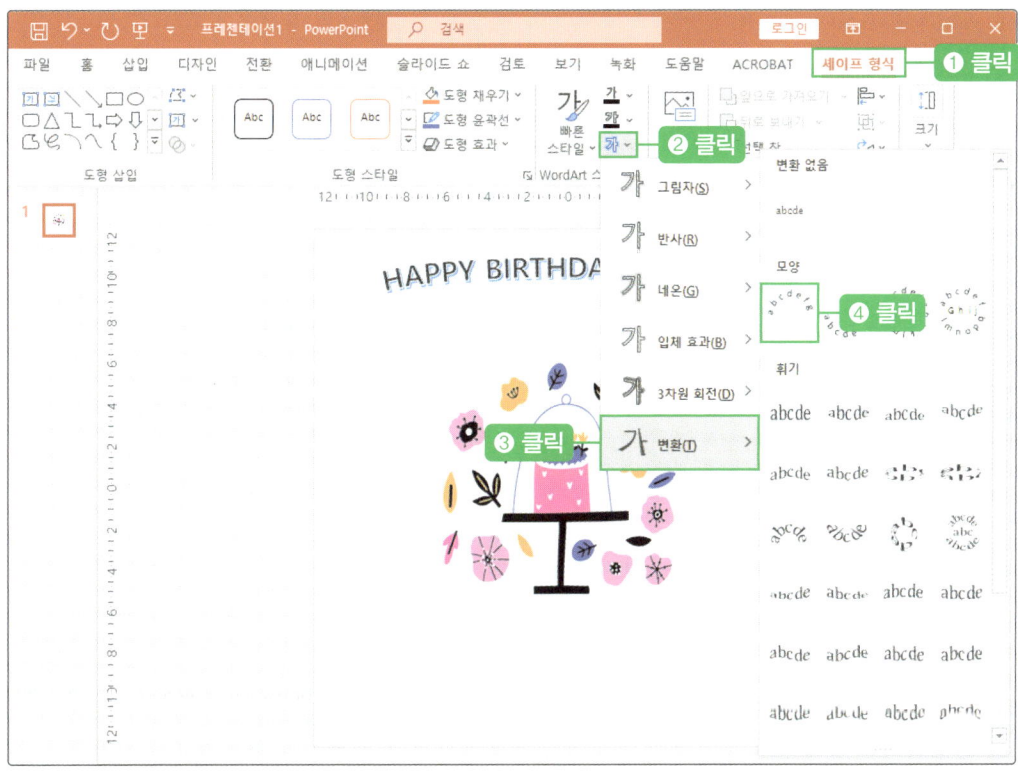

2 스마트아트 삽입하기

1 왼쪽 축소판 그림 창에서 첫 번째 슬라이드를 선택한 후 ❶ `Enter` 키를 눌러 슬라이드를 추가합니다.

2 두 번째 슬라이드에서 ❶ [삽입] 탭의 [일러스트레이션] 그룹에서 ❷ [SmartArt 그래픽 삽입]을 클릭합니다. [SmartArt 그래픽 선택] 대화상자가 열리면 ❸ [목록형]의 ❹ [세로 상자 목록형]을 선택하고 ❺ [확인]을 누릅니다.

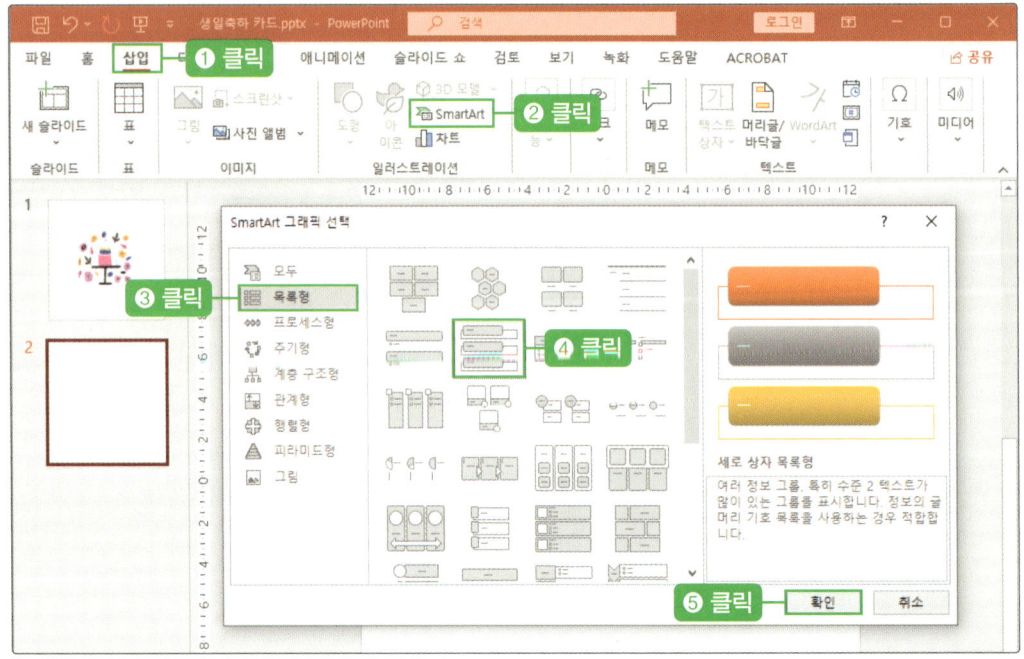

3 삽입된 SmartArt 왼쪽의 ❶ [텍스트 창 표시(〈)]를 클릭하여 [텍스트 입력 창]을 엽니다.

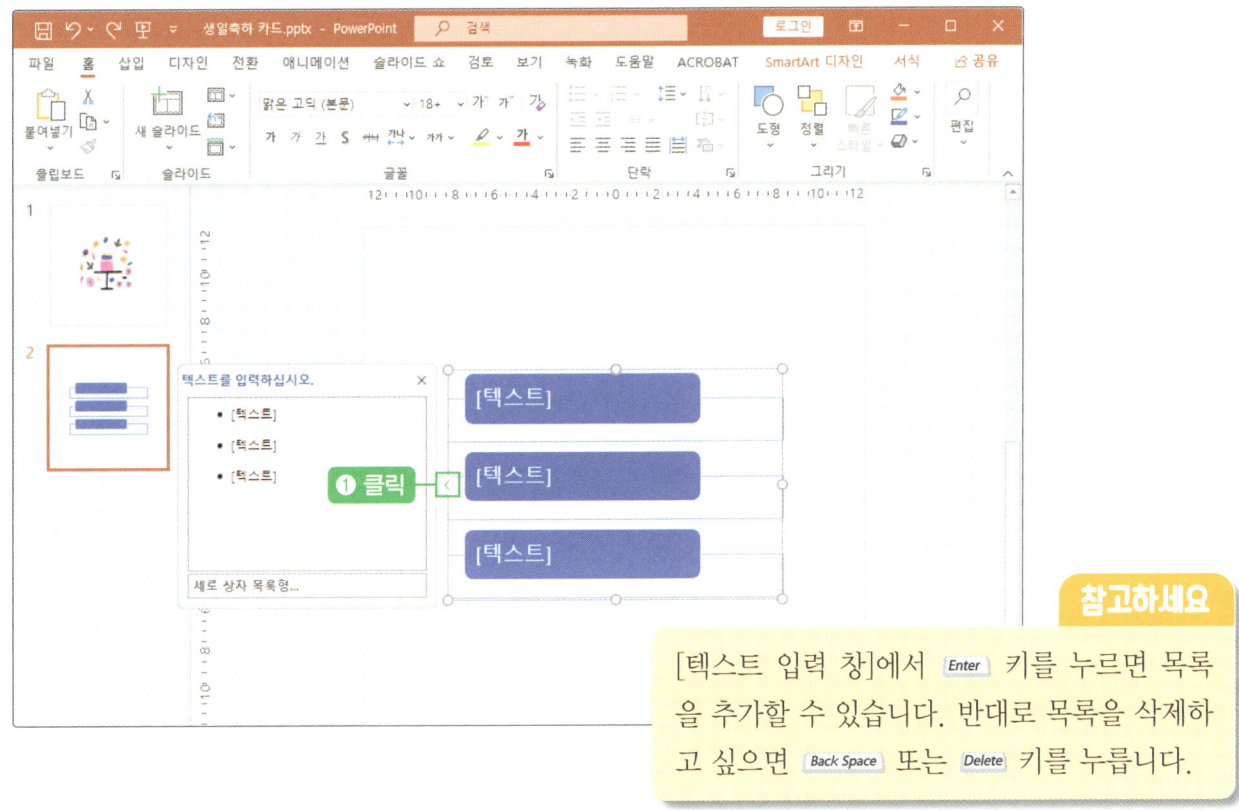

참고하세요
[텍스트 입력 창]에서 Enter 키를 누르면 목록을 추가할 수 있습니다. 반대로 목록을 삭제하고 싶으면 Back Space 또는 Delete 키를 누릅니다.

4 ❶ 다음과 같이 텍스트를 입력합니다. 입력한 내용이 자동으로 도형에 반영됩니다. ❷ [텍스트 창 표시(〉)]를 클릭하여 [텍스트 입력 창]을 감춥니다.

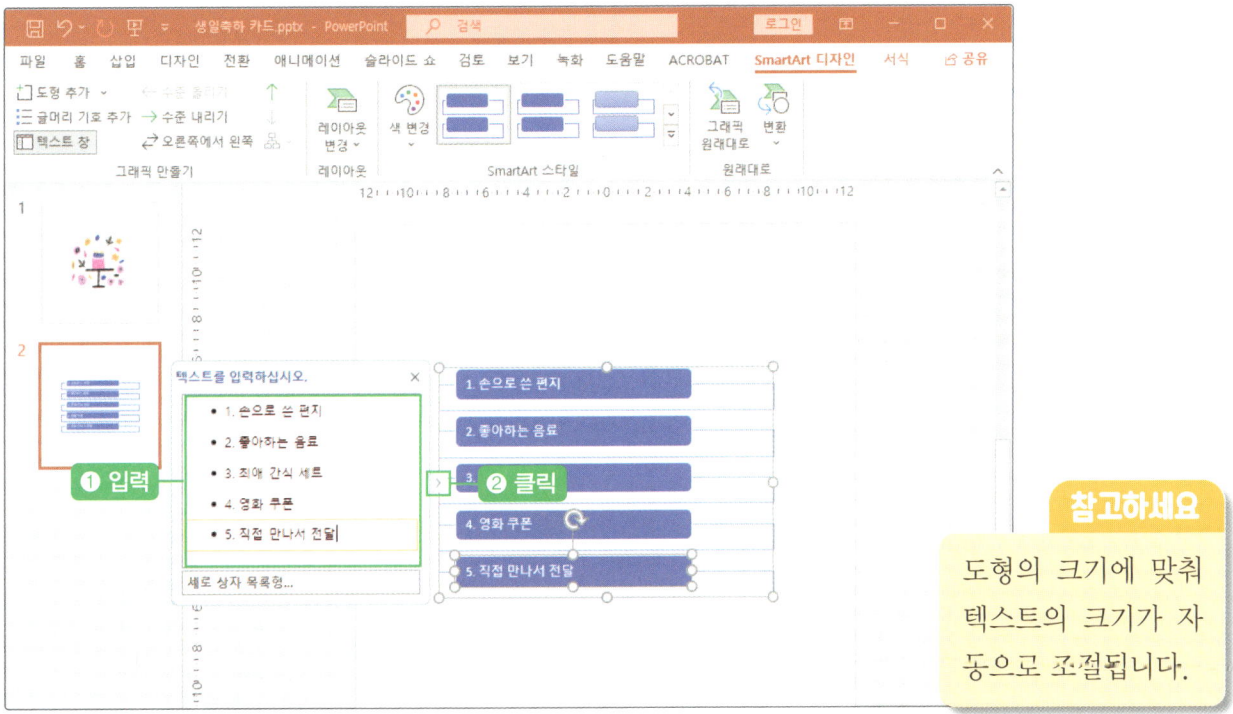

참고하세요
도형의 크기에 맞춰 텍스트의 크기가 자동으로 조절됩니다.

5 SmartArt의 스타일을 변경하기 위해 ❶ [SmartArt 디자인] 탭의 [SmartArt 스타일] 그룹에서 ❷ [색 변경]을 클릭합니다. ❸ [색상형]의 [색상형 범위-강조색 3 또는 4]를 선택합니다. ❹ SmartArt의 스타일 목록에서 ❺ [3차원]-[만화]를 클릭합니다.

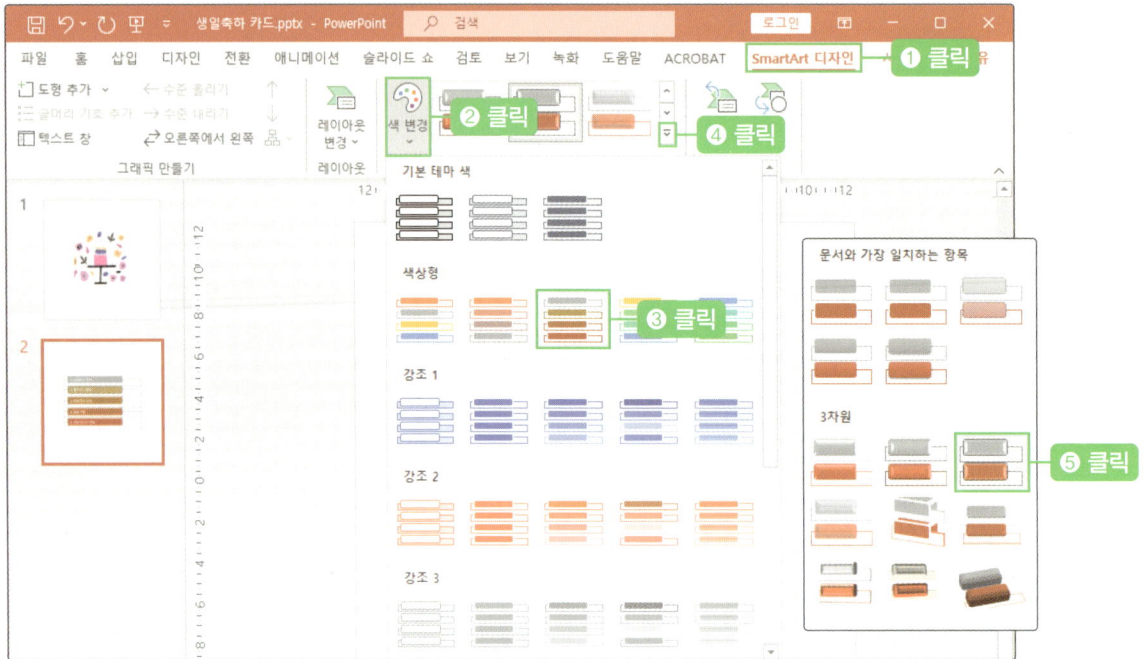

6 SmartArt의 ❶ 조절점을 드래그하여 크기를 조절합니다. 다음과 같이 ❷ 제목을 입력하여 완성합니다.

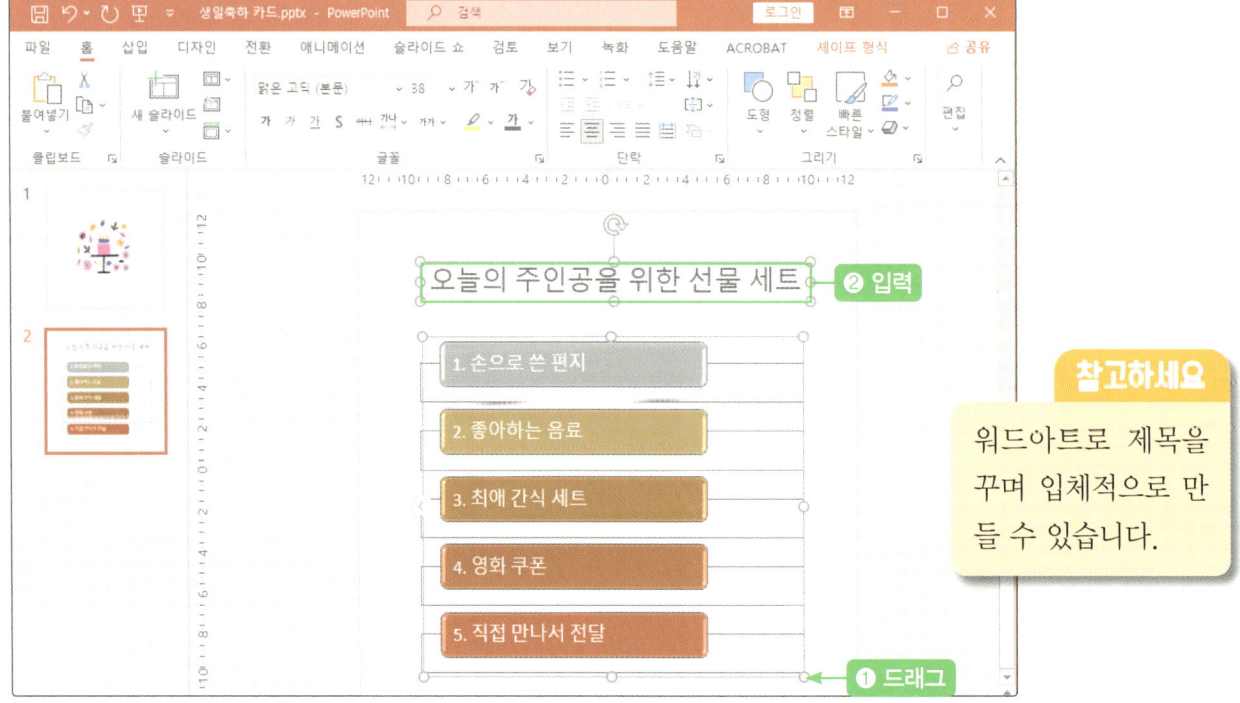

참고하세요

워드아트로 제목을 꾸며 입체적으로 만들 수 있습니다.

도전! 혼자 풀어 보세요!

1 워드아트를 삽입하여 다음 슬라이드를 작성해 보세요.

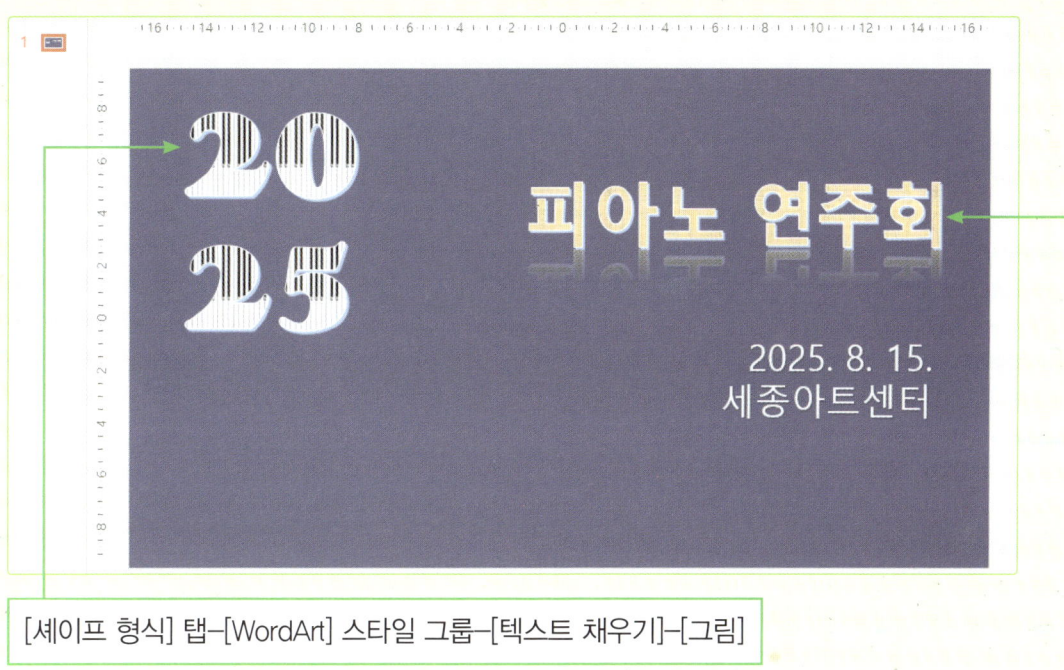

[셰이프 형식] 탭–[WordArt] 스타일 그룹–[텍스트 채우기]–[그림]

[셰이프 형식] 탭–[WordArt] 스타일 그룹–[텍스트 효과]–[반사]–[반사 변형]

2 스마트아트를 삽입하여 다음 슬라이드를 작성해 보세요.

[삽입] 탭–[일러스트레이션] 그룹–[SmartArt 그래픽 삽입]–[계층 구조형]

차트로 시각화하기

수치 데이터는 차트를 이용하여 시각화하면 내용 전달이 쉽습니다. 막대, 원, 꺾은선, 영역형 등의 그래프 형태를 사용하면 효과적인 프레젠테이션을 할 수 있습니다.

➤➤ 차트를 삽입하는 방법을 알아봅니다.
➤➤ 차트의 레이아웃과 스타일을 변경하는 방법을 알아봅니다.

배울 내용 미리 보기

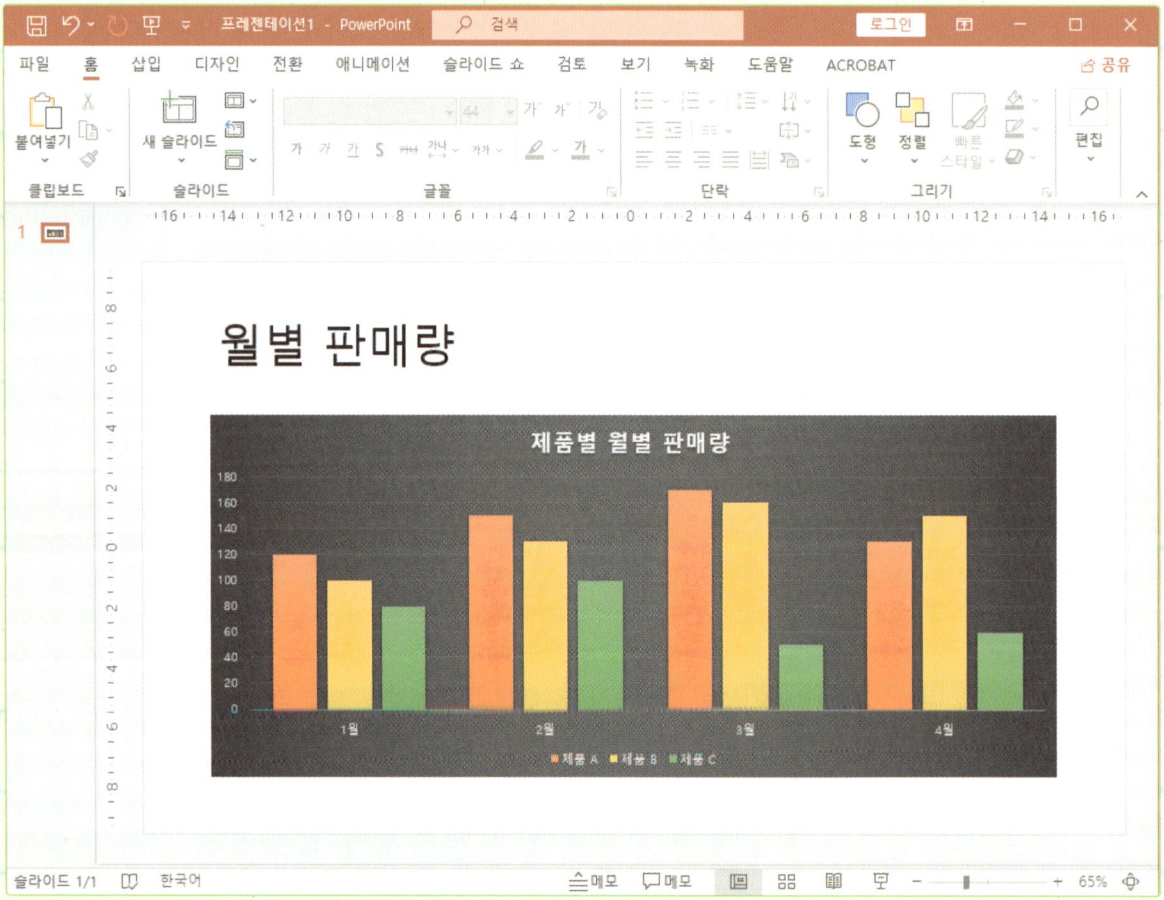

▲ 파일명 월별 판매량.pptx

1 차트 삽입하기

1 [새 프레젠테이션]을 실행한 후 [제목 및 내용] 슬라이드로 레이아웃을 변경합니다. ❶ 제목을 입력하고 ❷ [차트 삽입] 틀을 클릭합니다. [차트 삽입] 대화상자가 열리면 ❸ [세로 막대형]의 ❹ [묶은 세로 막대형]을 선택한 후 ❺ [확인]을 클릭합니다.

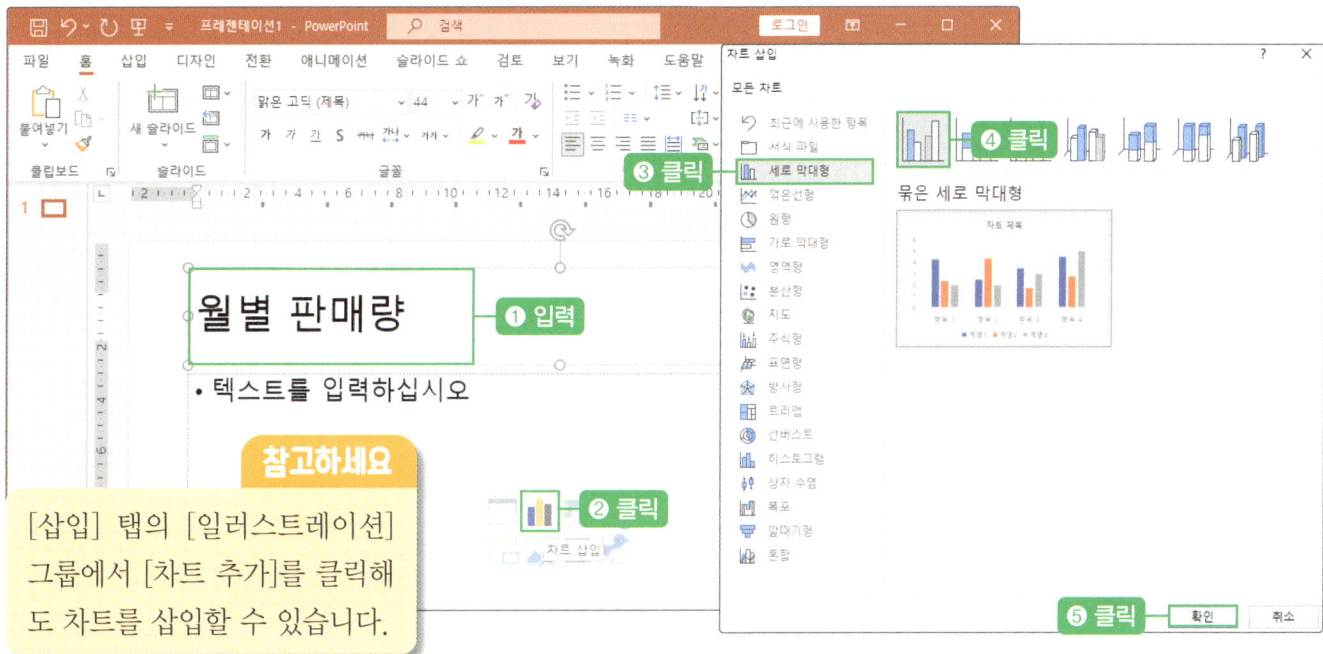

> **참고하세요**
> [삽입] 탭의 [일러스트레이션] 그룹에서 [차트 추가]를 클릭해도 차트를 삽입할 수 있습니다.

2 데이터를 입력할 수 있는 엑셀 창이 열립니다.

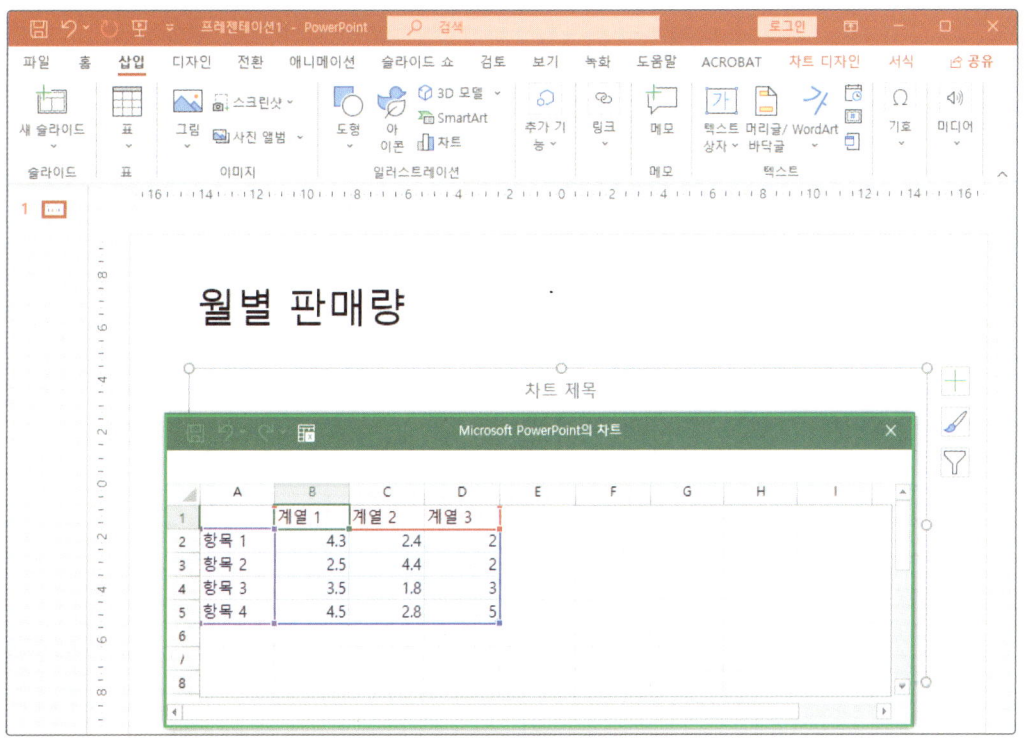

3 ❶ 다음과 같이 데이터를 입력한 후 오른쪽 위의 ❷ [종료]를 클릭합니다.

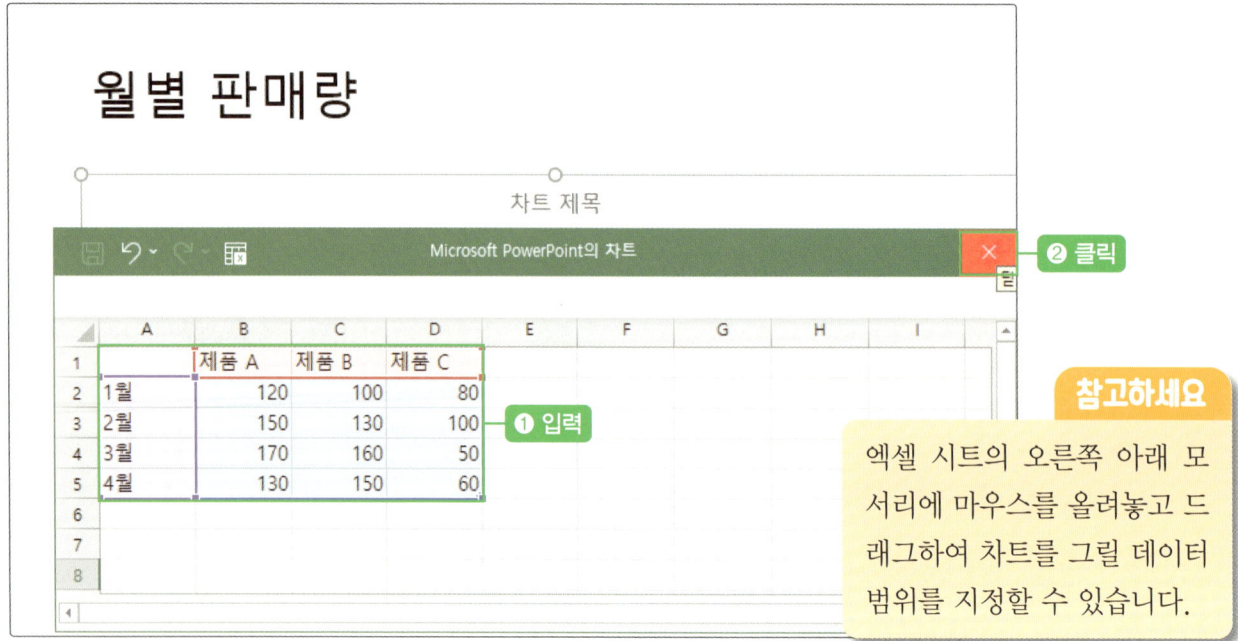

> **참고하세요**
> 엑셀 시트의 오른쪽 아래 모서리에 마우스를 올려놓고 드래그하여 차트를 그릴 데이터 범위를 지정할 수 있습니다.

4 차트가 생성됩니다.

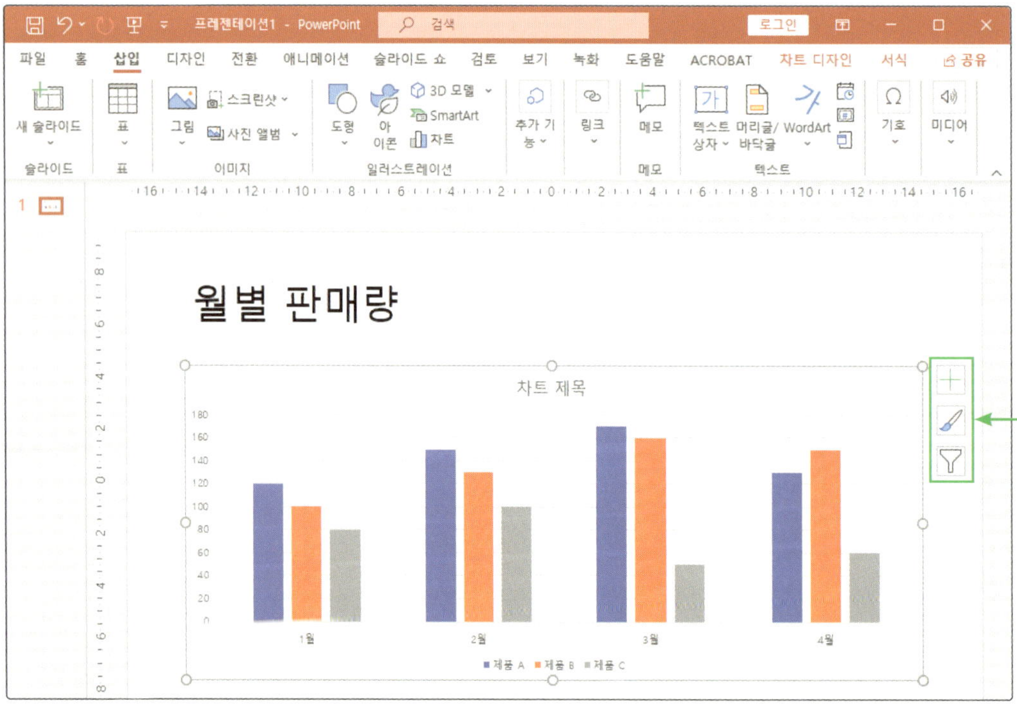

> **참고하세요**

- **차트 요소** 제목, 범례, 눈금선 등 차트에 표시할 항목을 선택할 수 있습니다.
- **차트 스타일** 차트 디자인 스타일과 색을 빠르게 변경할 수 있습니다.
- **차트 필터** 차트에 표시할 데이터를 선택하여 원하는 정보만 보여 줄 수 있습니다.

2 차트 편집하기

1 차트의 레이아웃을 바꾸기 위해 차트를 선택한 상태에서 ❶ [차트 디자인] 탭의 [차트 레이아웃] 그룹에서 ❷ [빠른 레이아웃]을 클릭한 후 ❸ [레이아웃 3]을 선택합니다.

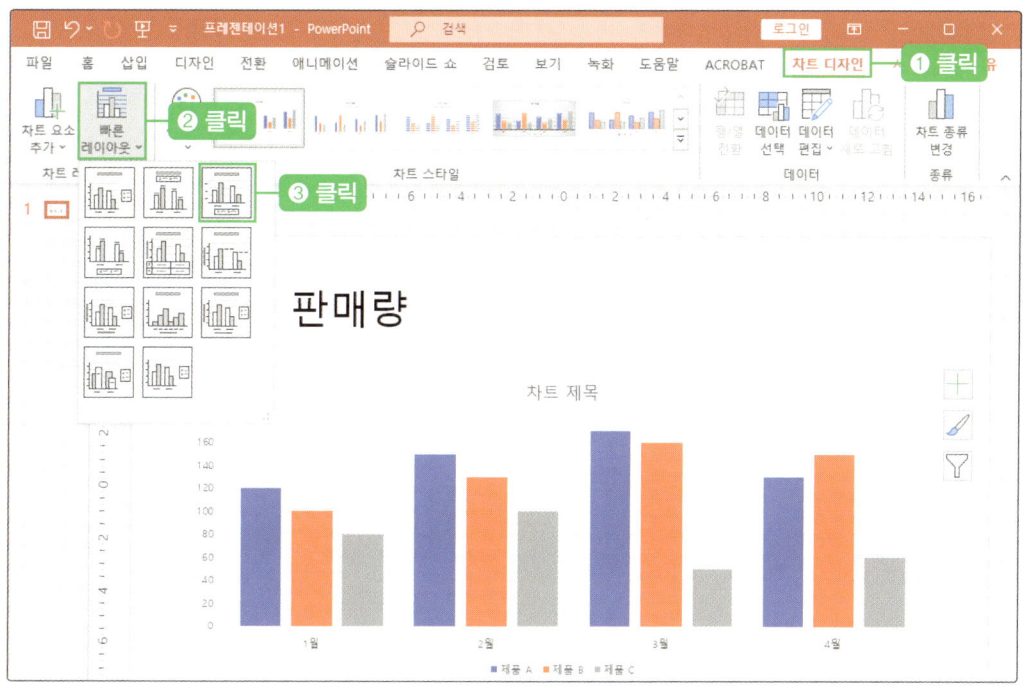

2 차트의 색상을 바꾸기 위해 ❶ [차트 디자인] 탭의 [차트 스타일] 그룹에서 ❷ [색 변경]을 클릭하여 ❸ [색상형 3]을 선택합니다.

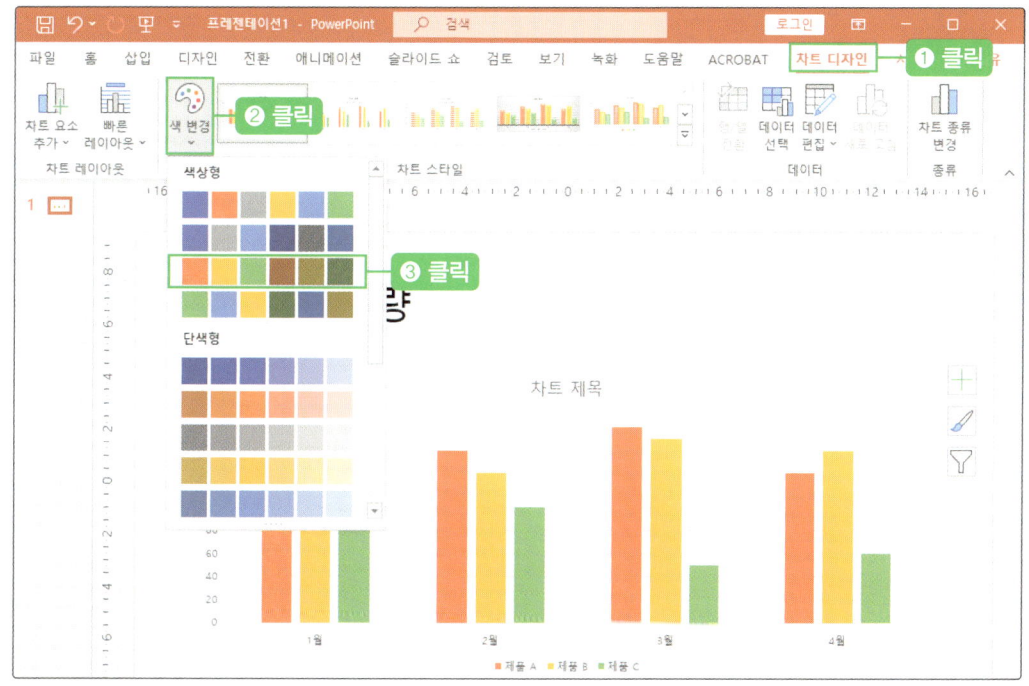

3 차트의 스타일을 바꾸기 위해 ❶ [차트 디자인] 탭의 [차트 스타일] 그룹에서 ❷ [자세히]를 클릭한 후 ❸ [스타일 8]을 선택합니다.

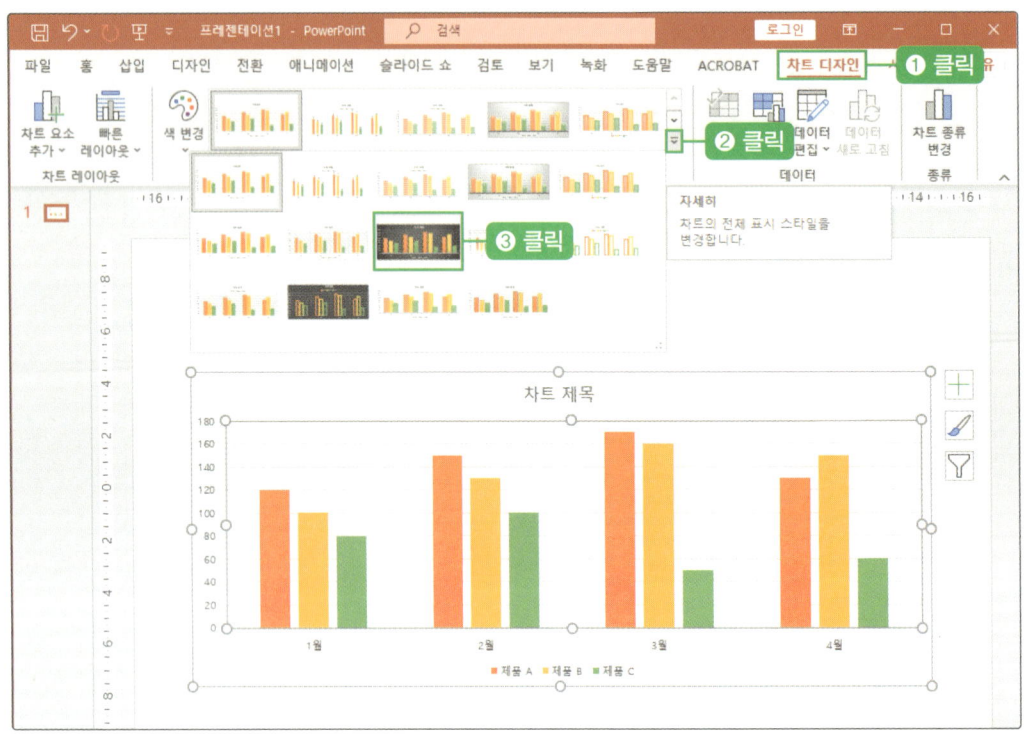

4 ❶ 차트 제목을 입력합니다.

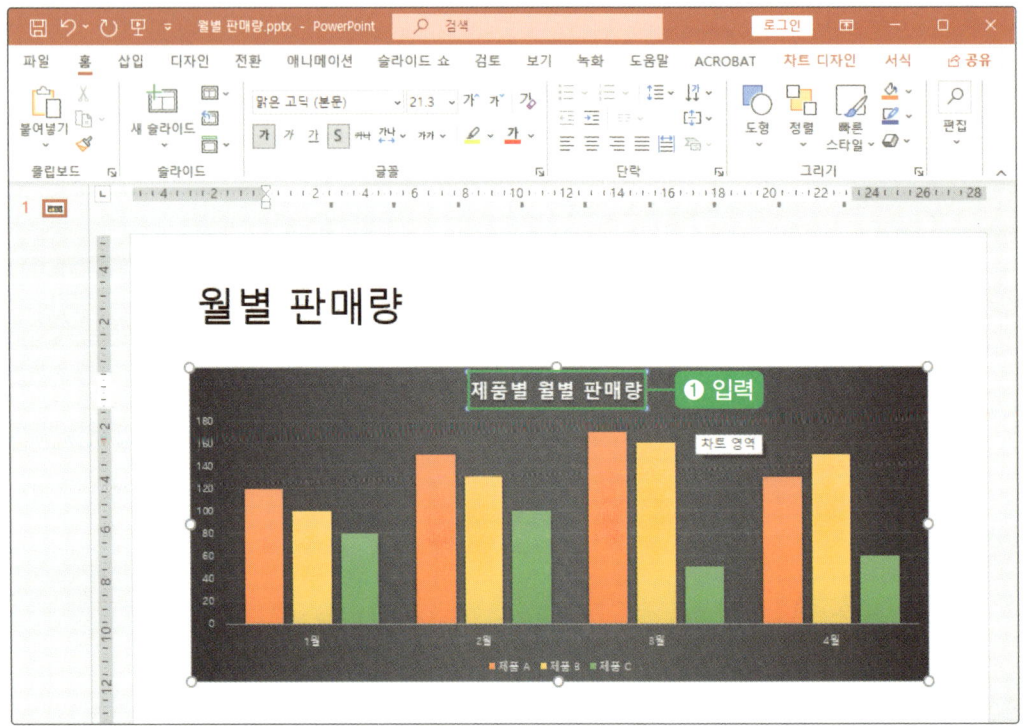

도전! 혼자 풀어 보세요!

1 다음과 같이 '월별 전기 사용량 추이' 차트를 완성해 보세요.

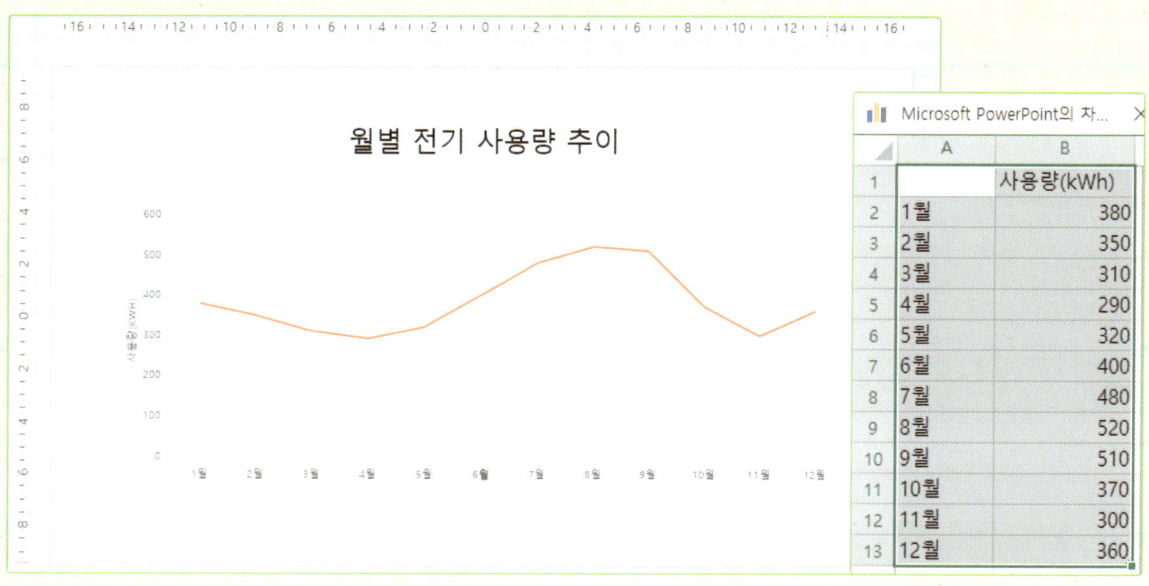

차트 레이아웃 [빠른 레이아웃]-[레이아웃 7]
차트 스타일 [차트 스타일]-[스타일 4], [색 변경]-[단색형]-[단색 색상표 2]

2 다음과 같이 '커피랑 카페 판매 비율' 차트를 완성해 보세요.

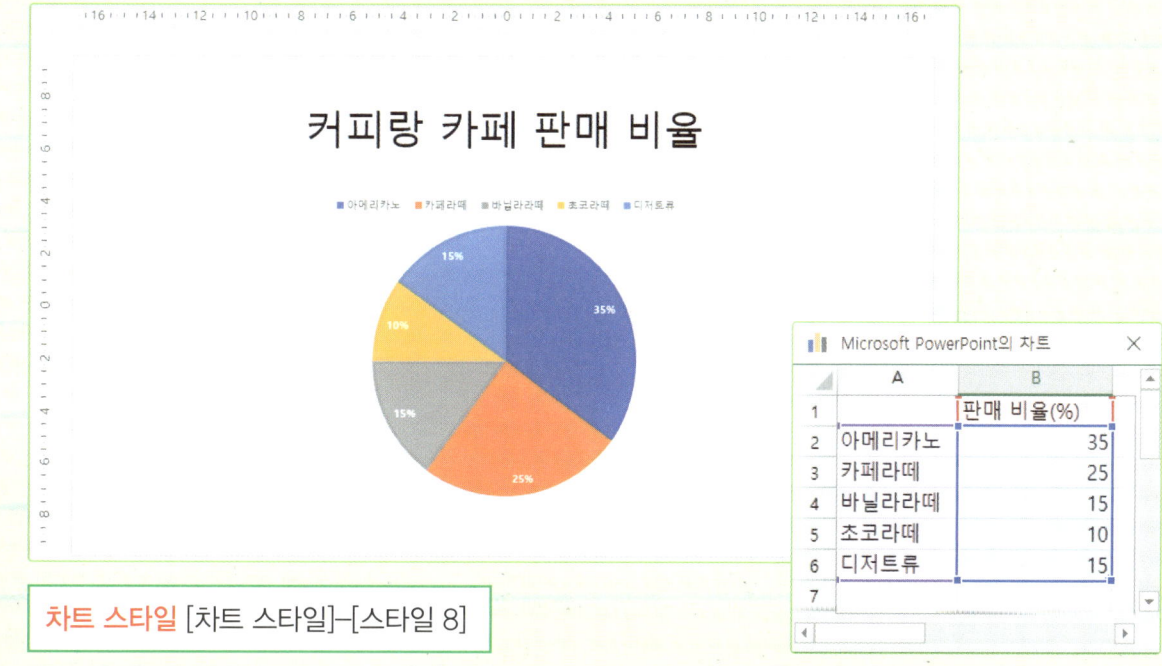

차트 스타일 [차트 스타일]-[스타일 8]

소리가 들리는 슬라이드 만들기

프레젠테이션에 오디오를 삽입하면 청중의 흥미를 유발하고 주의를 집중시킬 수 있습니다. 배경 음악을 넣어 내용을 더욱 풍부하게 하거나 효과음을 사용해 중요한 부분을 강조할 수 있습니다.

▶▶ 오디오 삽입 방법을 알아봅니다.
▶▶ 오디오 제어 방법을 알아봅니다.

배울 내용 미리 보기

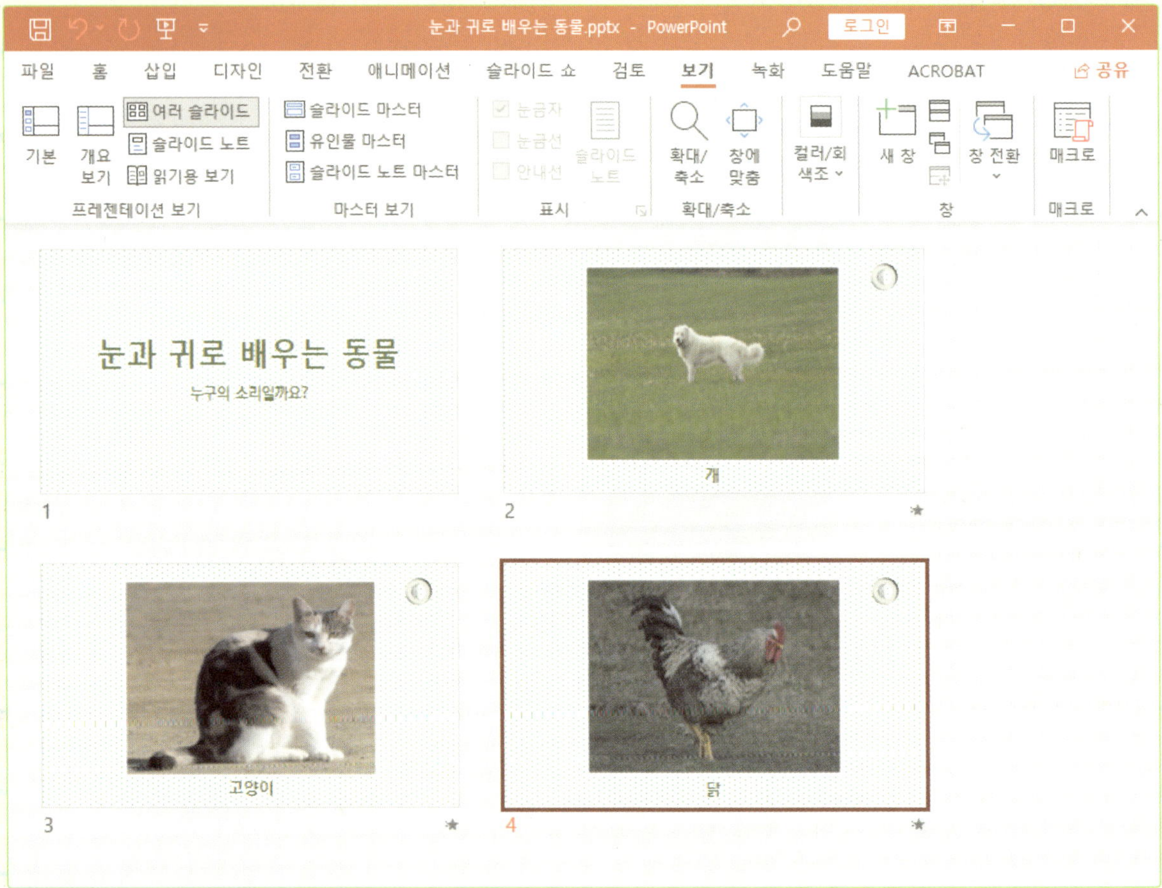

▲ 파일명 눈과 귀로 배우는 동물.pptx

1 오디오 삽입하기

1 [새 프레젠테이션]을 실행한 후 ❶ [삽입] 탭의 [이미지] 그룹에서 ❷ [사진 앨범]을 클릭합니다. [사진 앨범] 대화상자가 열리면 ❸ [파일/디스크]에서 '개', '고양이', '닭' 그림을 삽입하고 ❹ [앨범 레이아웃]에서 [그림 레이아웃]은 [그림 1개], ❺ [프레임 모양]은 [단순형 프레임, 흰색]을 선택합니다. ❻ [그림 옵션]의 [모든 그림 아래에 캡션 넣기]를 체크하고 ❼ [만들기]를 클릭합니다.

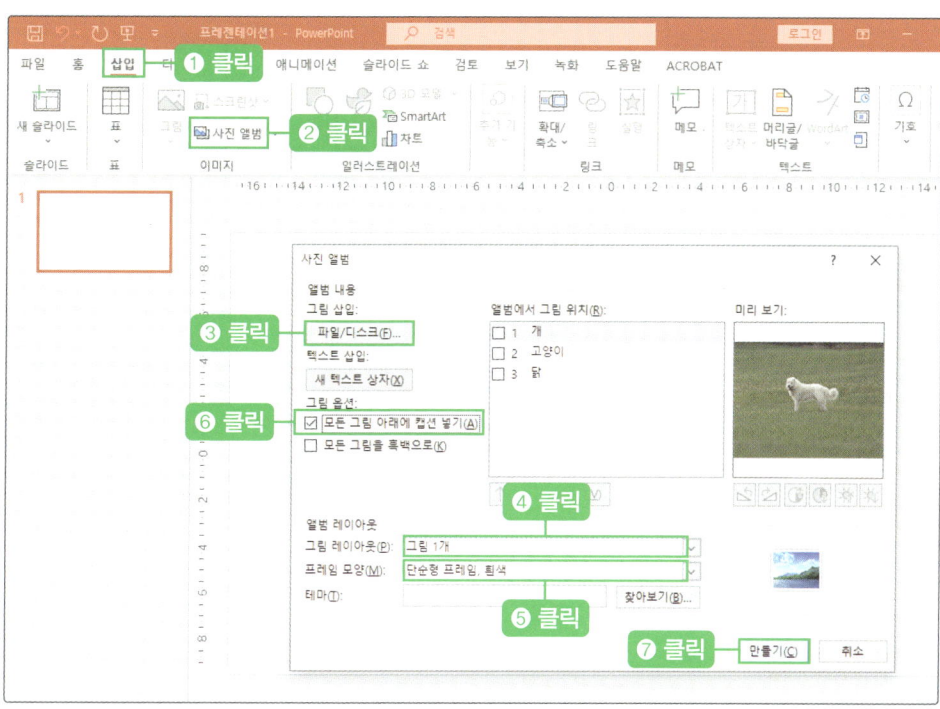

2 전체 슬라이드의 배경색이 검정입니다. 슬라이드의 배경색을 바꾸기 위해 ❶ [디자인] 탭의 [사용자 지정] 그룹에서 ❷ [배경 서식]을 클릭한 후 ❸ [채우기]에서 [패턴 채우기]를 선택합니다. ❹ [점선: 10%]와 ❺ [전경색: 녹색], [배경: 흰색]을 선택한 후 ❻ [모두 적용]을 클릭한 후 ❼ [배경 서식] 창을 닫습니다. 제목을 입력하고 전체 슬라이드의 글꼴 색을 수정합니다.

3. 두 번째 슬라이드에 오디오를 삽입하기 위해 ❶ [2번 슬라이드]를 선택합니다. ❷ [삽입] 탭의 ❸ [미디어]를 선택한 후 ❹ [오디오]에서 ❺ [내 PC의 오디오]를 클릭합니다. ❻ [오디오 삽입] 대화상자가 열리면 [멍멍이.mp3]를 선택한 후 ❼ [삽입]을 클릭합니다.

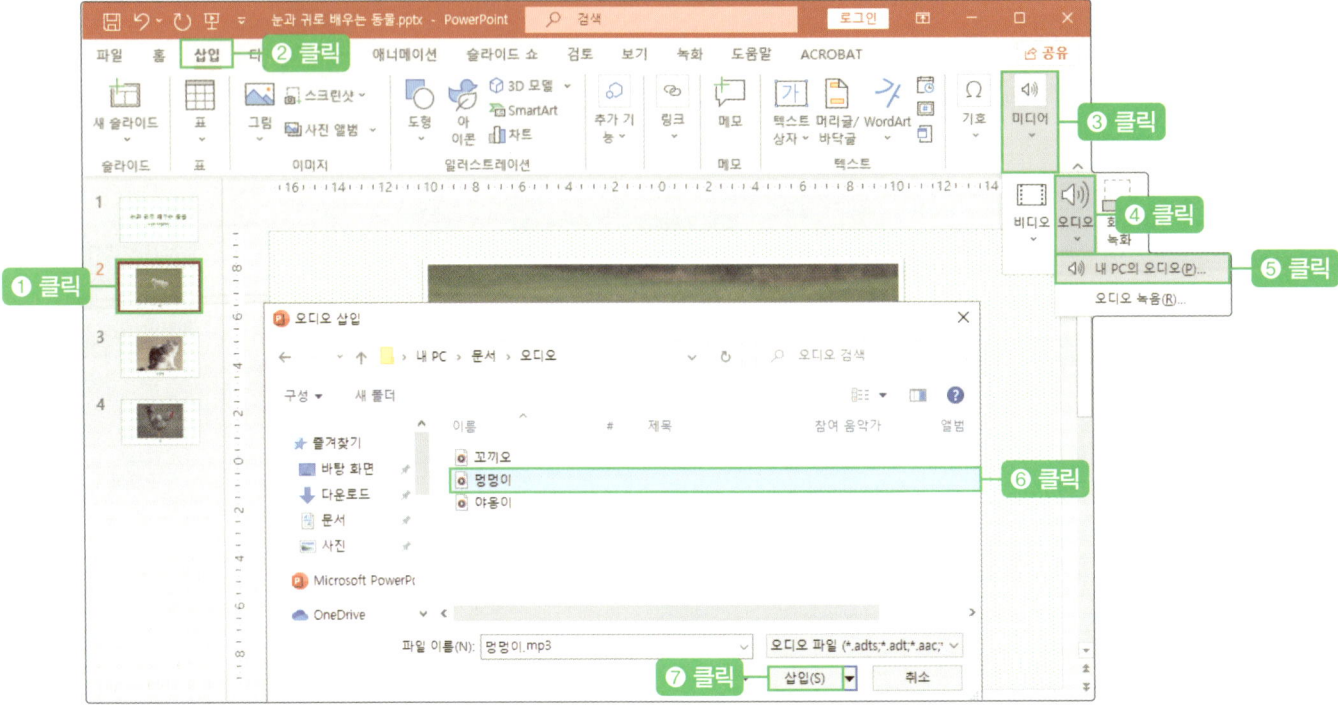

4. [2번 슬라이드]에 오디오 파일이 삽입됩니다. 슬라이드에 스피커가 표시됩니다. 같은 방법으로 3번, 4번 슬라이드에도 오디오를 삽입합니다.

참고하세요

3번 슬라이드에는 '야옹이.mp3', 4번 슬라이드에는 '꼬끼오.mp3'를 삽입합니다.

2 오디오 제어하기

1 오디오가 재생되는지 확인하기 위해 ❶ [슬라이드 쇼] 탭의 [슬라이드 쇼 시작] 그룹에서 ❷ [처음부터]를 클릭합니다.

참고하세요
오디오가 삽입된 슬라이드 번호 아래에 [애니메이션 실행] 아이콘이 표시됩니다. 아이콘을 클릭하면 오디오가 재생됩니다.

2 Enter 키를 누르면서 슬라이드를 넘겨 봅니다. 오디오가 삽입된 슬라이드에서 ❶ 스피커 모양을 클릭하거나 Enter 키를 눌러야 해당 오디오가 나옵니다. 오디오는 삽입된 슬라이드에서만 재생됩니다.

115

3 슬라이드를 실행하면 자동으로 오디오가 재생되도록 설정합니다. ❶ 삽입된 음원의 스피커 모양을 선택한 후 ❷ [재생] 탭의 [오디오 옵션] 그룹에서 ❸ [시작] 목록을 클릭한 후 ❹ [자동 실행]을 선택합니다.

4 오디오를 중지할 때까지 반복해서 재생하려면 ❶ 스피커 모양을 선택한 후 ❷ [재생] 탭의 [오디오 옵션] 그룹에서 ❸ [반복 재생]을 클릭합니다.

5 ① 스피커 모양을 드래그하여 배치합니다. 스피커의 모양을 변경하기 위해 ② [오디오 형식] 탭의 [그림 스타일] 그룹에서 ③ [금속 테두리]를 선택합니다. 다른 슬라이드의 스피커 모양도 변경해 봅니다.

참고하세요

오디오 트리밍

오디오를 들려주고 싶은 부분만 편집할 수 있습니다. 스피커 모양을 선택한 후 [재생] 탭의 [편집] 그룹에서 [오디오 트리밍]을 클릭합니다.

[오디오 트리밍] 대화상자의 [초록색의 시작점]과 [빨간색 끝점]을 드래그하여 구간을 맞춥니다. [재생] 단추를 눌러 확인합니다. 설정이 끝나면 [확인]을 누릅니다.

오디오를 부드럽게 시작하고 끝내기

오디오를 부드럽게 시작하고 끝내려면 스피커 모양을 선택한 후 [재생] 탭의 [편집] 그룹에서 [페이드 인]과 [페이드 아웃]의 시간을 조절합니다.

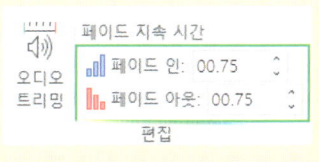

특정 구간만 오디오가 재생되게 설정해 봅니다. 2번~3번 슬라이드만 오디오를 재생하기 위해 ❶ 스피커 모양을 선택한 후 ❷ [애니메이션] 탭의 [고급 애니메이션] 그룹에서 ❸ [애니메이션 창]을 클릭합니다. [애니메이션 창]에서 ❹ 삽입된 오디오 파일의 목록을 클릭한 후 ❺ [효과 옵션]을 선택합니다.

[오디오 재생] 대화상자가 열리면 ❶ [재생 시작]은 [처음부터]에 체크하고 ❷ [재생 중지]의 [지금부터]를 [2]로 변경한 후 ❸ [확인]을 클릭합니다. 재생 중지의 [지금부터]는 슬라이드의 번호를 입력하는 것이 아닙니다. 시작 슬라이드에서 끝 슬라이드까지의 슬라이드 개수를 입력합니다.

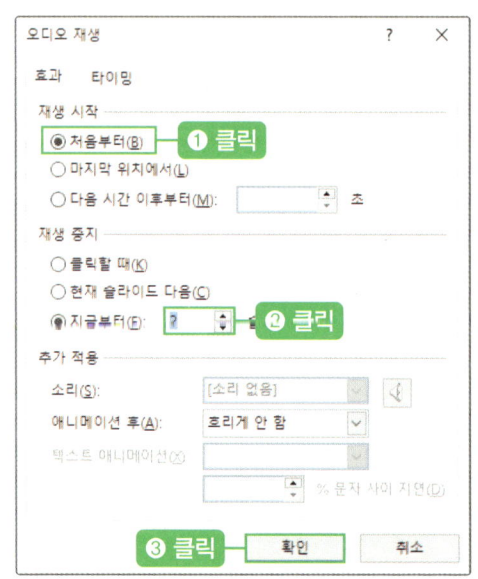

도전! 혼자 풀어 보세요!

① '음악처방' 폴더에 있는 이미지로 사진 앨범을 만든 후 2번~6번 슬라이드에 오디오를 삽입해 보세요.

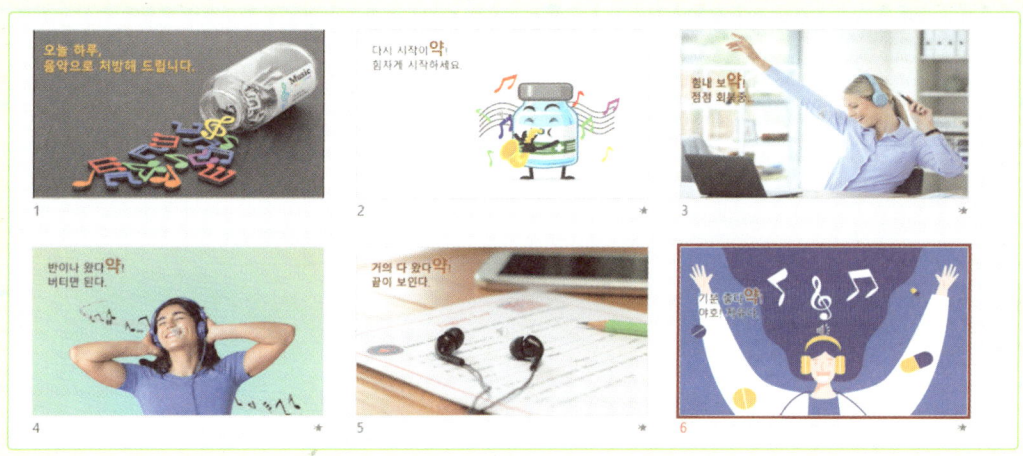

> 삽입한 오디오는 마우스 클릭 시 실행되게 설정하세요.

② ①에서 만든 파일에서 다음과 같이 설정을 변경해 보세요

> 스피커 모양을 '사각형 그림자'로 변경하고 오른쪽 위에 배치하세요.
> 2번 슬라이드에 삽입한 오디오는 자동 실행되도록 설정하세요.

영상이 보이는 슬라이드 만들기

영상은 짧은 시간 안에 청중의 몰입도를 높여 내용을 전달할 수 있는 강력한 도구입니다. 컴퓨터에 저장된 동영상을 삽입하거나 온라인 영상을 직접 연결하여 청중에게 보여 줄 수 있습니다.

▶▶ 동영상 삽입 방법을 알아봅니다.
▶▶ 동영상 서식 꾸미기 방법을 알아봅니다.
▶▶ 동영상 제어 방법을 알아봅니다.

배울 내용 미리 보기

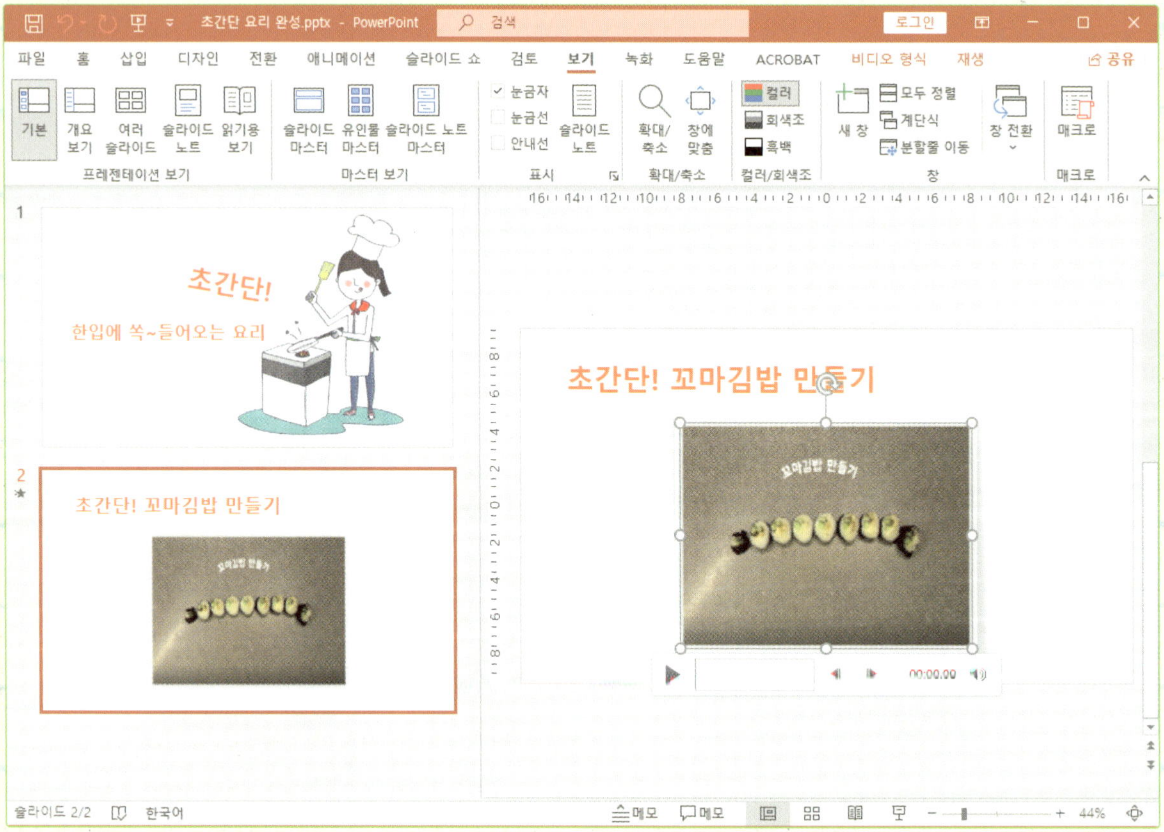

▲ 파일명 초간단 요리 완성.pptx

120

1 동영상 삽입하기

1 [새 프레젠테이션]을 실행한 후 [빈 화면] 슬라이드로 레이아웃을 변경하고 [제목 슬라이드]를 다음과 같이 작성합니다.

> **참고하세요**
> '초간단 요리.pptx' 파일을 내려받아 사용해도 됩니다.

2 ❶ [제목 및 내용] 슬라이드를 추가합니다. ❷ 제목을 다음과 같이 입력하고 ❸ [비디오 삽입] 틀을 클릭합니다.

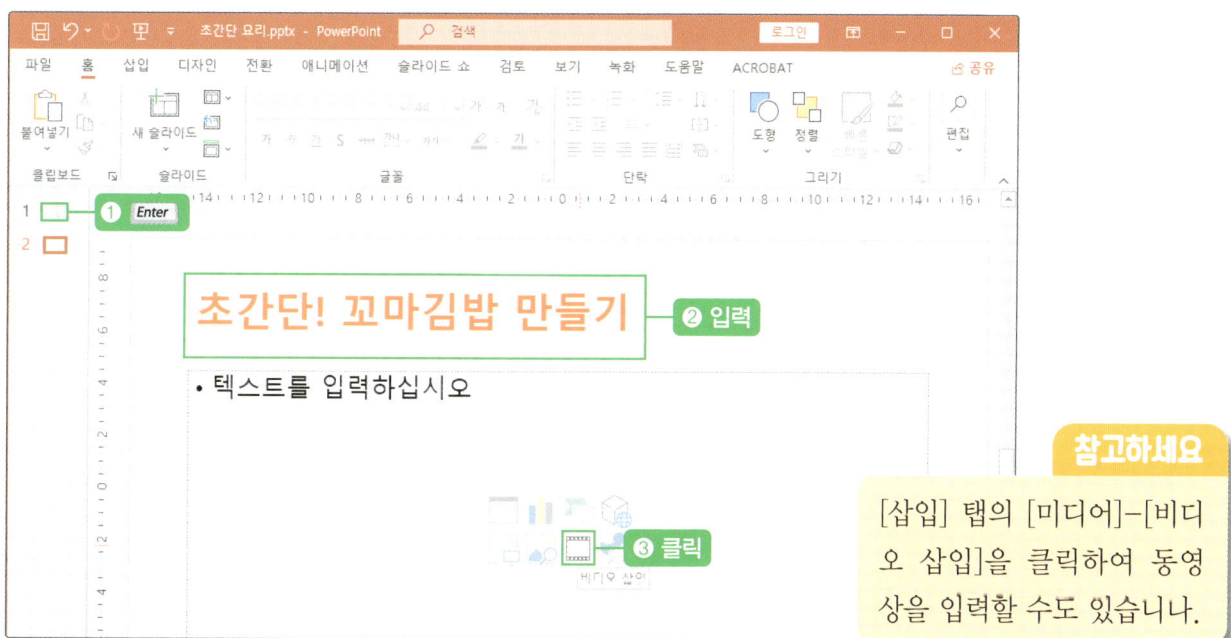

> **참고하세요**
> [삽입] 탭의 [미디어]-[비디오 삽입]을 클릭하여 동영상을 입력할 수도 있습니다.

3 [비디오 삽입] 대화상자가 열리면 ❶ [꼬마김밥 만들기.mp4]를 선택한 후 ❷ [삽입]을 클릭합니다.

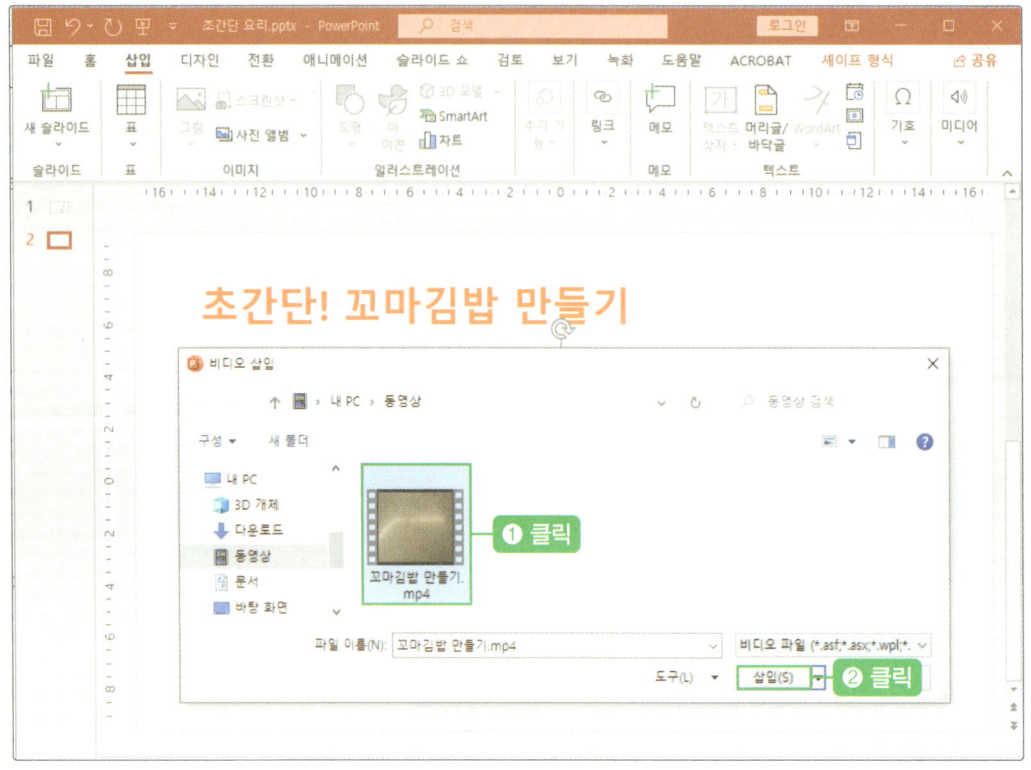

4 동영상이 삽입됩니다. 동영상의 ❶ [재생] 버튼을 눌러 실행해 봅니다.

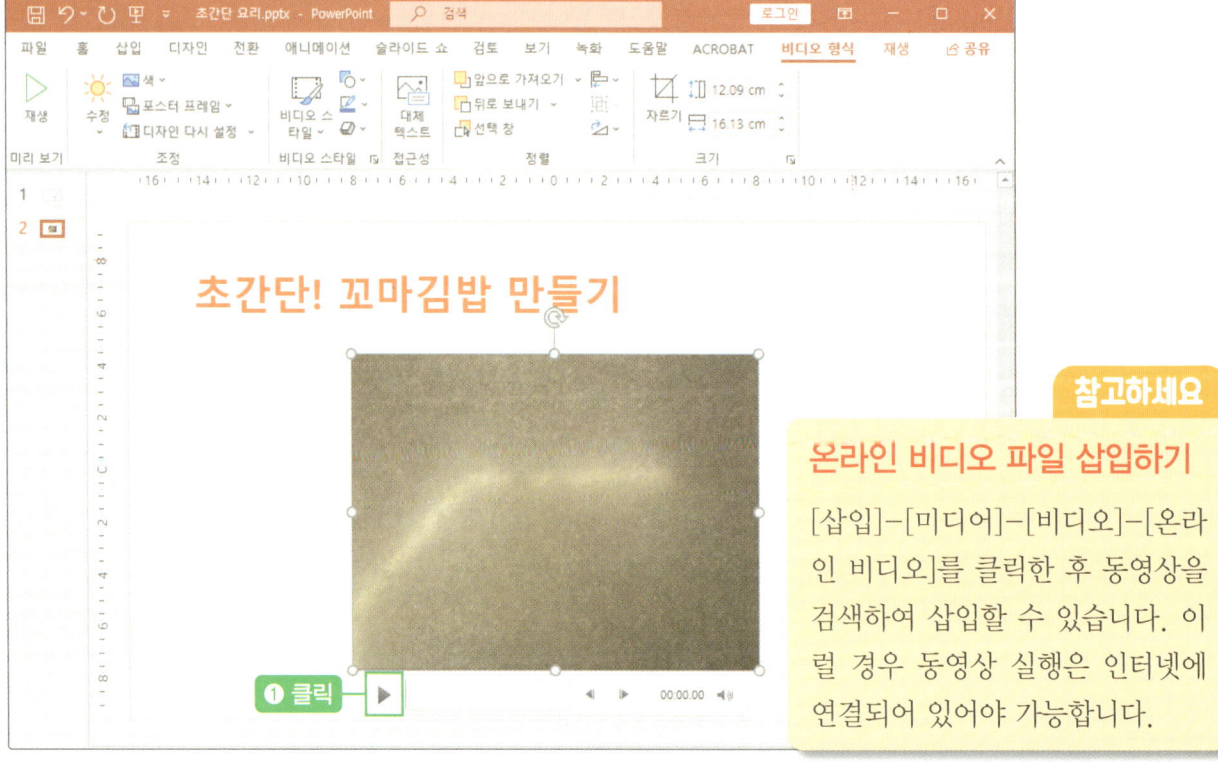

참고하세요

온라인 비디오 파일 삽입하기

[삽입]-[미디어]-[비디오]-[온라인 비디오]를 클릭한 후 동영상을 검색하여 삽입할 수 있습니다. 이럴 경우 동영상 실행은 인터넷에 연결되어 있어야 가능합니다.

2 동영상 서식 꾸미기

1 동영상의 첫 화면을 변경하기 위해 ❶ 동영상을 클릭한 후 ❷ [비디오 형식] 탭의 [조정] 그룹에서 ❸ [포스터 프레임] 목록을 클릭하고 ❹ [파일의 이미지]를 선택합니다.

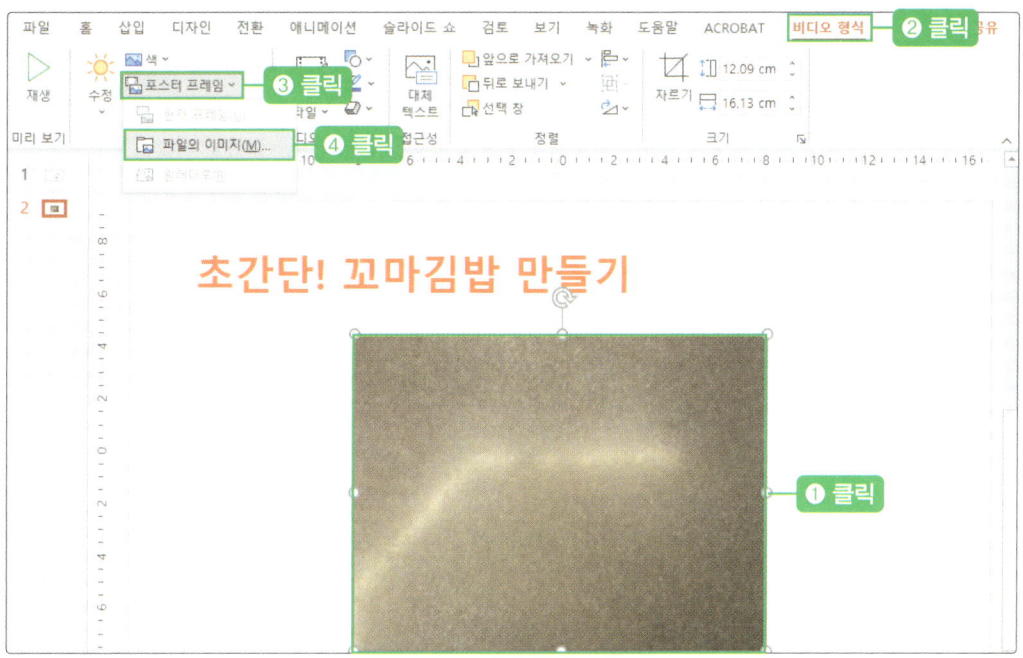

2 [그림 삽입] 대화상자가 열리면 ❶ [파일에서]를 클릭합니다. ❷ [그림 삽입] 대화상자에서 [그림]을 선택한 후 ❸ [삽입]을 클릭합니다.

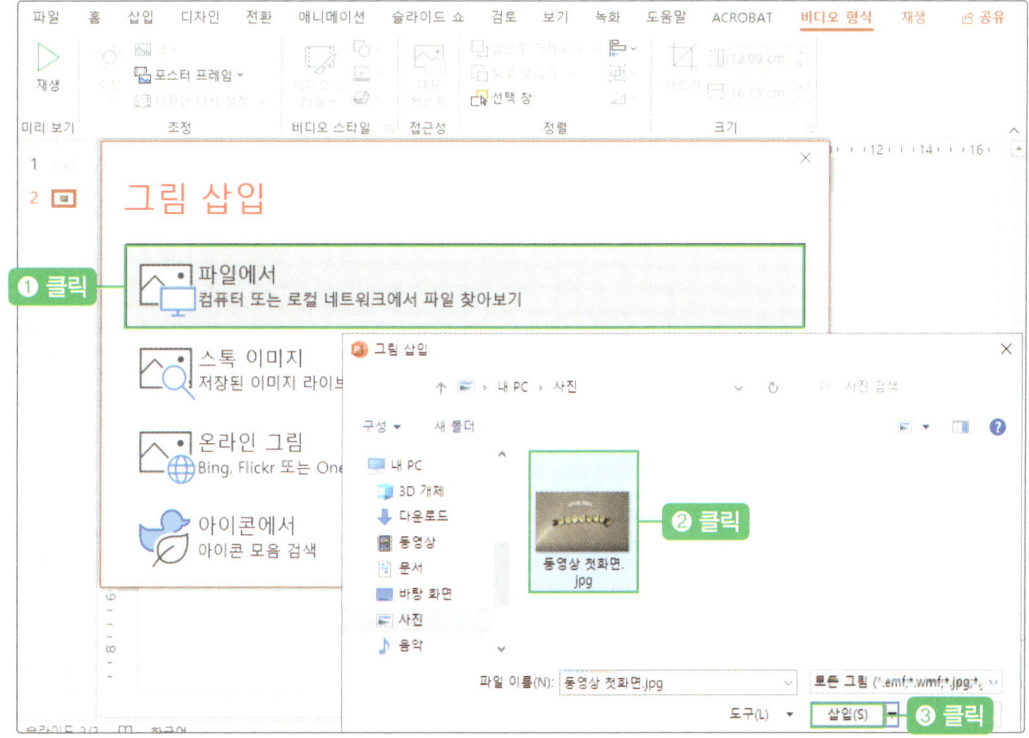

3 동영상의 포스터 프레임이 변경됩니다. 비디오 스타일을 바꾸기 위해 ❶ [비디오 형식] 탭의 [비디오 스타일] 그룹에서 ❷ [비디오 스타일] 목록을 클릭한 후 ❸ [일반]의 [일반 프레임, 그라데이션]을 선택합니다.

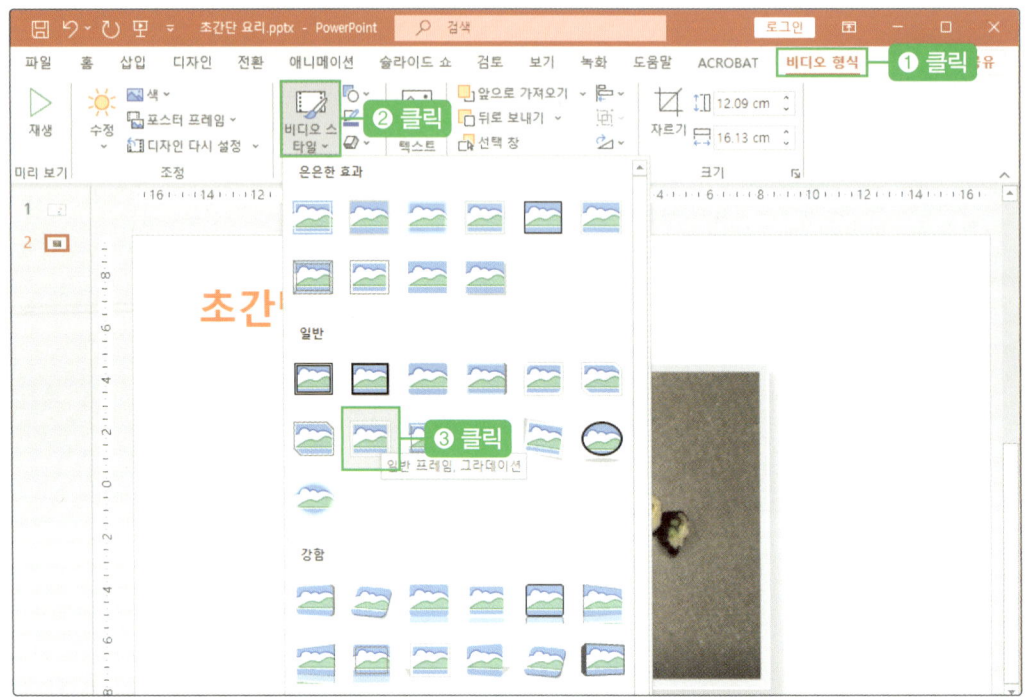

4 변경된 스타일로 표시됩니다.

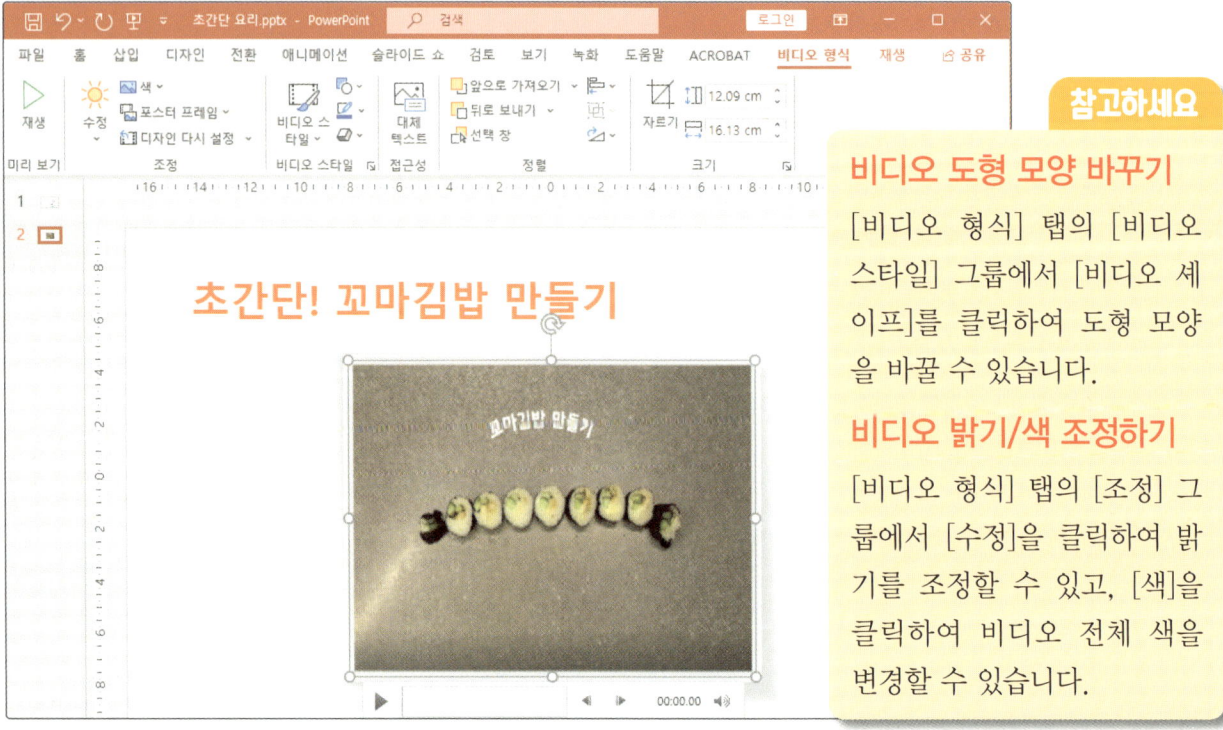

참고하세요

비디오 도형 모양 바꾸기
[비디오 형식] 탭의 [비디오 스타일] 그룹에서 [비디오 셰이프]를 클릭하여 도형 모양을 바꿀 수 있습니다.

비디오 밝기/색 조정하기
[비디오 형식] 탭의 [조정] 그룹에서 [수정]을 클릭하여 밝기를 조정할 수 있고, [색]을 클릭하여 비디오 전체 색을 변경할 수 있습니다.

3 동영상 실행 제어하기

1 동영상의 시작 방식을 지정하기 위해 ❶ 동영상을 선택한 후 ❷ [재생] 탭의 [비디오 옵션] 그룹의 ❸ [시작]-[자동 실행]을 선택합니다. ❹ [전체 화면 재생]을 체크 표시하여 슬라이드 쇼를 실행할 때 동영상이 전체 화면에 재생되도록 설정합니다.

2 동영상의 시작과 끝이 자연스럽게 전환되도록 설정합니다. 동영상이 선택된 상태에서 ❶ [재생] 탭의 [편집] 그룹에서 ❷ [페이드 인]과 [페이드 아웃]의 시간을 1.5초로 조절합니다.

3 동영상을 일부만 실행할 수 있습니다. 동영상을 선택한 후 ❶ [재생] 탭의 [편집] 그룹에서 ❷ [비디오 트리밍]을 클릭합니다. [비디오 트리밍] 대화상자가 열리면 ❸ 초록색 슬라이드 막대를 움직여 시작점을 맞춥니다. ❹ 빨간색 슬라이드 막대를 움직여 끝점을 맞춘 후 ❺ [실행] 단추를 눌러 시작과 끝을 확인합니다. 설정이 끝나면 ❻ [확인]을 누릅니다.

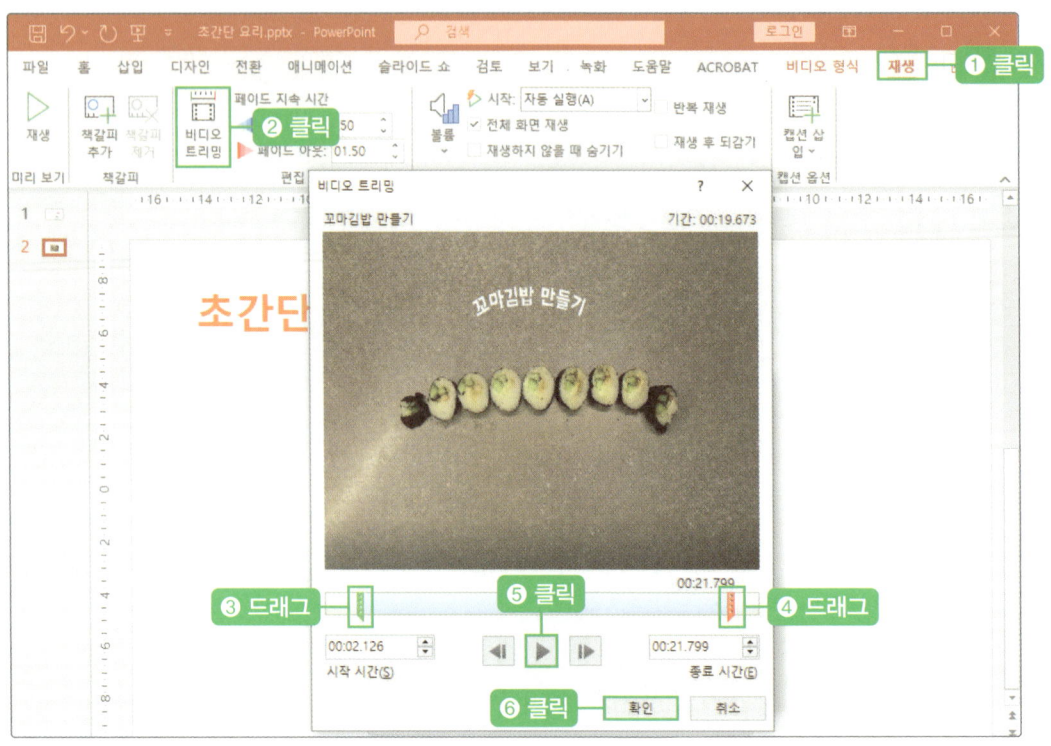

4 비디오 실행 단추를 눌러 전체 비디오를 실행해 봅니다. 확인이 끝나면 ❶ [슬라이드 쇼] 탭의 [슬라이드 쇼 시작] 그룹에서 ❷ [처음부터]를 클릭하여 슬라이드 쇼를 실행해 봅니다.

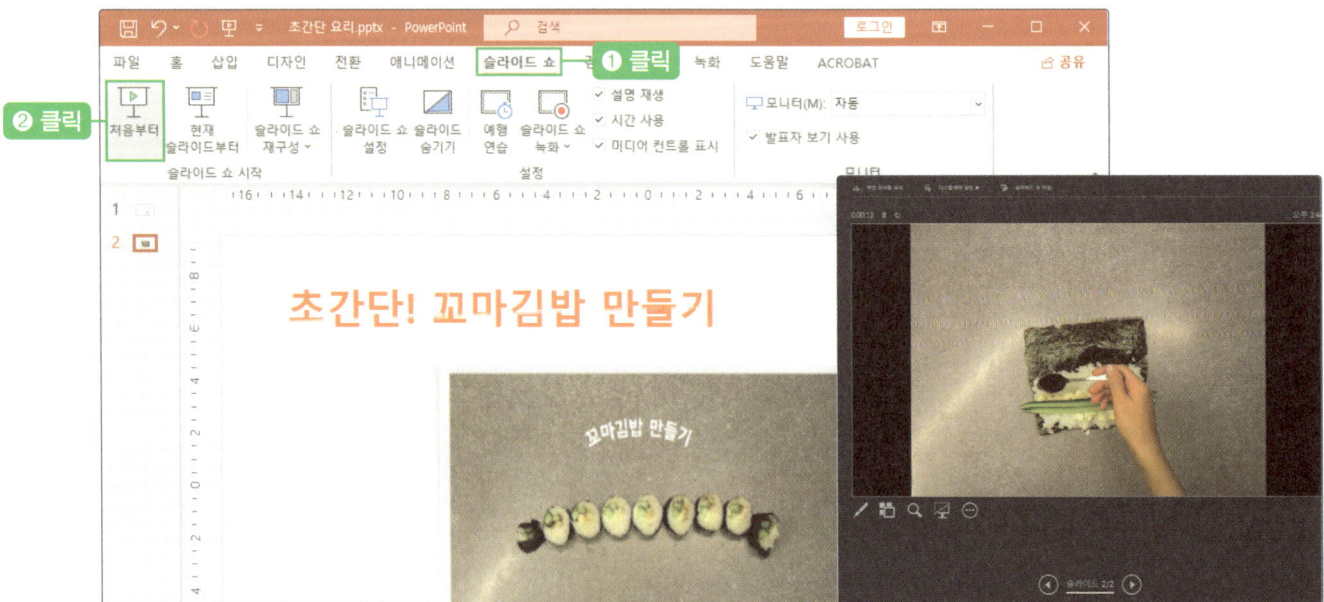

도전! 혼자 풀어 보세요!

1 '슬라이드에 불꽃놀이.mp4' 동영상을 삽입한 후 다음과 같이 [포스터 프레임]과 [비디오 스타일]을 변경해 보세요.

비디오 스타일 [일반]-[회전, 흰색]
슬라이드 배경 서식 [단색 채우기]-[진한 파랑]
글꼴 [WordArt 스타일]-[텍스트 효과]-[네온: 회색, 강조색 3]

2 ①에 이어 동영상 틀을 도형 모양으로 변경하고, 클릭하면 실행되도록 설정해 보세요. 자연스럽게 시작하고 끝낼 수 있도록 [페이드 인], [페이드 아웃] 효과를 적용해 보세요.

15 애니메이션 만들기

애니메이션은 청중의 시선을 끌거나 흐름을 조절하는 데 매우 유용합니다. 너무 많은 애니메이션을 사용하기보다는 꼭 필요한 부분에만 사용하여 효과를 극대화하는 것이 좋습니다.

▸▸ 애니메이션을 적용하는 방법을 알아봅니다.
▸▸ 애니메이션을 복사하고 흐름을 제어하는 방법을 알아봅니다.

배울 내용 미리 보기

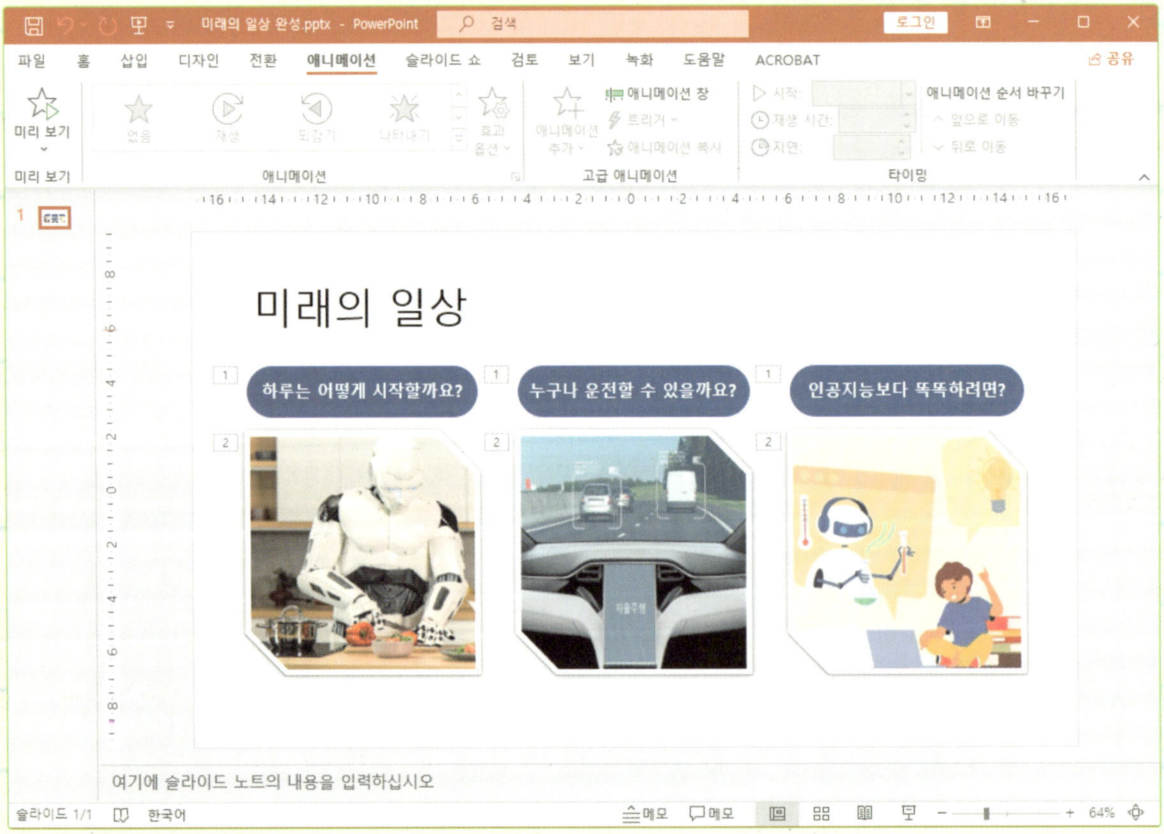

▲ 파일명 미래의 일상 완성.pptx

1 애니메이션 적용하기

1 '미래의 일상.pptx' 파일을 엽니다.

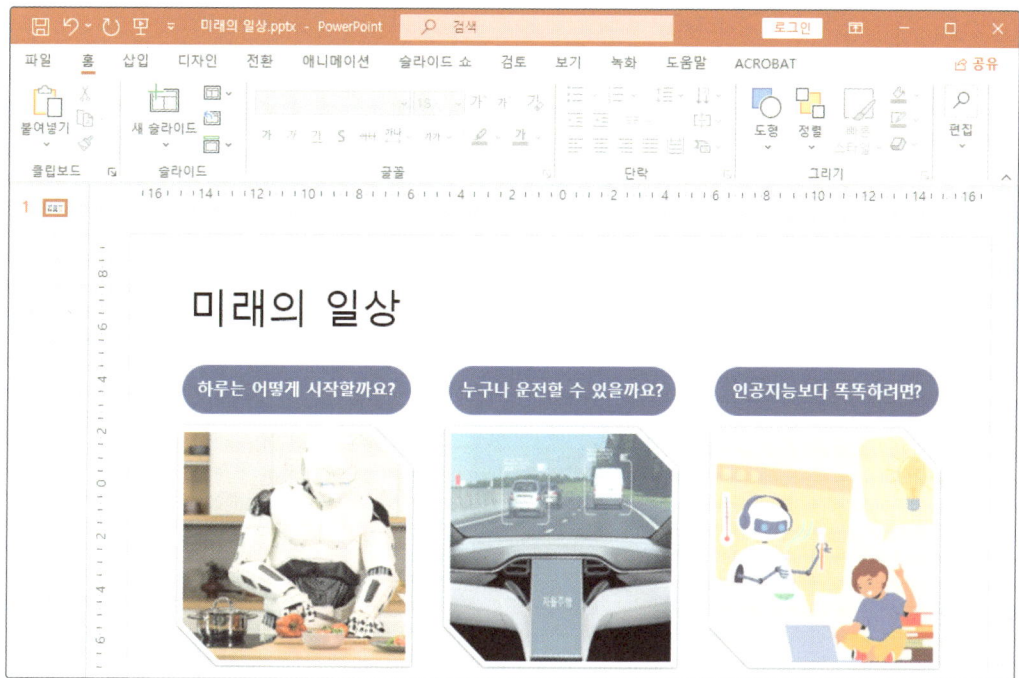

2 ❶ 첫 번째 도형을 선택한 후 ❷ [애니메이션] 탭의 [애니메이션] 그룹에서 ❸ [자세히]를 클릭합니다.

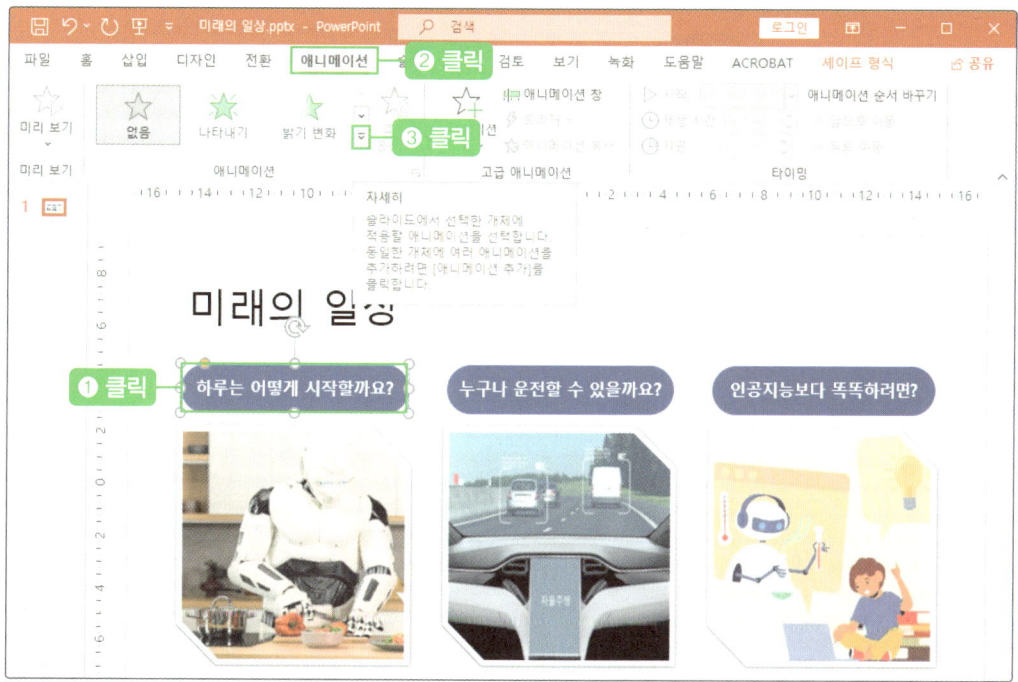

3 ❶ [나타내기]에서 [닦아내기]를 선택합니다.

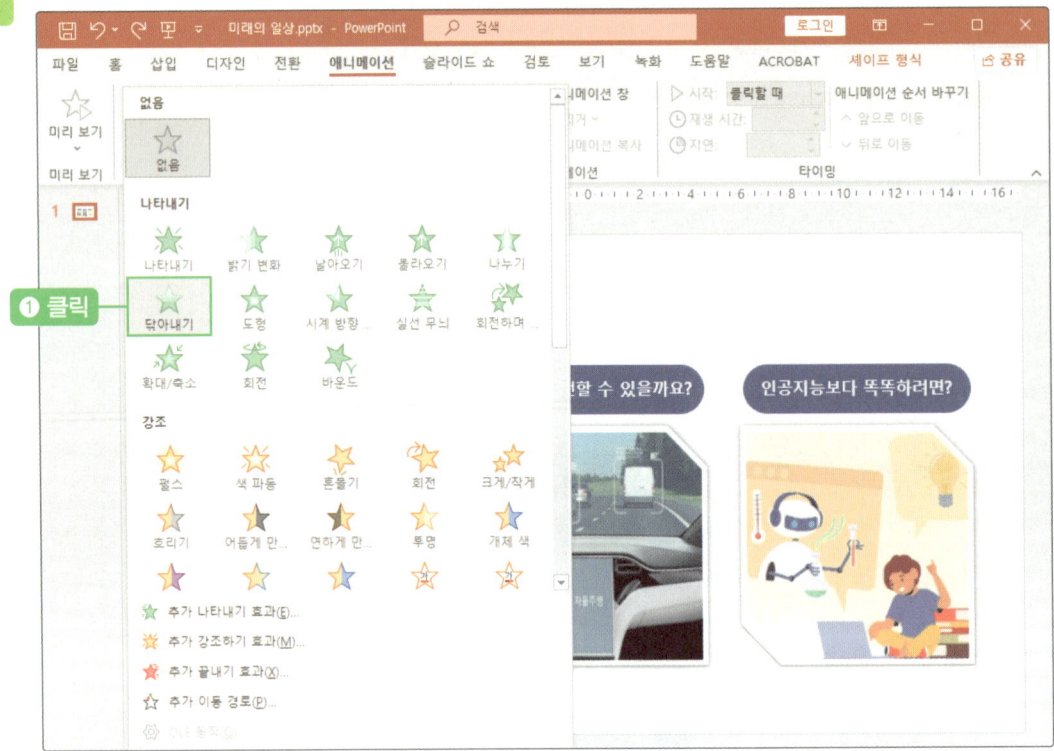

4 ❶ 첫 번째 도형이 선택된 상태에서 ❷ [애니메이션] 탭의 [애니메이션] 그룹에서 ❸ [효과 옵션]의 [방향]에서 ❹ [왼쪽에서]를 선택합니다. 닦아내기가 왼쪽에서 오른쪽으로 실행됩니다. ❺ [미리보기]를 눌러 애니메이션이 적용되었는지 확인합니다.

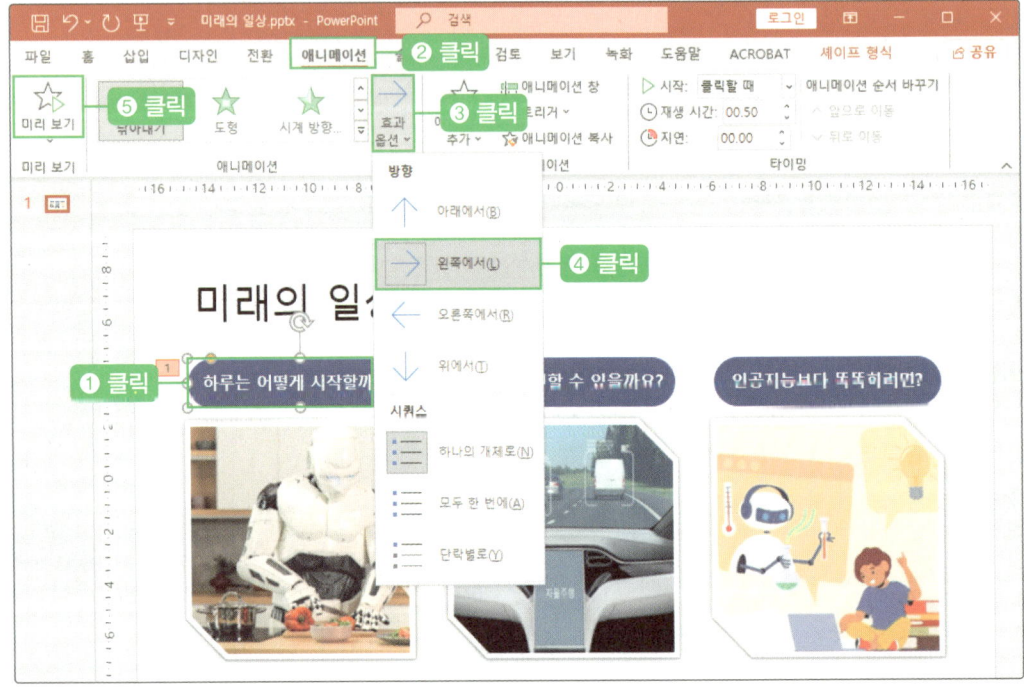

2 애니메이션 편집하기

1 애니메이션을 복사하여 다른 도형에 적용할 수 있습니다. ❶ 첫 번째 애니메이션 도형을 선택한 후 ❷ [애니메이션] 탭의 [고급 애니메이션] 그룹에서 ❸ [애니메이션 복사]를 더블클릭합니다.

> **참고하세요**
> [애니메이션 복사]를 한 번 클릭하면 다른 도형에 한 번만 적용되고, 더블클릭하면 여러 번 적용할 수 있습니다.

2 마우스 포인터 옆에 [붓] 모양이 생깁니다. ❶ 두 번째 도형과 ❷ 세 번째 도형을 클릭합니다. 두 도형에 애니메이션이 복사되고, 애니메이션 순서가 번호로 표시됩니다. 애니메이션 복사를 마치면 Esc 키를 눌러서 복사 기능을 해제합니다.

3 애니메이션을 시작하는 방식을 바꿀 수 있습니다. ❶ 두 번째 도형을 선택한 후 ❷ [애니메이션] 탭의 [타이밍] 그룹에서 ❸ [시작]의 목록 단추를 누르고 ❹ [이전 효과 다음에]를 클릭합니다. 시작 옵션이 '1'로 변경됩니다.

참고하세요

클릭할 때 클릭하면 애니메이션이 실행됩니다.
이전 효과와 함께 이전 애니메이션과 동시에 실행됩니다.
이전 효과 다음에 이전 애니메이션이 실행된 다음에 실행됩니다.

4 애니메이션의 시작 방식을 한꺼번에 바꿀 수 있습니다. ❶ 두 제목을 드래그하여 선택한 후 ❷ [애니메이션] 탭의 [타이밍] 그룹에서 ❸ [시작]의 목록 단추를 누른 후 ❹ [이전 효과 다음에]를 선택합니다. 시작 옵션이 모두 '1'로 변경됩니다. ❺ 미리보기를 클릭하여 확인합니다.

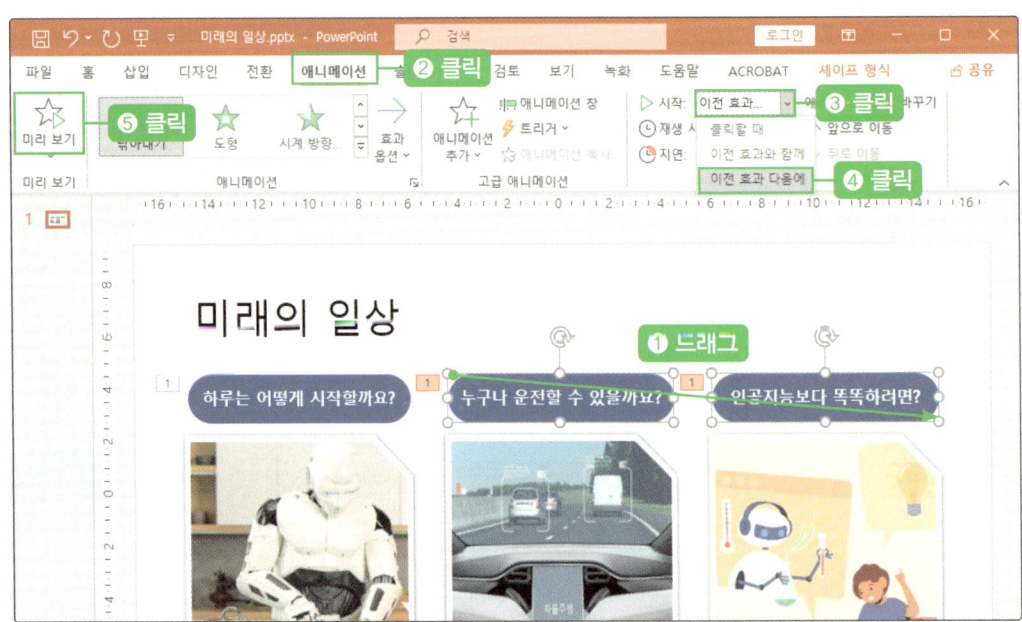

5 ❶ 삽입된 그림을 드래그하여 모두 선택한 후 ❷ [애니메이션] 탭의 [애니메이션] 그룹에서 ❸ [밝기 변화] 애니메이션을 적용합니다.

6 ❶ 다음과 같이 두 그림을 드래그하여 선택한 후 ❷ [애니메이션] 탭의 [시작] 옵션을 ❸ [이전 효과와 함께]를 선택합니다. 모든 그림에 적용된 애니메이션이 한꺼번에 나타납니다.

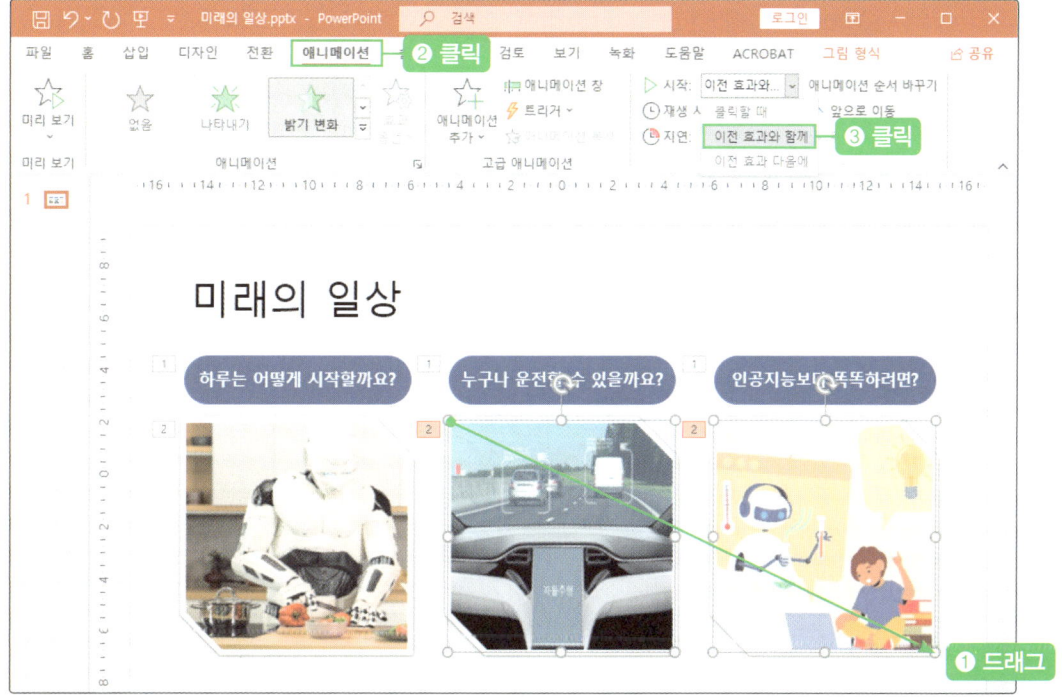

7 [애니메이션 창]을 이용해 재생해 봅니다. ❶ [애니메이션] 탭의 [고급 애니메이션] 그룹에서 ❷ [애니메이션 창]을 클릭합니다. ❸ 첫 번째 애니메이션을 선택한 후 ❹ [재생 시작]을 누릅니다.

참고하세요

애니메이션 순서 바꾸기

[애니메이션 창]에서 ❶ 화살표를 눌러 순서를 바꿀 수 있습니다. 또는 애니메이션을 선택하여 드래그하여 원하는 위치에 놓습니다.

애니메이션 제거하기

애니메이션을 제거하려면 제거할 애니메이션을 선택한 후 ❷ 목록 단추를 클릭하여 ❸ [제거]를 누르거나 Delete 키를 누릅니다.

도전! 혼자 풀어 보세요!

1 '인기 급식 비교.pptx' 파일을 불러온 후 첫 번째 슬라이드에 다음과 같이 애니메이션을 적용해 보세요.

그림 애니메이션 나타내기 – 닦아내기, 시작 옵션 – 클릭할 때
인기 점수, 제공 빈도 밝기 변화, 시작 옵션 – 클릭할 때

2 ❶번 문서의 두 번째 슬라이드에도 다음과 같이 애니메이션을 적용해 보세요.

순위 도형 애니메이션 나타내기 – 날아오기, 시작 옵션 – 클릭할 때
그림 애니메이션 나타내기 – 밝기 변화, 시작 옵션 – 이전 효과 다음에

화면 전환 효과

슬라이드 쇼를 할 때 슬라이드와 슬라이드를 자연스럽게 연결할 수 있습니다. 화면 전환 효과는 반복되는 슬라이드의 피로감을 줄이고 프레젠테이션의 흐름을 조절합니다.

▶▶ 화면 전환 효과를 적용하는 방법을 알아봅니다.
▶▶ 화면 전환 효과를 제어하는 방법을 알아봅니다.

배울 내용 미리 보기

▲ 파일명 디지털 전시회 완성.pptx

화면 전환 효과 적용하기

1 '디지털 전시회.pptx' 파일을 엽니다. ❶ 첫 번째 슬라이드를 선택한 후 ❷ [전환] 탭의 [슬라이드 화면 전환] 그룹에서 ❸ [자세히]를 클릭합니다. [화려한 효과]의 ❹ [커튼]을 선택합니다.

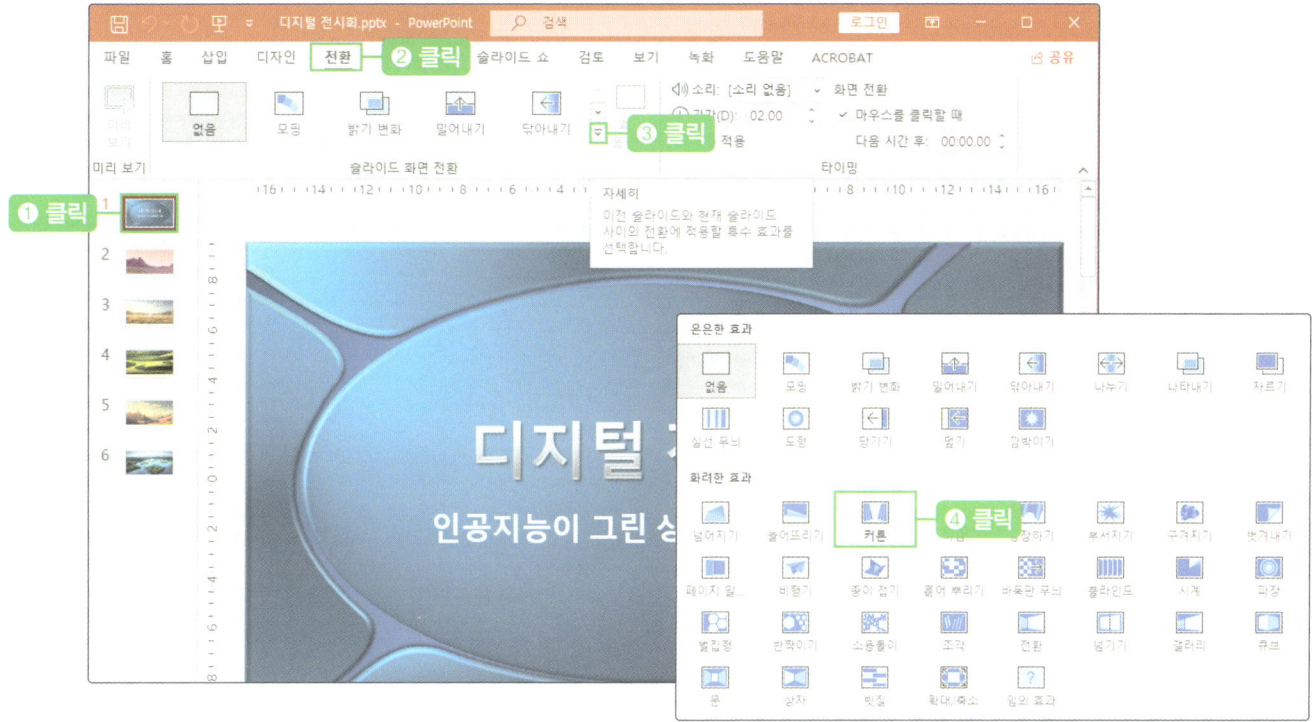

2 ❶ [전환] 탭의 [미리 보기] 그룹에서 ❷ [미리 보기]를 클릭하여 화면 전환 효과를 확인합니다.

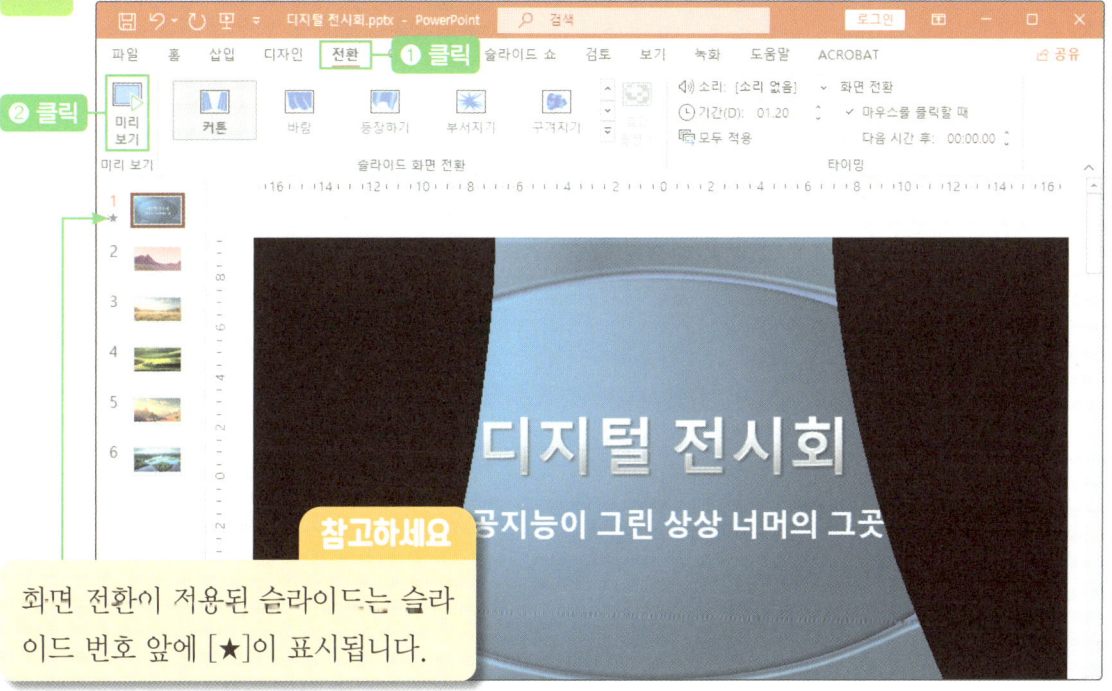

> **참고하세요**
> 화면 전환이 적용된 슬라이드는 슬라이드 번호 앞에 [★]이 표시됩니다.

3 ① 두 번째 슬라이드를 선택한 후 ② [전환] 탭의 [슬라이드 화면 전환] 그룹에서 [자세히]를 클릭합니다. [동적 콘텐츠]의 ③ [궤도]를 선택합니다.

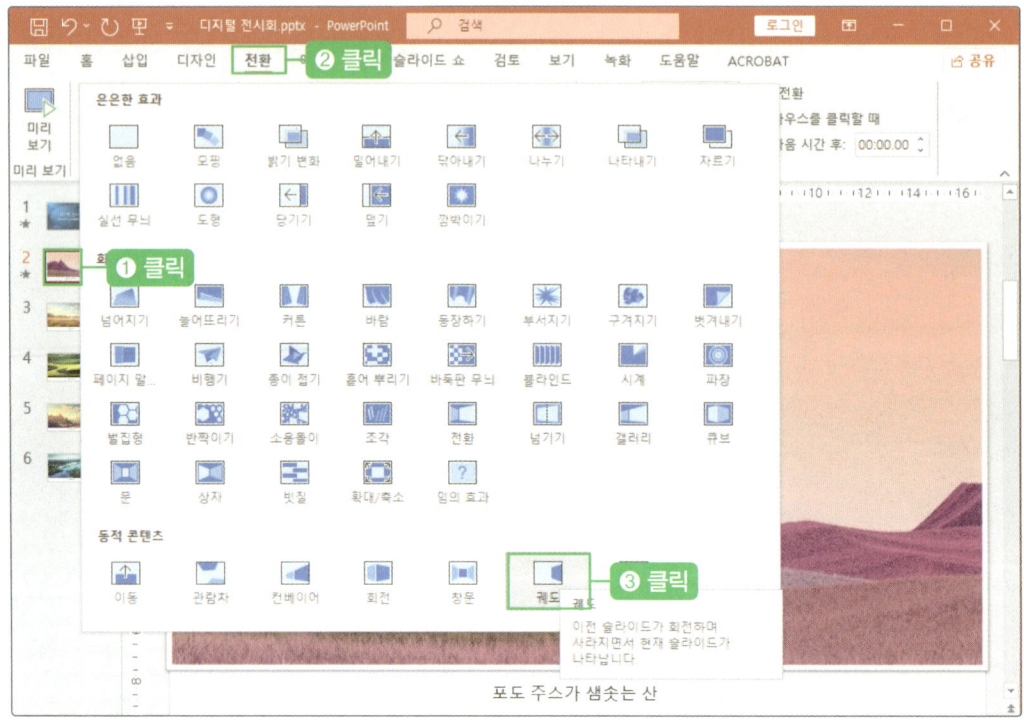

4 화면 전환의 방향을 바꿀 수 있습니다. ① [전환] 탭의 [슬라이드 화면 전환] 그룹에서 ② [효과 옵션]을 클릭한 후 ③ [오른쪽에서]를 선택합니다.

5 ❶ [미리 보기]를 클릭하여 화면 전환 효과를 확인합니다.

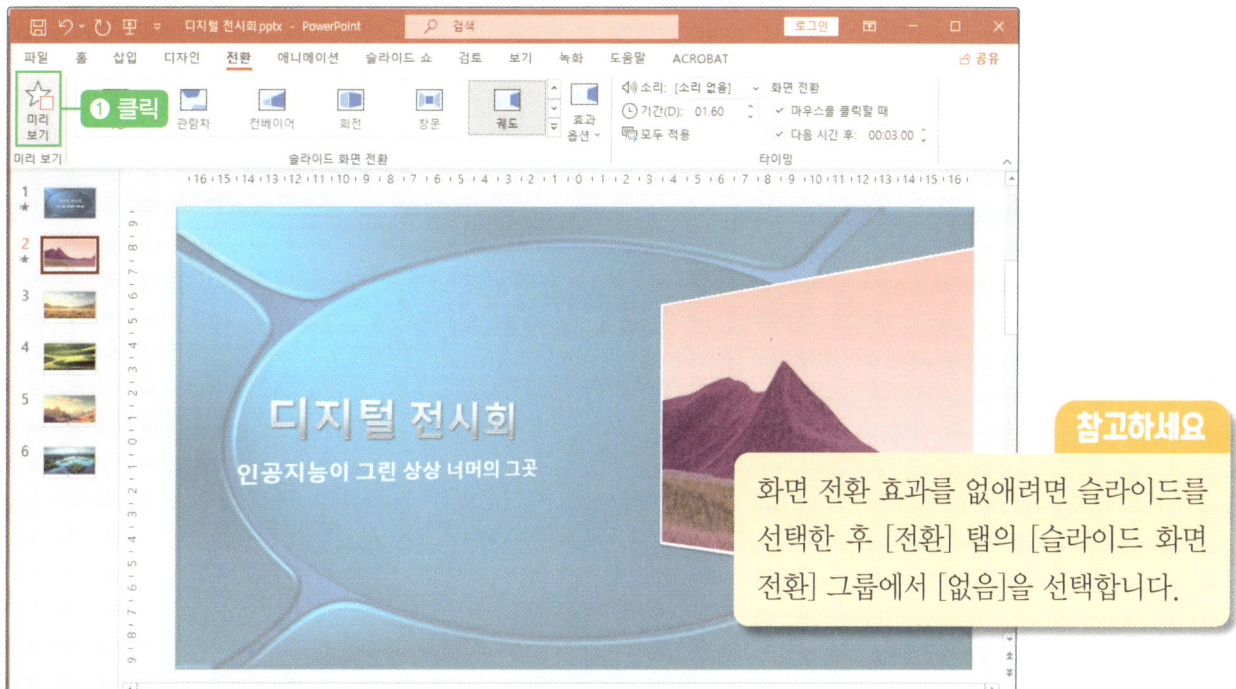

참고하세요
화면 전환 효과를 없애려면 슬라이드를 선택한 후 [전환] 탭의 [슬라이드 화면 전환] 그룹에서 [없음]을 선택합니다.

참고하세요

화면 전환 효과를 사용할 때는 다음과 같은 점에 주의하면 좋습니다.

효과 통일
전환 효과를 너무 많이 사용하면 산만해 보일 수 있습니다. 통일성 있게 1~2가지 효과만 사용하는 것이 좋습니다.

전환 속도 조절
전환 속도를 적절히 조절하세요. 너무 느리면 지루해질 수 있습니다.

결과 점검
슬라이드 미리 보기를 사용하여 적용된 효과를 점검합니다.

자동 전환과 클릭 전환
자동 전환과 클릭 전환을 구분하여 사용합니다. 동영상처럼 흘러가는 발표에는 자동 전환이 적합합니다.

다음은 발표에 무난하게 사용하기 좋은 전환 효과입니다.

밝기 변화/나타내기
현재 슬라이드가 서서히 사라지면서 다음 슬라이드가 나타납니다.

밀어내기
슬라이드가 한 방향으로 밀리면서 전환됩니다.

닦아내기
현재 슬라이드에서 다음 슬라이드로 닦아내듯 전환됩니다.

화면 전환 효과 제어하기

1 슬라이드 전체에 동일한 화면 전환 효과를 적용할 수 있습니다. ❶ [전환] 탭의 [슬라이드 화면 전환] 그룹에서 ❷ [자세히]를 클릭하여 ❸ [밀어내기]를 선택합니다. ❹ [타이밍] 그룹에서 [모두 적용]을 클릭합니다.

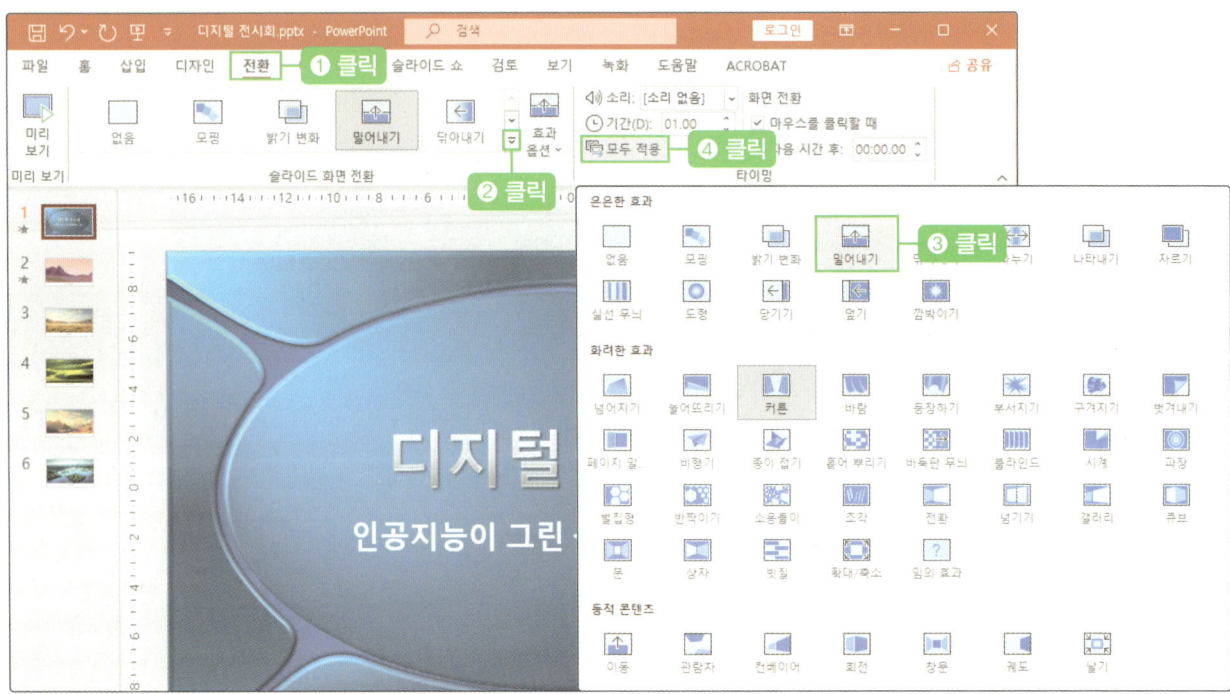

2 화면 전환 효과를 슬라이드 쇼로 확인합니다. ❶ [슬라이드 쇼] 탭의 [슬라이드 쇼 시작] 그룹에서 ❷ [처음부터]를 클릭합니다. Enter 키를 누르거나 마우스를 클릭하여 슬라이드를 전환합니다.

> **참고하세요**
> [화면 전환] 효과나 [타이밍]을 모든 슬라이드에 적용할 때는 임의의 슬라이드가 선택되어 있어도 됩니다. 특정 슬라이드에만 적용할 때는 해당 슬라이드가 선택되어 있어야 합니다.

3 화면 전환 효과의 시간을 설정할 수 있습니다. ❶ [전환] 탭의 [타이밍] 그룹에서 ❷ [기간]을 [2초]로 설정한 후 ❸ [모두 적용]을 클릭합니다.

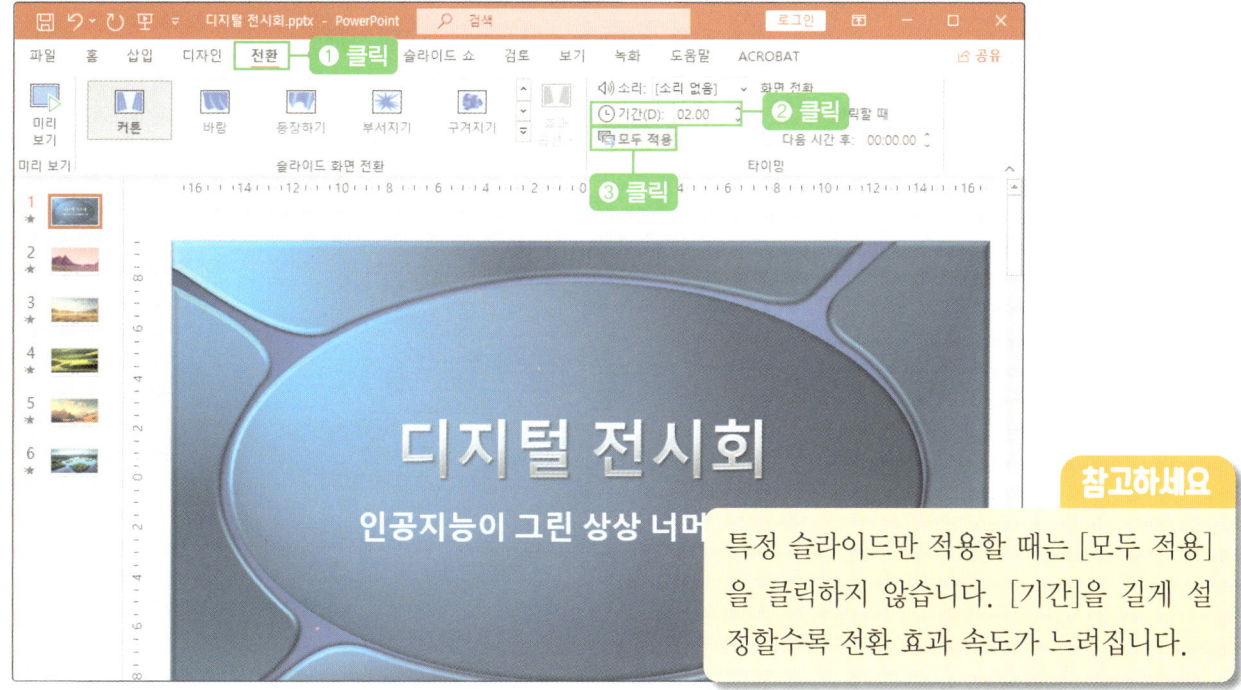

참고하세요
특정 슬라이드만 적용할 때는 [모두 적용]을 클릭하지 않습니다. [기간]을 길게 설정할수록 전환 효과 속도가 느려집니다.

4 일정 시간이 지나면 자동으로 슬라이드 화면이 전환되게 설정할 수 있습니다. ❶ [전환] 탭의 [타이밍] 그룹에서 ❷ [다음 시간 후]를 [3초]로 설정합니다. 모든 슬라이드에 적용하려면 ❸ [모두 적용]을 클릭합니다.

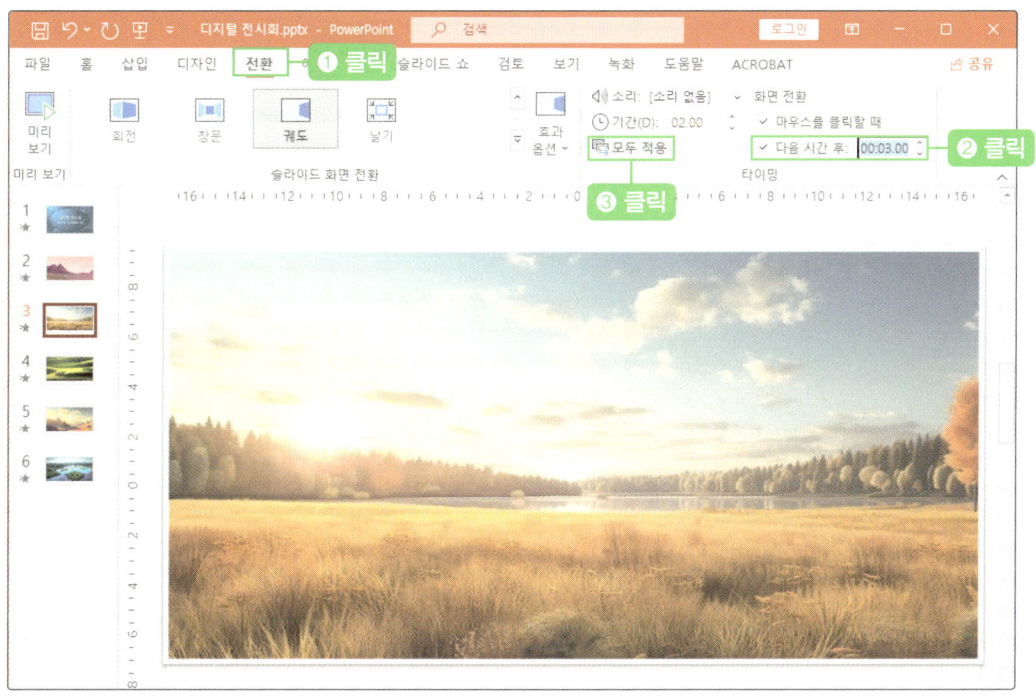

5 슬라이드 쇼를 실행하여 화면 전환을 확인합니다. ① [슬라이드 쇼] 탭의 [슬라이드 쇼 시작] 그룹에서 ② [처음부터]를 클릭합니다. [3초]가 지나면 자동으로 슬라이드가 전환됩니다.

6 화면 전환 시간을 사용하지 않으려면 ① [전환] 탭의 [타이밍] 그룹에서 ② [다음 시간 후]의 체크를 해제합니다.

참고하세요

또 다른 방법으로는 [슬라이드 쇼] 탭의 [설정] 그룹에서 [시간 사용]의 체크를 해제합니다.

도전! 혼자 풀어 보세요!

① '기분 맞춤 신발.pptx' 파일을 불러온 후 첫 번째 슬라이드에 다음과 같은 전환 효과를 적용해 보세요.

그림 [상자] 화면 전환 효과를 설정하고, 효과 옵션을 [위에서]로 설정하세요.

② ①번 문서의 두 번째 슬라이드에 다음과 같은 전환 효과를 적용해 보세요.

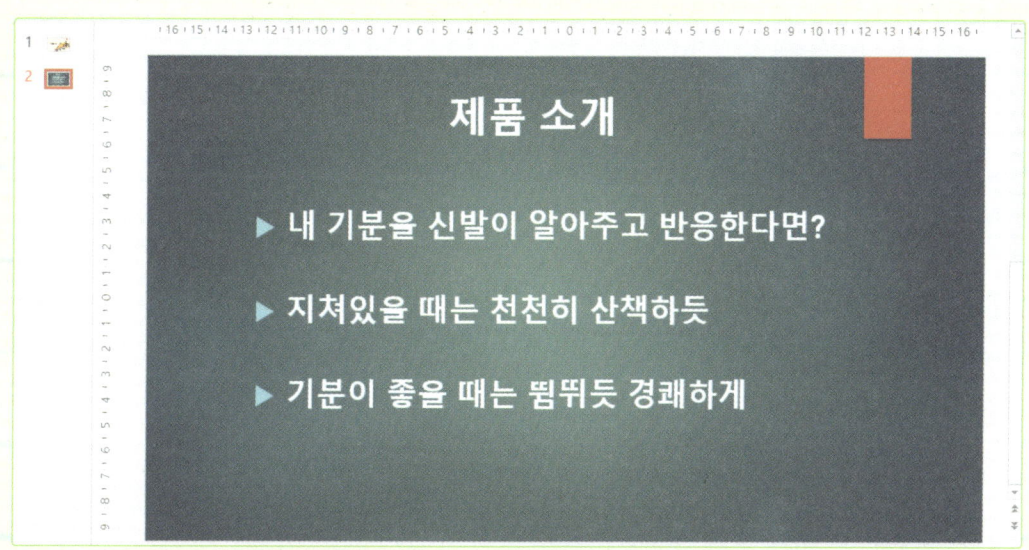

[밀어내기] 화면 전환 효과, 효과 옵션을 [아래에서]로 모든 슬라이드에 설정하세요.
[기간]은 [2초]로 설정하세요.

슬라이드 마스터

여러 슬라이드에 공통되는 텍스트, 그림, 도형 등을 미리 작성하여 서식을 관리할 수 있습니다. 마스터 기능을 사용하면 슬라이드 디자인을 통일감 있게 유지할 수 있으며 슬라이드 수정 시간을 단축할 수 있습니다.

▶▶ 슬라이드 마스터를 적용하는 방법을 알아봅니다.
▶▶ 특정 슬라이드만 마스터를 적용하는 방법을 알아봅니다.
▶▶ 슬라이드 마스트를 활용하는 방법과 수정하는 방법을 알아봅니다.

배울 내용 미리 보기

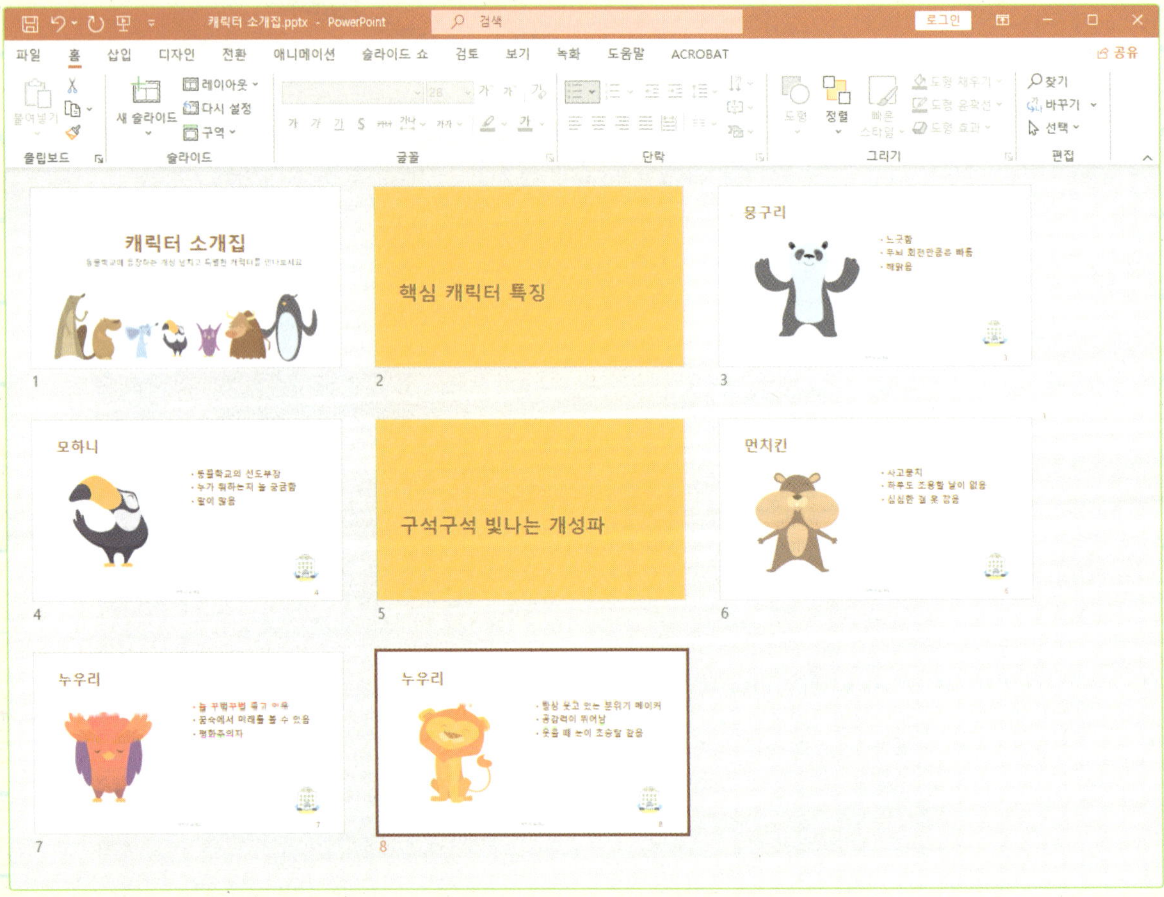

▲ 파일명 캐릭터 소개집.pptx

1 슬라이드 마스터 적용하기

1 [새 프레젠테이션]을 실행한 후 모든 슬라이드에 동일한 서식을 넣기 위해 ❶ [보기] 탭의 [마스터 보기] 그룹에서 ❷ [슬라이드 마스터]를 클릭합니다.

2 [슬라이드 마스터] 탭이 열립니다. 왼쪽의 마스터 미리보기 창에서 ❶ [Office 테마 슬라이드 마스터]를 선택합니다.

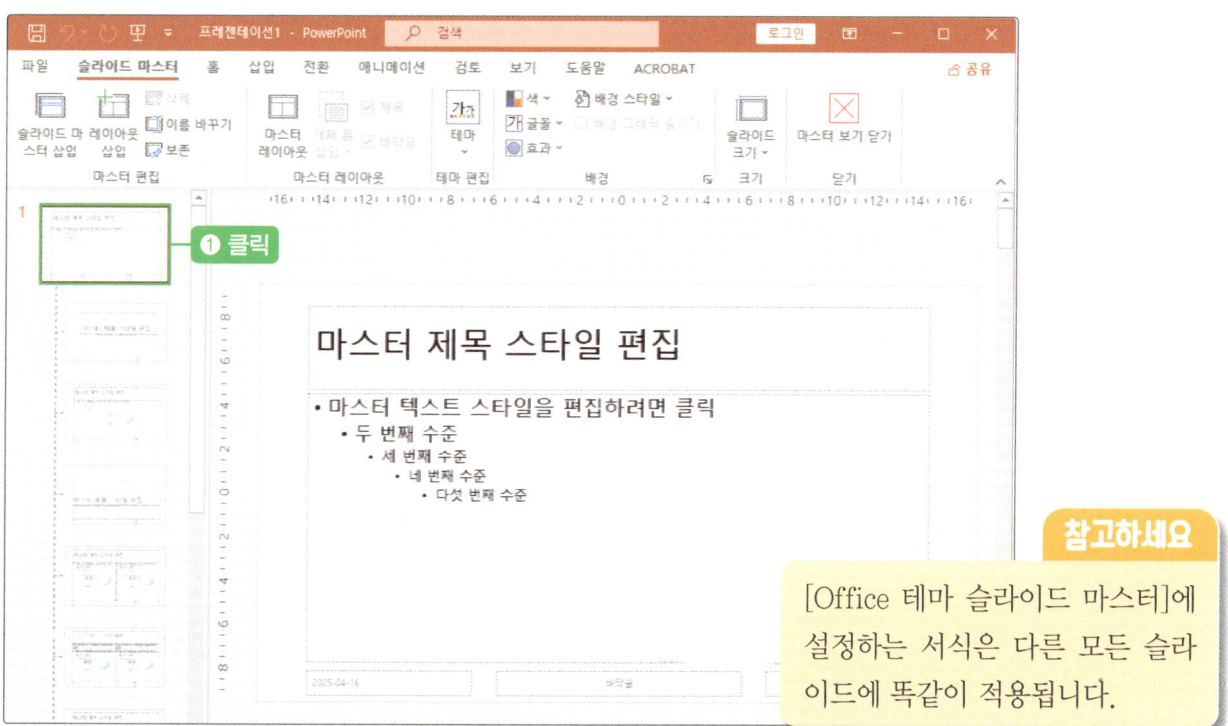

> **참고하세요**
> [Office 테마 슬라이드 마스터]에 설정하는 서식은 다른 모든 슬라이드에 똑같이 적용됩니다.

3 제목 서식을 바꾸기 위해 ① [제목] 텍스트 상자를 선택한 후 ② [홈] 탭의 [글꼴] 그룹에서 ③ [글꼴], [글꼴 크기], [글꼴 색]을 다음과 같이 변경하고 [굵게]를 설정합니다. 하위에 있는 모든 슬라이드의 제목 서식이 동일하게 적용됩니다.

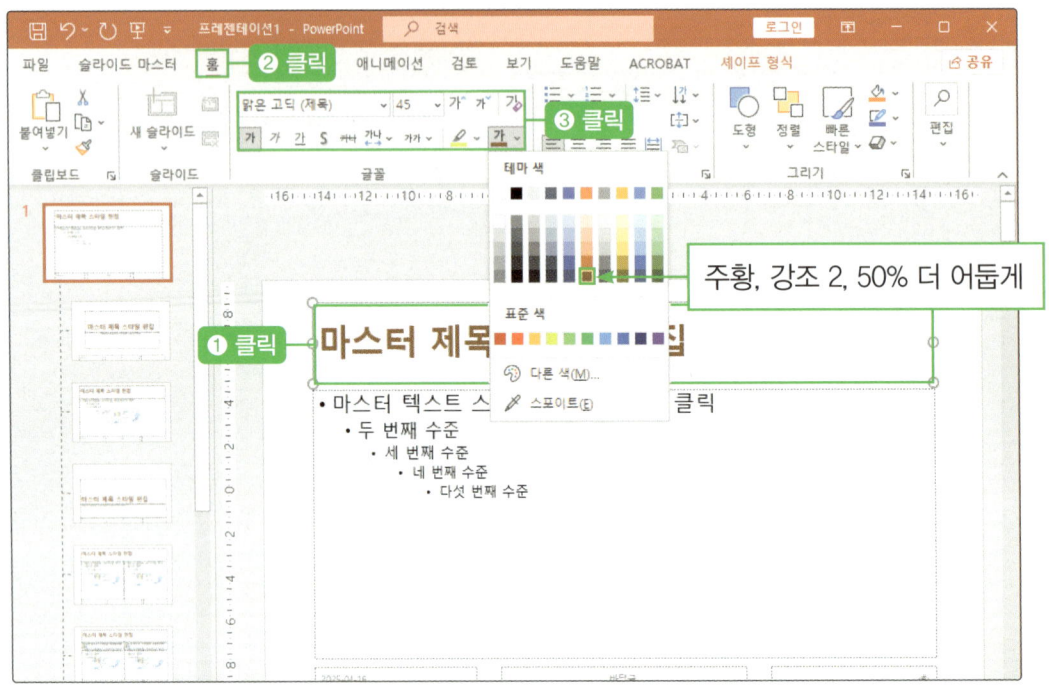

4 ① [콘텐츠 2개 레이아웃]을 선택한 후 ② 오른쪽 텍스트 상자의 첫 번째 줄을 드래그하여 영역을 설정합니다. ③ [홈] 탭의 [글꼴] 그룹에서 ④ [굵게]를 설정하고 ⑤ [글꼴 색]을 다음과 같이 변경합니다. [단락] 그룹의 ⑥ [줄 간격]에서 ⑦ [줄 간격: 1.5]를 설정합니다.

5 모든 슬라이드에 같은 그림을 넣기 위해 ① [Office 테마 슬라이드 마스터]가 선택된 상태에서 ② [삽입] 탭의 [이미지] 그룹에서 ③ [그림]을 클릭한 후 ④ [이 디바이스]를 선택합니다. [그림 삽입] 대화상자가 열리면 ⑤ 그림을 선택한 후 ⑥ [삽입]을 클릭합니다. ⑦ 크기를 조절하여 오른쪽 위에 배치합니다. 모든 슬라이드에 그림이 적용됩니다.

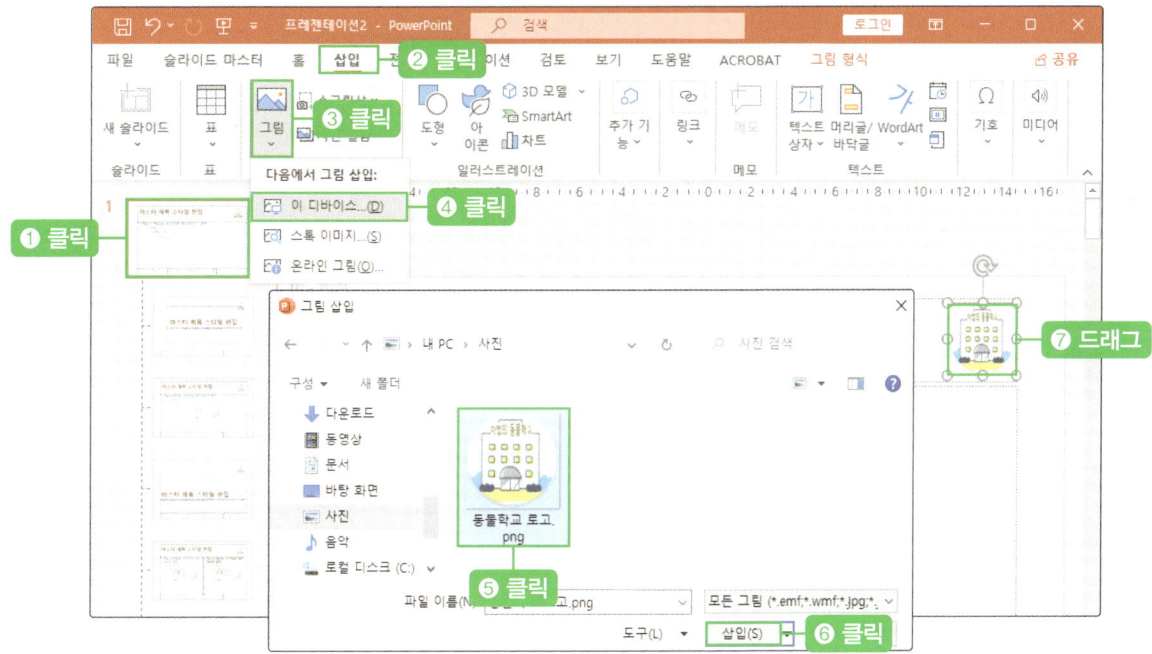

6 슬라이드 번호를 편집하기 위해 오른쪽 아래의 ① [〈#〉]을 선택한 후 ② [홈] 탭의 [글꼴] 그룹에서 ③ 다음과 같이 설정합니다.

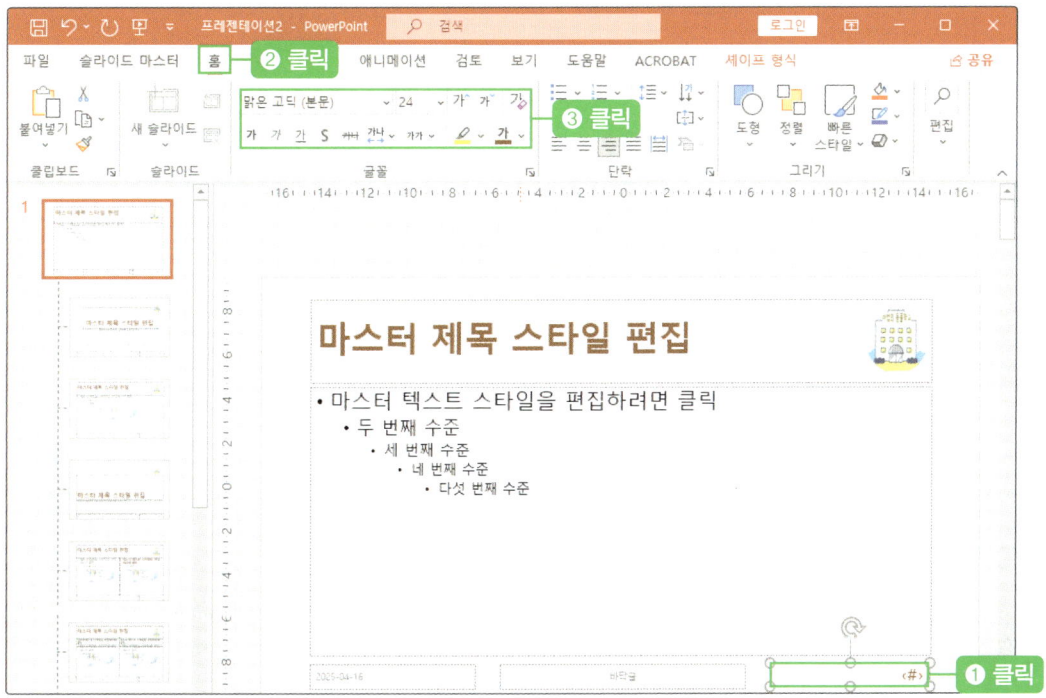

특정 슬라이드에만 마스터 적용하기

1 특정 슬라이드를 편집하기 위해 ❶ [Office 테마 슬라이드 마스터] 아래에 있는 [제목 슬라이드 레이아웃]을 선택한 후 ❷ [슬라이드 마스터] 탭의 [배경] 그룹에서 ❸ [배경 그래픽 숨기기]를 체크합니다. [제목 슬라이드 레이아웃]에서만 그림이 삭제됩니다.

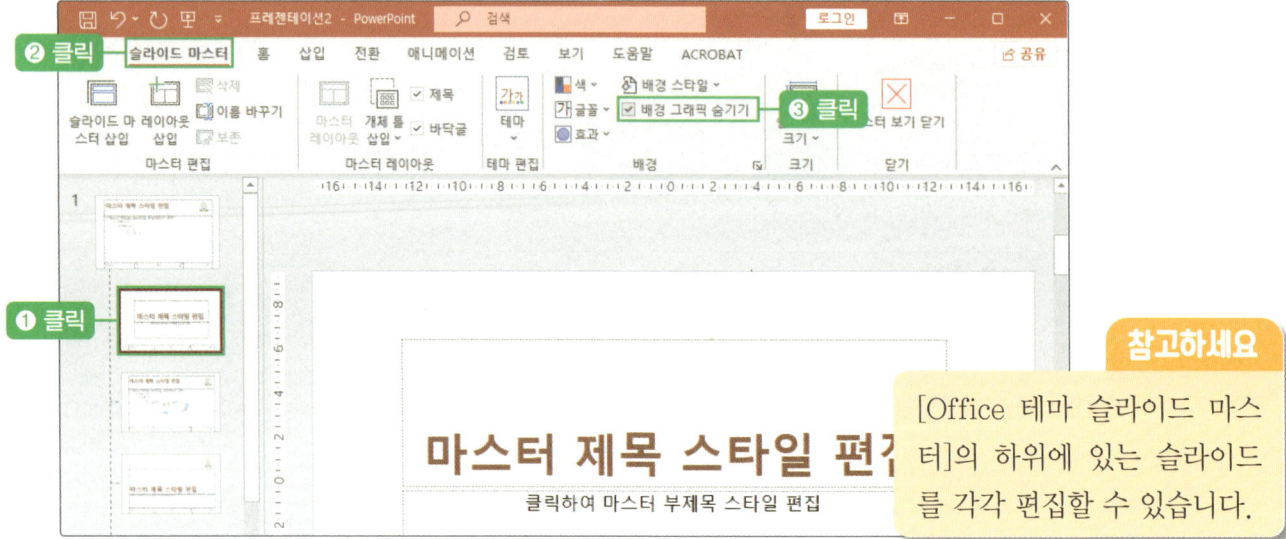

> **참고하세요**
> [Office 테마 슬라이드 마스터]의 하위에 있는 슬라이드를 각각 편집할 수 있습니다.

2 중간 표지를 만들기 위해 ❶ [구역 머리글 레이아웃] 슬라이드를 선택한 후 ❷ [슬라이드 마스터] 탭의 [배경] 그룹에서 ❸ [배경 서식] 단추를 클릭합니다. ❹ [배경 서식] 창에서 [배경 그래픽 숨기기]를 체크하여 그림을 삭제합니다. ❺ [배경색]을 다음과 같이 선택하고 ❻ [슬라이드] 하단의 [날짜, 바닥글, 페이지 번호]는 Delete 키를 눌러 삭제합니다.

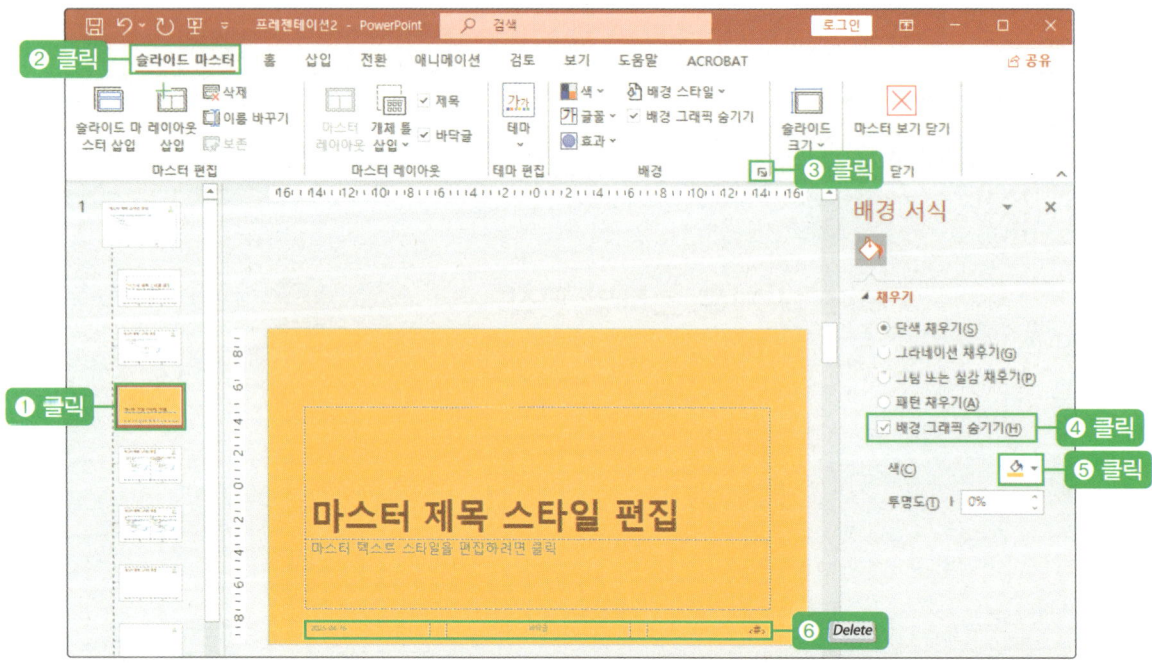

3 전체 슬라이드 마스터 설정과 개별 슬라이드 마스터 설정이 끝나면 ❶ [슬라이드 마스터] 탭의 [닫기] 그룹에서 ❷ [마스터 보기 닫기]를 클릭합니다.

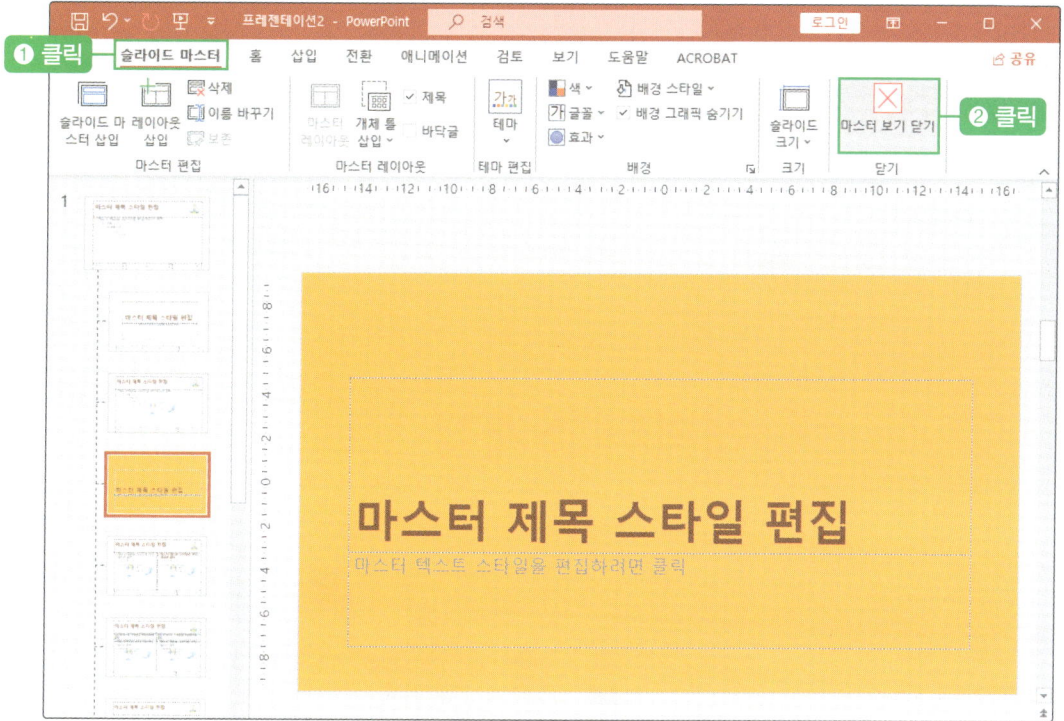

4 제목 슬라이드에 텍스트를 입력하고 그림을 삽입하여 다음과 같이 작성합니다.

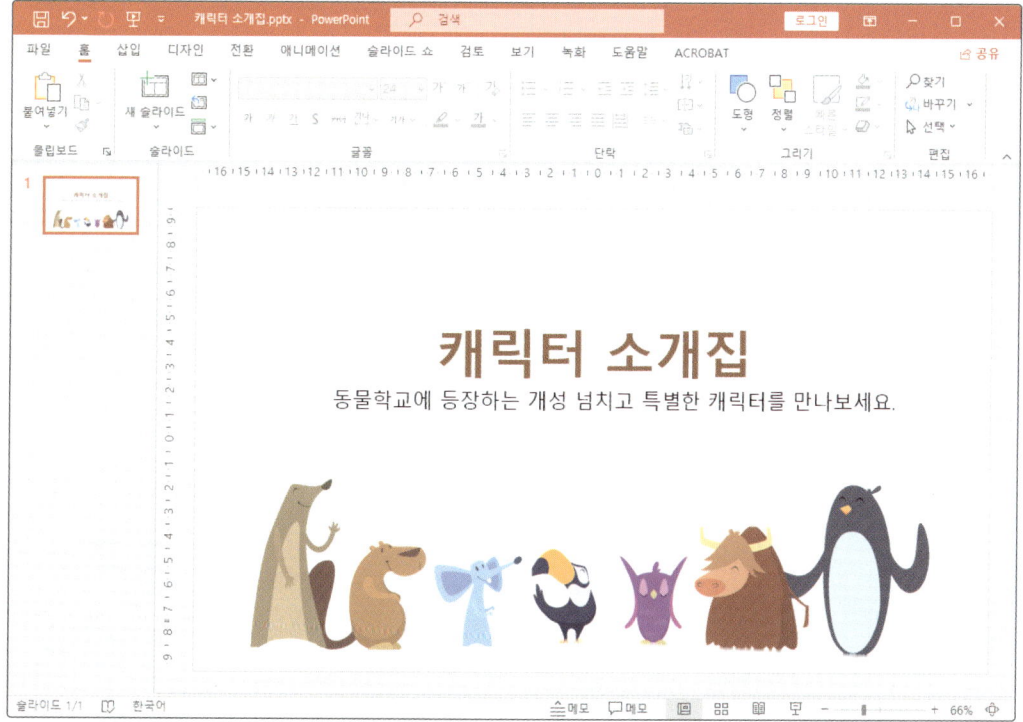

3 슬라이드 마스터 활용하기

1 ① [홈] 탭의 [슬라이드] 그룹에서 ② [새 슬라이드]의 목록을 클릭합니다. 슬라이드 마스터에서 적용한 대로 레이아웃이 설정되어 있습니다. ③ [구역 머리글]을 삽입합니다.

2 ① 다음과 같이 제목을 입력합니다. 슬라이드 마스터에서 글꼴, 크기, 색 등을 미리 설정하였으므로 입력만 하면 됩니다.

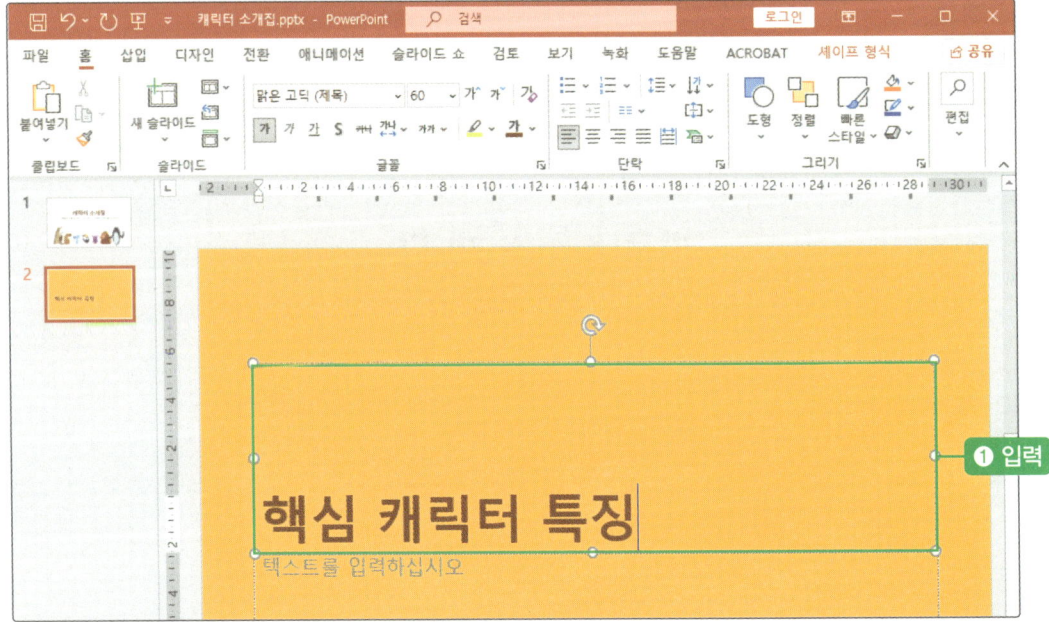

3. [홈] 탭의 [슬라이드] 그룹에서 [새 슬라이드]의 목록을 클릭한 후 [콘텐츠 2개] 슬라이드를 삽입합니다. ❶ [삽입] 탭의 [이미지] 그룹에서 ❷ [그림] – [이 디바이스]를 클릭한 후 [그림 삽입] 대화상자가 열리면 ❸ 그림을 선택하여 삽입하고 텍스트를 입력합니다.

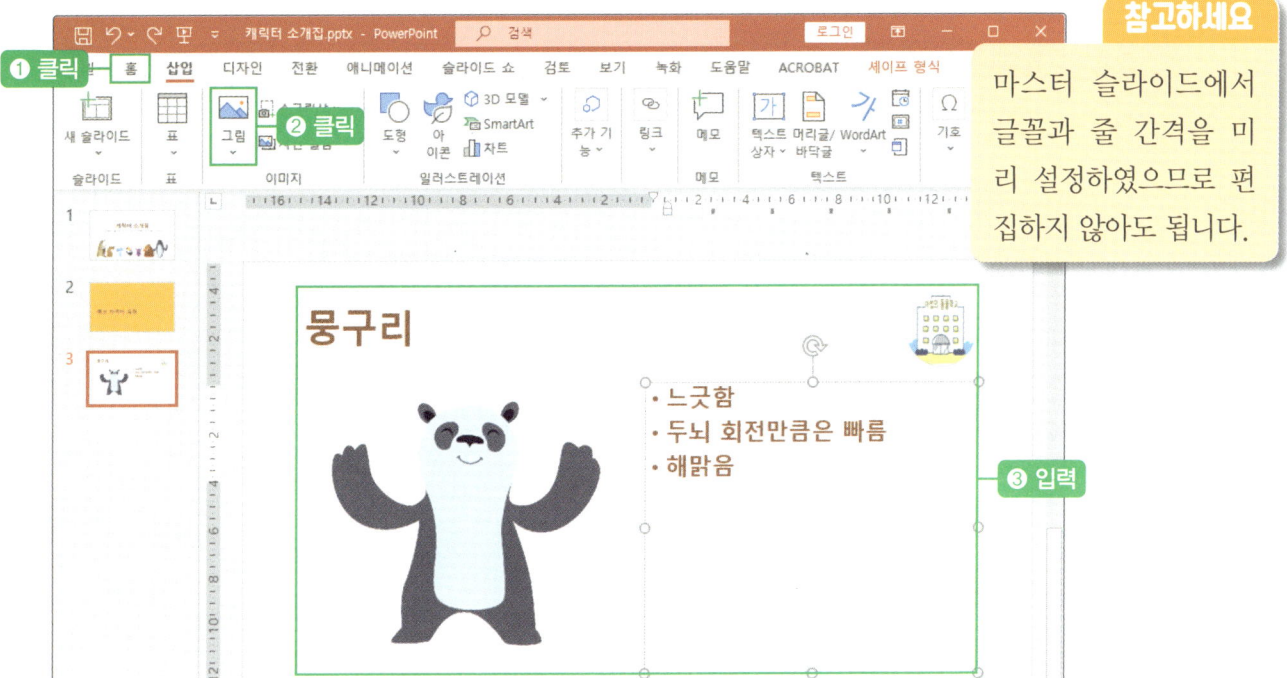

참고하세요
마스터 슬라이드에서 글꼴과 줄 간격을 미리 설정하였으므로 편집하지 않아도 됩니다.

4. 슬라이드에 바닥글과 슬라이드 번호를 삽입하기 위해 ❶ [삽입] 탭의 [텍스트] 그룹에서 ❷ [머리글/바닥글]을 선택합니다. [머리글/바닥글] 대화상자가 열리면 ❸ [슬라이드 번호], [바닥글], [제목 슬라이드에는 표시 안 함]에 체크하고 [바닥글]을 입력한 뒤 ❹ [모두 적용]을 누릅니다.

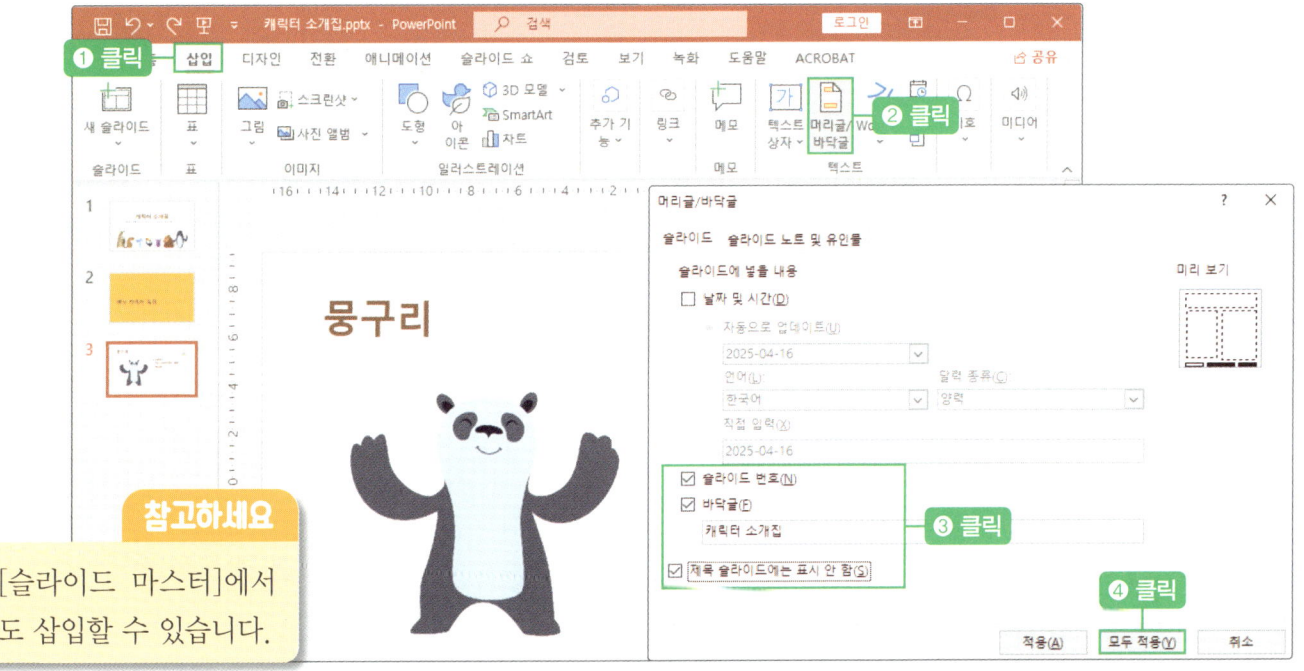

참고하세요
[슬라이드 마스터]에서도 삽입할 수 있습니다.

슬라이드 마스터 수정하기

1 슬라이드 마스터를 수정하기 위해 ❶ [보기] 탭의 [마스터 보기] 그룹에서 ❷ [슬라이드 마스터]를 클릭합니다.

2 ❶ [Office 테마 슬라이드 마스터]를 선택한 후 ❷ 그림을 오른쪽 아래로 이동합니다. ❸ [슬라이드 마스터] 탭의 [닫기] 그룹에서 ❹ [마스터 보기 닫기]를 클릭합니다. 전체 슬라이드의 그림의 위치가 변경됩니다.

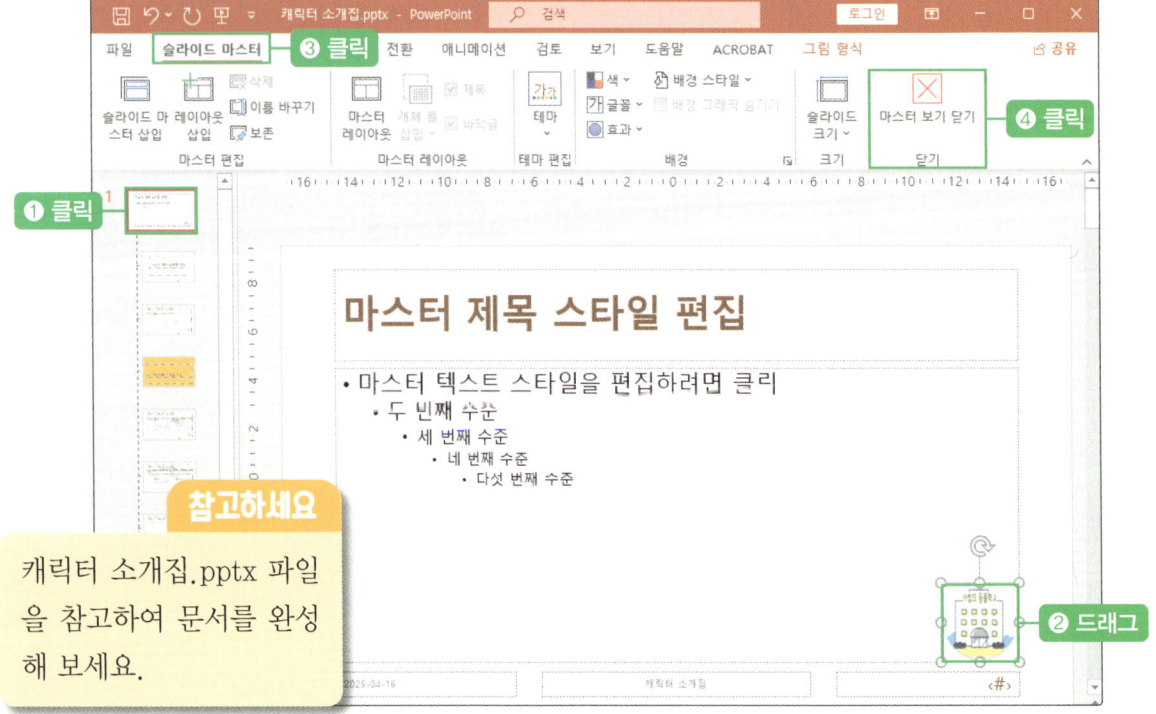

> **참고하세요**
> 캐릭터 소개집.pptx 파일을 참고하여 문서를 완성해 보세요.

도전! 혼자 풀어 보세요!

1 슬라이드 마스터를 이용하여 다음 슬라이드를 작성해 보세요.

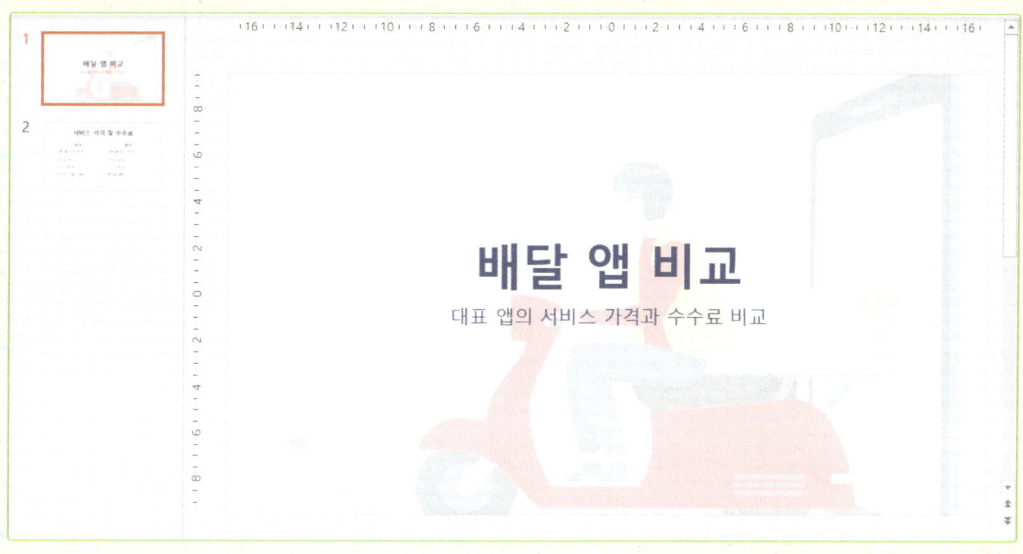

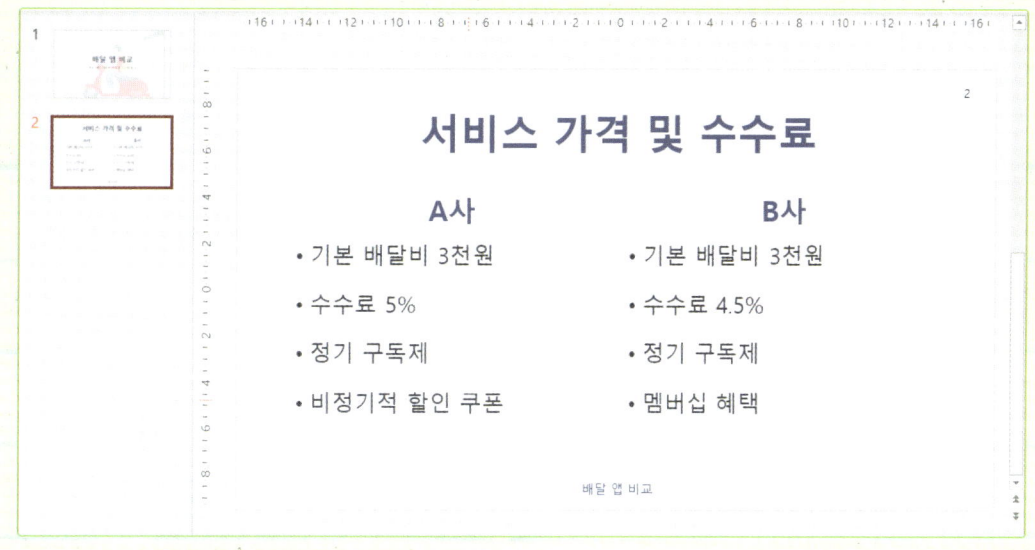

제목 슬라이드에는 슬라이드 번호는 보이지 않게 설정하세요.
슬라이드 번호는 오른쪽 위로 배치하고 바닥글에는 "배달 앱 비교"를 입력하세요.
내용은 [비교] 슬라이드 레이아웃을 사용하여 작성하세요.
그림은 투명도를 [80%]로 낮춰 배경으로 설정하세요.

프레젠테이션 연습하기

프레젠테이션에서 가장 중요한 것은 연습입니다. 시나리오를 작성하고 충분한 예행 연습을 거쳐 프레젠테이션을 하는 것이 좋습니다.

▶▶ 슬라이드 노트 작성 방법을 알아봅니다.
▶▶ 슬라이드 쇼를 시작하는 방법을 알아봅니다.
▶▶ 발표자 도구 사용 방법을 알아봅니다.

배울 내용 미리 보기

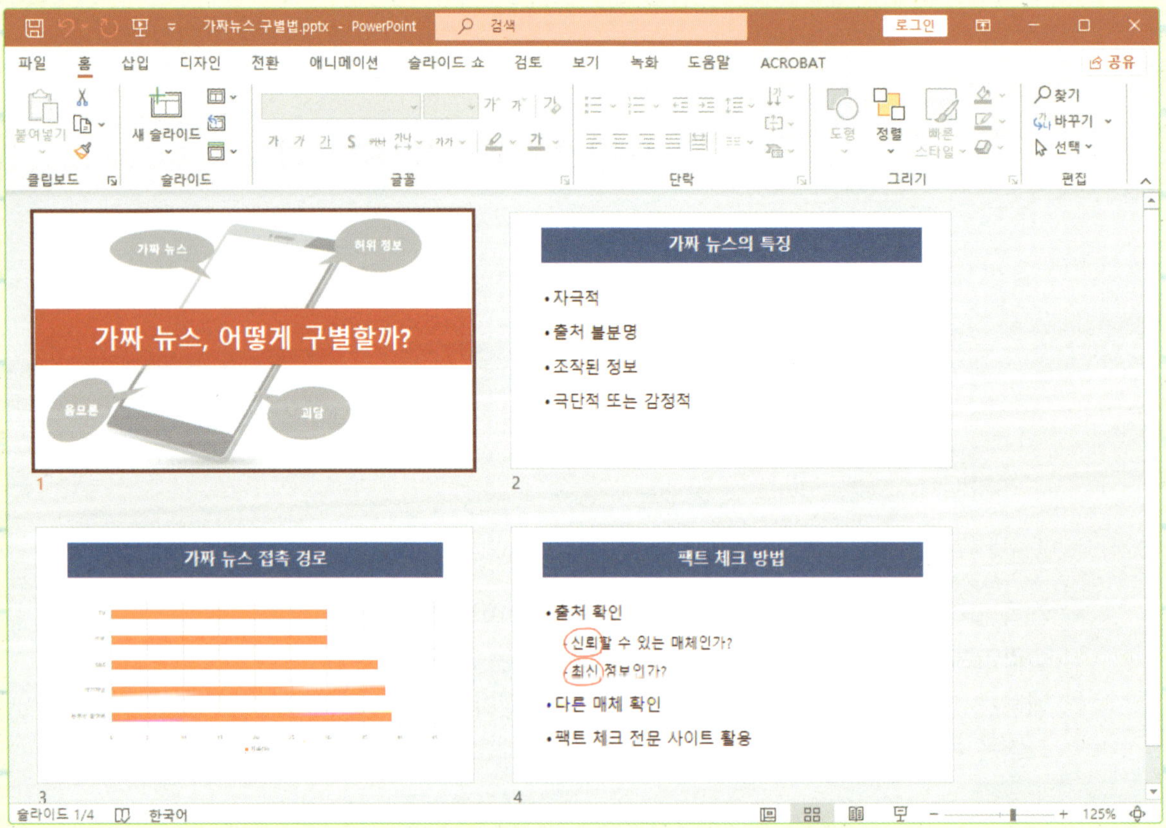

▲ 파일명 가짜뉴스 구별법 완성.pptx

1 슬라이드 노트 작성하기

1 '가짜뉴스 구별법.pptx' 파일을 엽니다. ❶ [보기] 탭의 [표시] 그룹에서 ❷ [슬라이드 노트]를 클릭합니다. 슬라이드 하단의 메모(≜)를 클릭해도 됩니다.

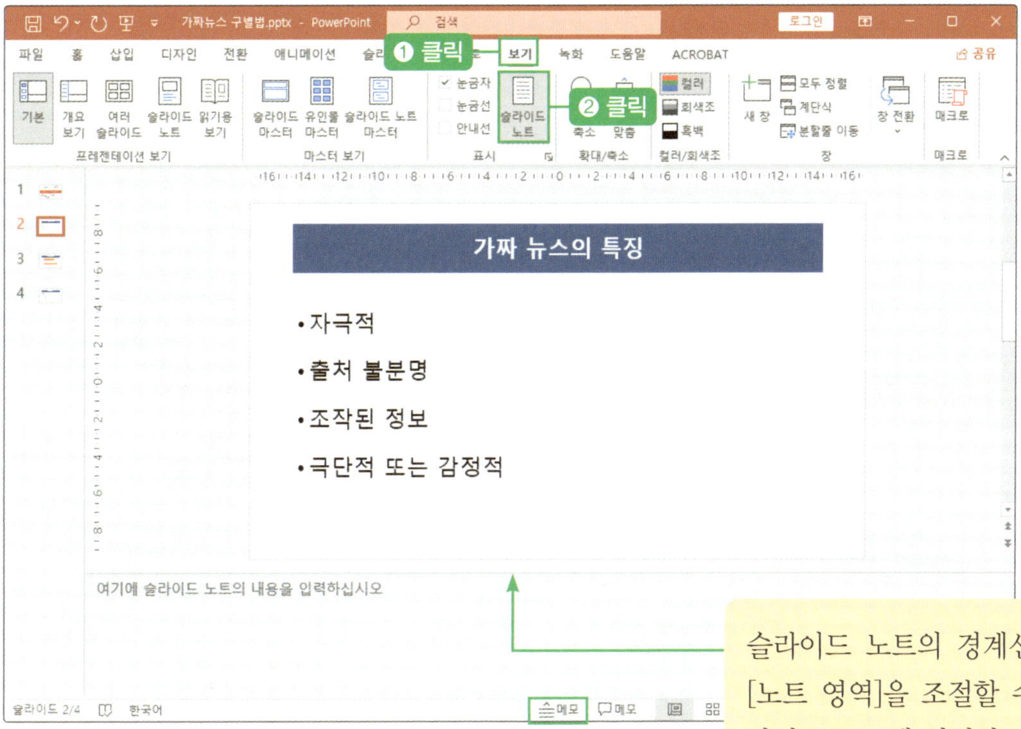

> **참고하세요**
> 슬라이드 노트의 경계선을 드래그하여 [노트 영역]을 조절할 수 있습니다. 슬라이드 노트에 입력한 내용은 발표자를 위한 참고 내용으로 슬라이드 쇼를 할 때 청중에게는 보이지 않습니다.

2 슬라이드 노트 영역에 다음과 같이 입력합니다.

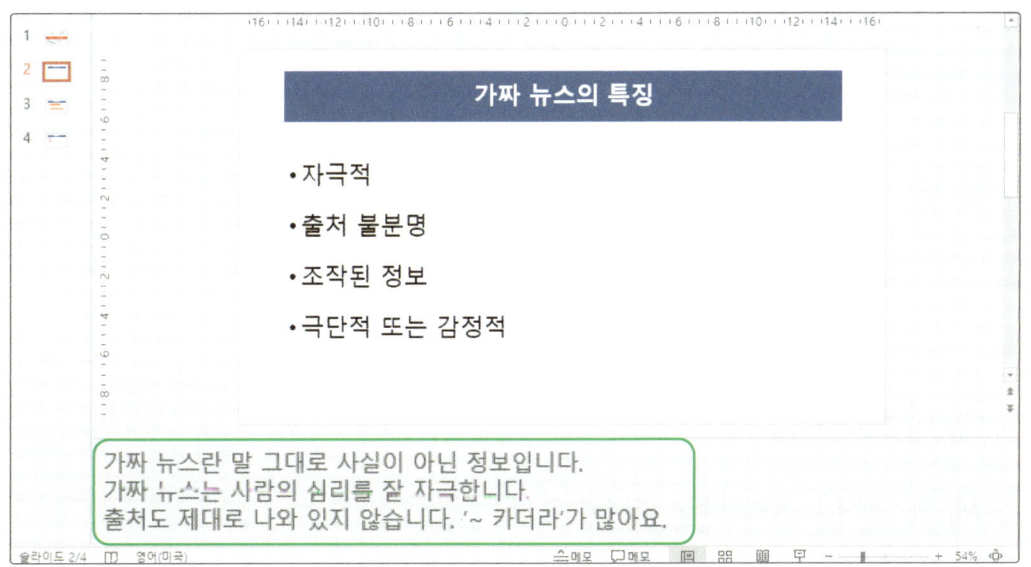

2 슬라이드 쇼 시작하기

1 슬라이드 쇼를 시작하려면 ❶ [슬라이드 쇼] 탭의 [슬라이드 쇼 시작] 그룹에서 ❷ [처음부터]를 클릭합니다.

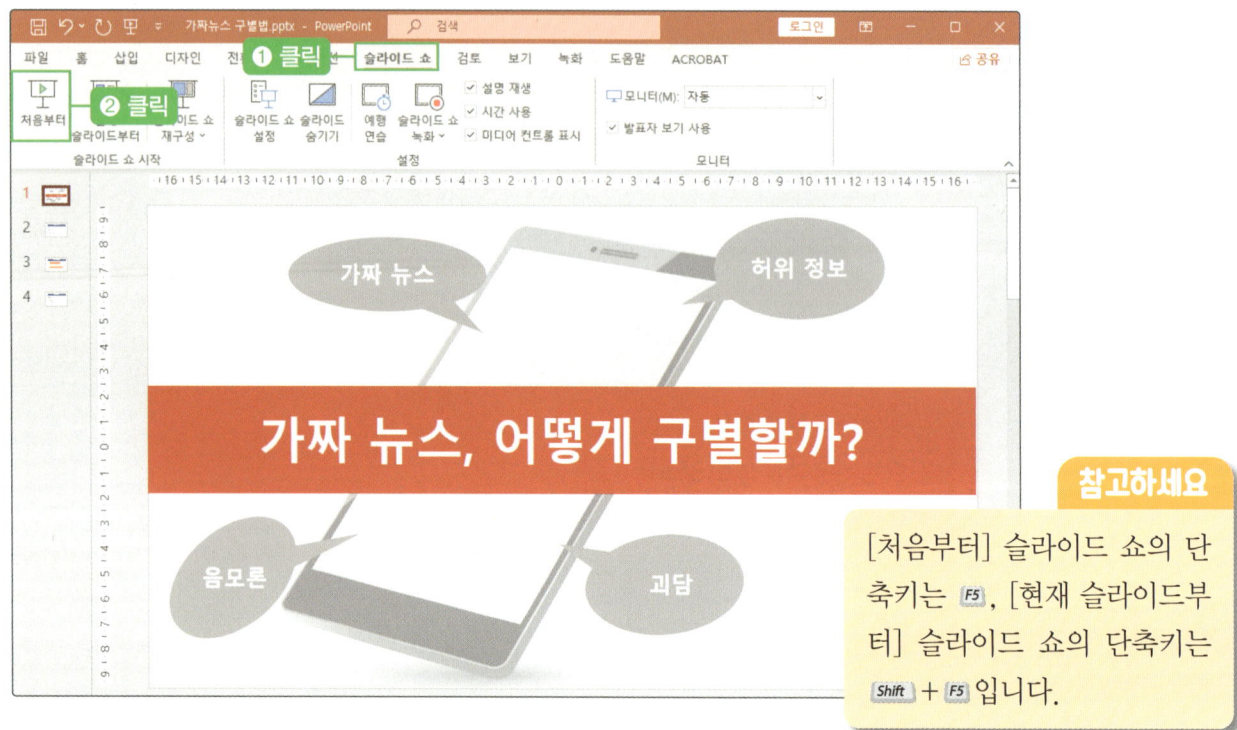

> **참고하세요**
> [처음부터] 슬라이드 쇼의 단축키는 F5, [현재 슬라이드부터] 슬라이드 쇼의 단축키는 Shift + F5 입니다.

2 첫 번째 슬라이드부터 슬라이드 쇼가 시작됩니다. 슬라이드 쇼를 진행하면서 강조할 부분은 펜으로 표시를 할 수 있습니다. ❶ 마우스 오른쪽 단추를 누른 후 [포인터 옵션]을 클릭한 후 ❷ [펜]을 선택합니다.

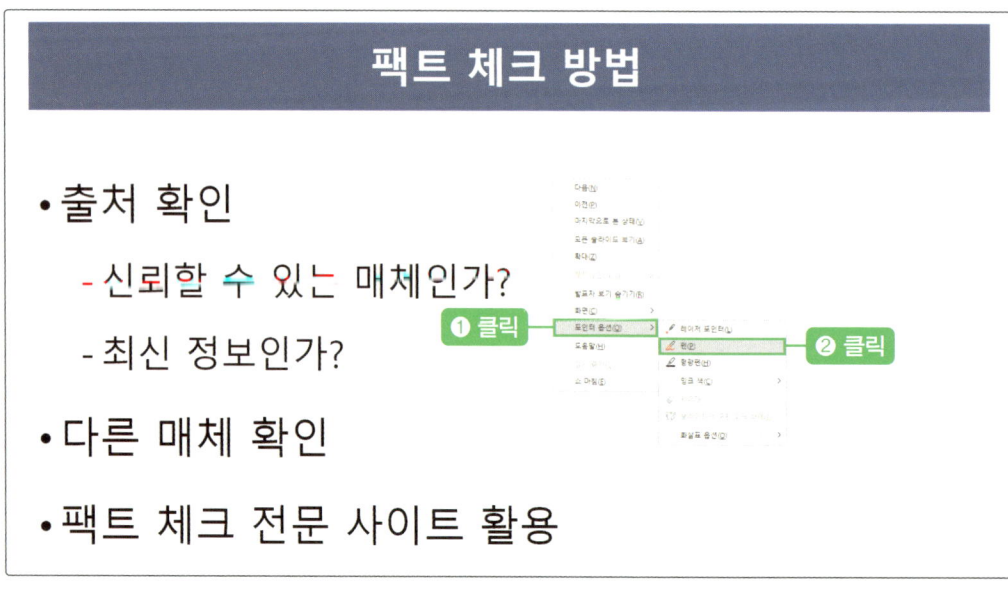

3 중요한 부분을 표시합니다.

팩트 체크 방법

- 출처 확인
  - 신뢰할 수 있는 매체인가?
  - 최신 정보인가?
- 다른 매체 확인
- 팩트 체크 전문 사이트 활용

4 슬라이드 쇼를 마치면 [잉크 주석을 유지하시겠습니까?] 라는 대화상자가 나타납니다. ❶ 표시한 부분을 남기려면 [예], 남기지 않으려면 [아니요]를 클릭합니다.

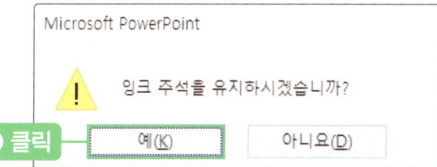

5 슬라이드에 [슬라이드 쇼]에서 표시했던 잉크 주석이 남아 있습니다.

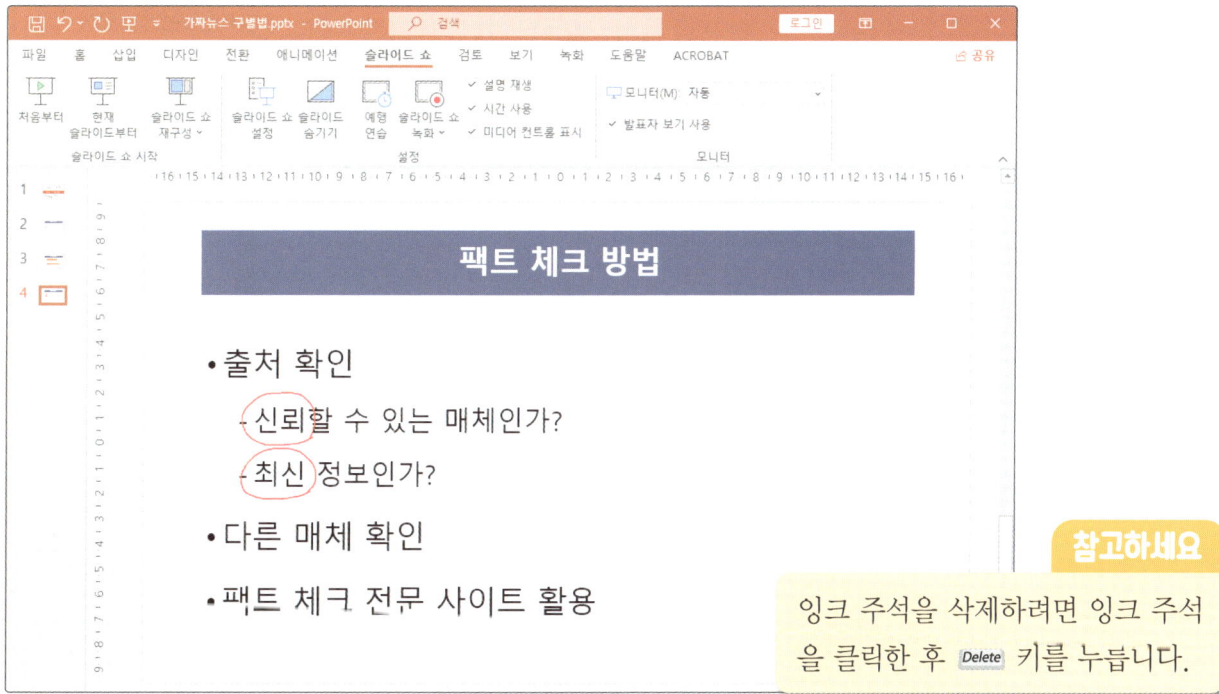

참고하세요
잉크 주석을 삭제하려면 잉크 주석을 클릭한 후 Delete 키를 누릅니다.

3 발표자 도구 사용하기

1 발표자 도구를 사용하면 청중은 슬라이드 쇼를 보고 발표자는 발표자 내용을 보는 화면으로 표시됩니다. ❶ [슬라이드 쇼] 탭의 [모니터] 그룹에서 ❷ [발표자 도구 사용]을 체크합니다.

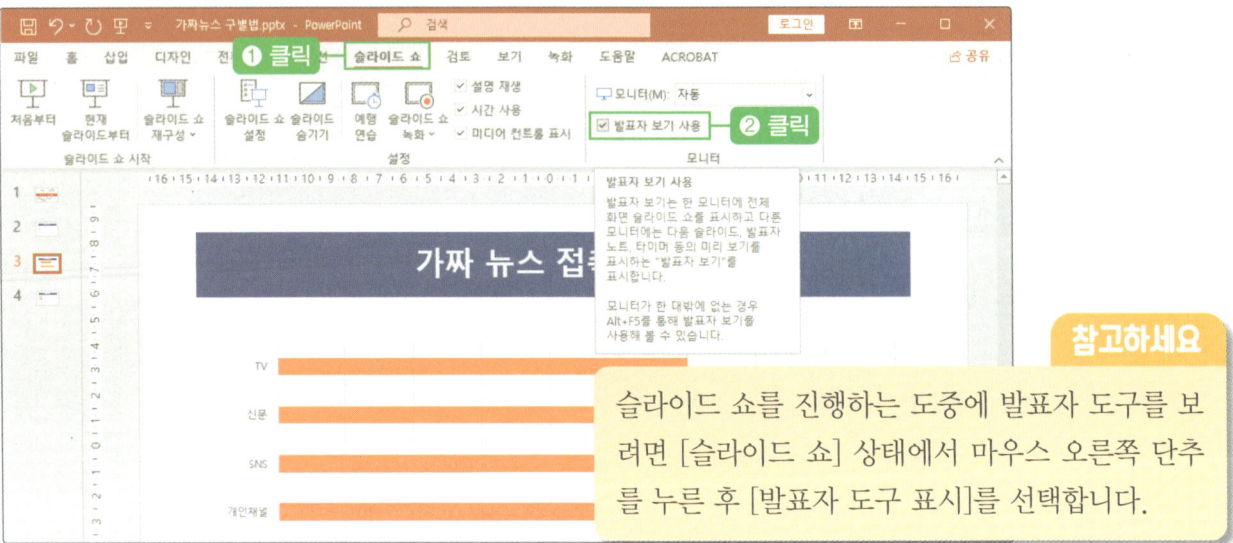

참고하세요

슬라이드 쇼를 진행하는 도중에 발표자 도구를 보려면 [슬라이드 쇼] 상태에서 마우스 오른쪽 단추를 누른 후 [발표자 도구 표시]를 선택합니다.

2 [슬라이드 쇼] 탭의 [슬라이드 쇼 시작] 그룹에서 [처음부터]를 클릭합니다. 발표자가 보는 화면과 청중이 보는 화면이 표시됩니다.

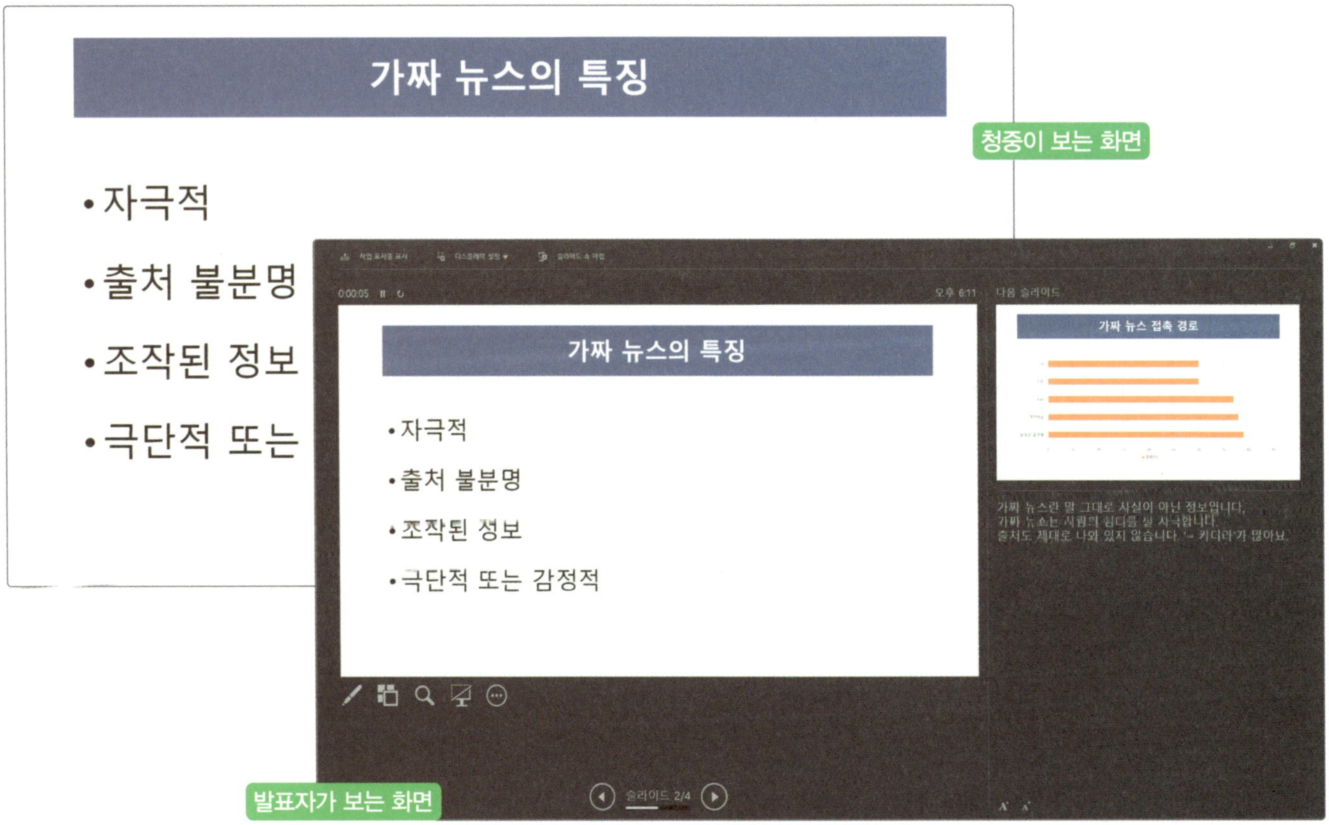

도전! 혼자 풀어 보세요!

1 '자전거 안전하게 타기.pptx' 파일을 불러온 후 슬라이드 노트를 입력해 보세요.

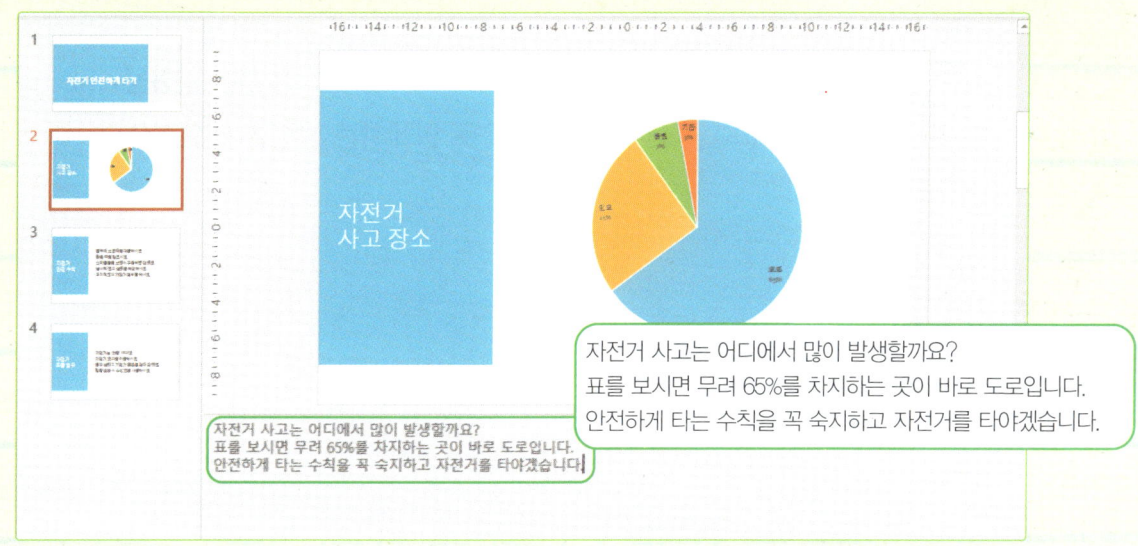

[차트 디자인]-[차트 레이아웃] 그룹에서 [빠른 레이아웃]-[레이아웃 1]을 선택하세요.

2 ①번 문서의 슬라이드 쇼를 실행하고, 펜으로 중요 부분을 표시해 보세요. 슬라이드 쇼를 한 후 발표자 도구를 실행해 보세요.

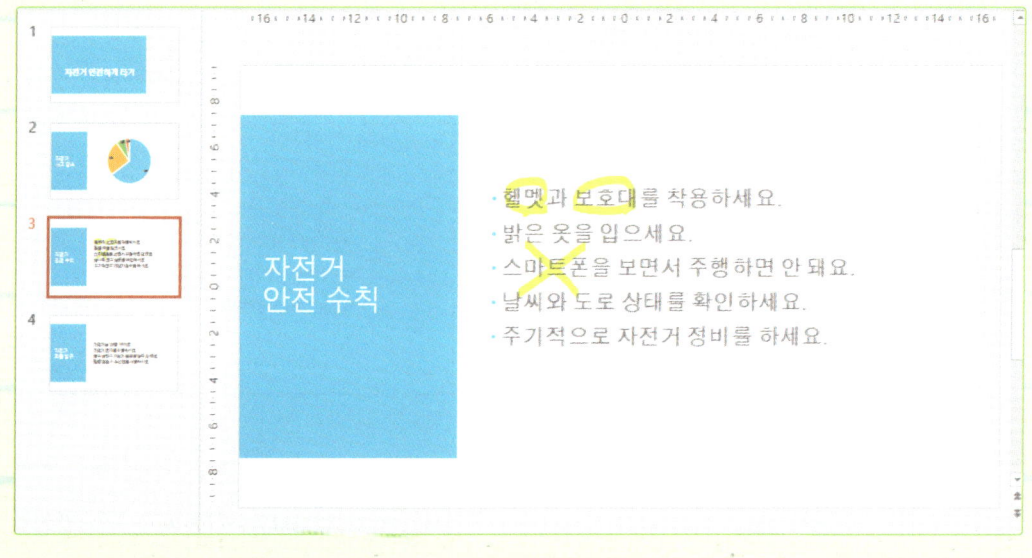

슬라이드 내보내기와 인쇄하기

작성한 슬라이드를 다양한 파일 형식으로 저장하고 공유할 수 있습니다. 인쇄 기능을 활용하면 청중이나 발표자의 필요에 맞게 유인물을 준비할 수 있습니다.

➤➤ 슬라이드를 다양한 파일 형식으로 저장하는 방법을 알아봅니다.
➤➤ 슬라이드를 여러 가지 모양으로 인쇄하는 방법을 알아봅니다.

배울 내용 미리 보기

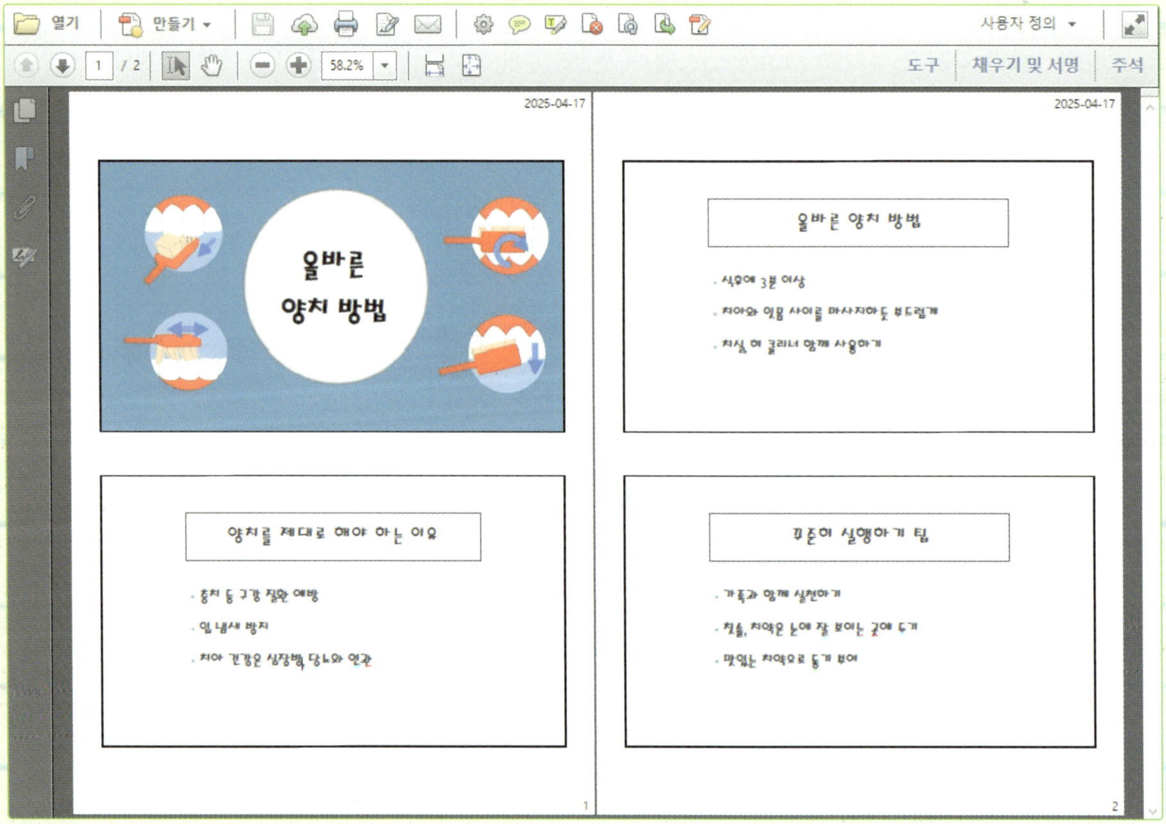

▲ 파일명 올바른 양치 방법.pptx

1 파일 내보내기

1 '올바른 양치 방법.pptx' 파일을 엽니다. 슬라이드를 PDF 형식으로 저장하기 위해 [파일] 탭의 ❶ [내보내기]를 선택한 후 ❷ [PDF/XPS 문서 만들기]에서 ❸ [PDF/XPS 만들기]를 클릭합니다.

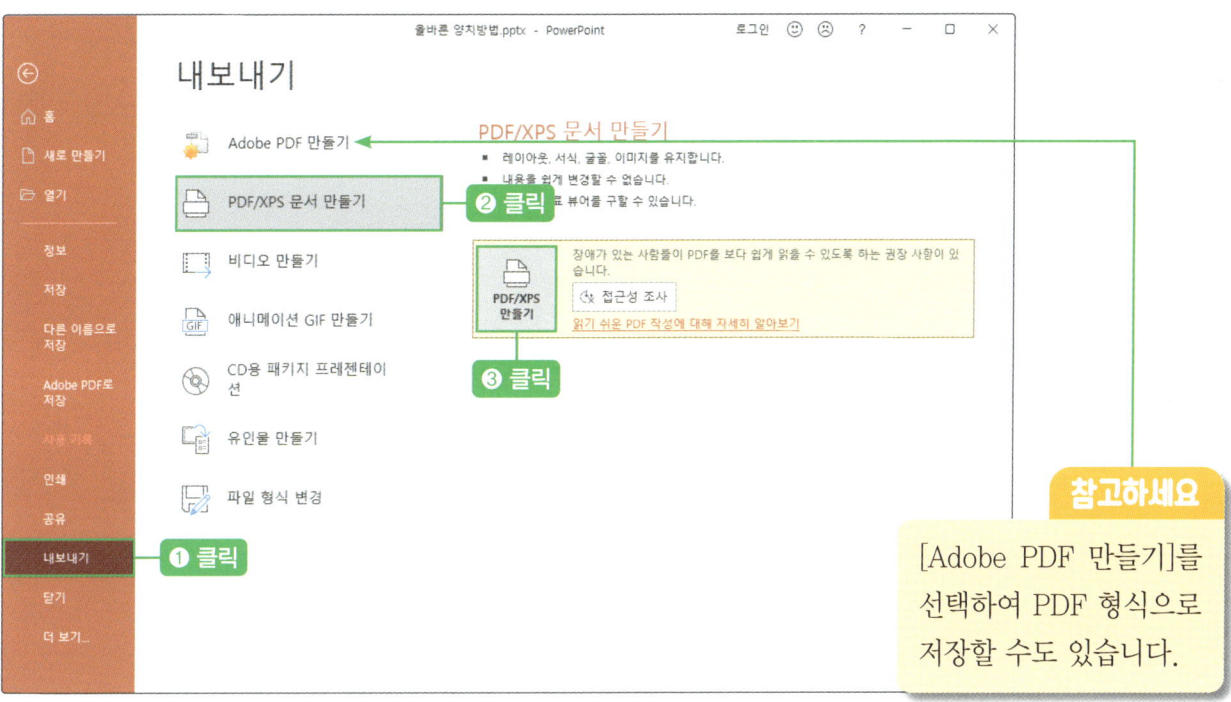

> **참고하세요**
> [Adobe PDF 만들기]를 선택하여 PDF 형식으로 저장할 수도 있습니다.

2 [PDF 또는 XPS로 게시] 대화상자가 열리면 ❶ [옵션]을 누릅니다.

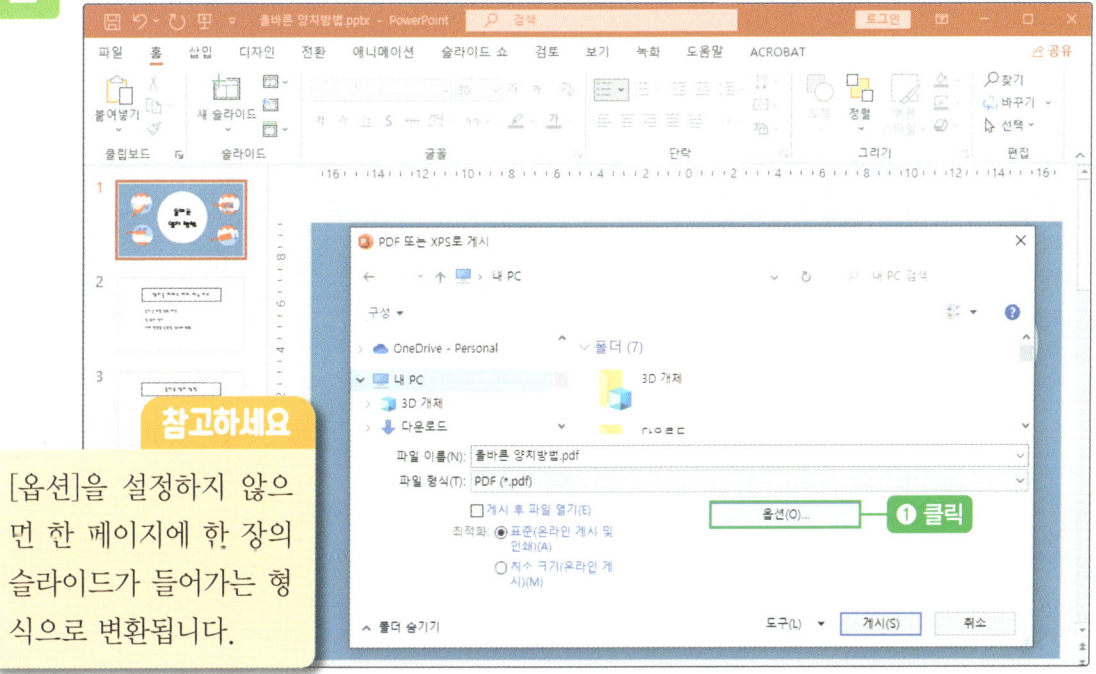

> **참고하세요**
> [옵션]을 설정하지 않으면 한 페이지에 한 장의 슬라이드가 들어가는 형식으로 변환됩니다.

3 [옵션] 대화상자가 열리면 [게시 대상]을 ❶ [유인물]로 선택하고, ❷ [슬라이드 테두리]를 체크합니다. ❸ [한 페이지에 넣을 슬라이드 수]를 [2]로 설정한 후 ❹ [확인]을 클릭합니다. ❺ 다시 [PDF 또는 XPS로 게시] 대화상자로 돌아오면 [게시]를 클릭합니다.

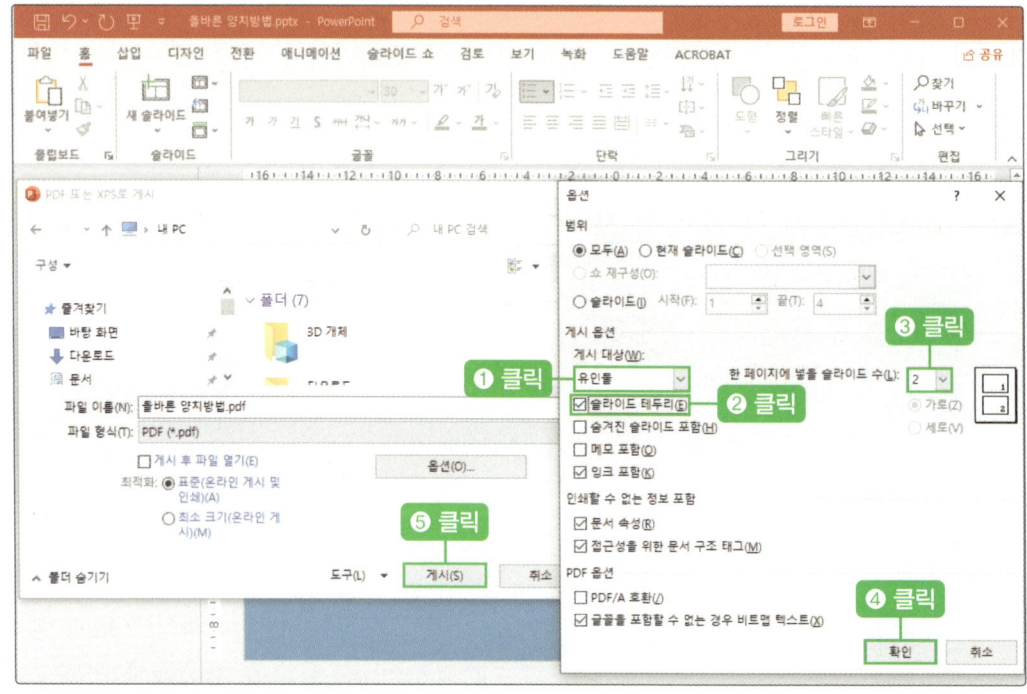

4 저장된 PDF 파일을 열어 봅니다. 한 페이지에 테두리가 있는 두 장의 슬라이드 형태로 게시되었습니다.

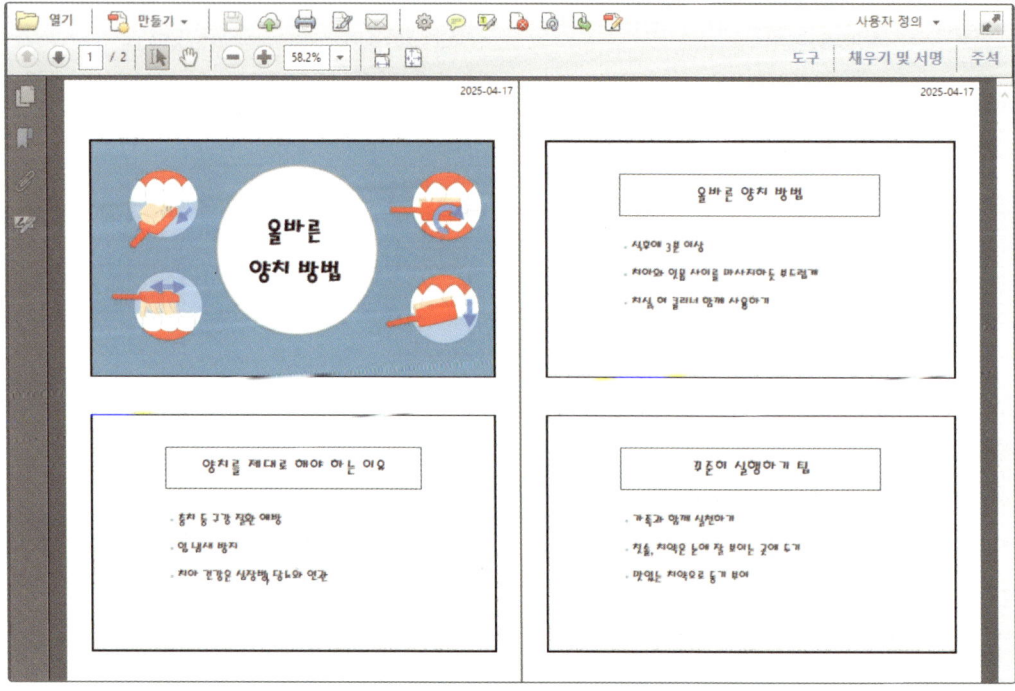

2 슬라이드 인쇄하기

1 [파일] 탭을 클릭한 후 ❶ [인쇄]를 선택합니다. ❷ [설정]의 [모든 슬라이드 인쇄]를 선택합니다.

2 ❶ [인쇄 모양]의 목록을 클릭하여 대화상자가 열리면 ❷ [유인물]의 [2슬라이드]를 선택합니다. ❸ [인쇄]를 클릭합니다.

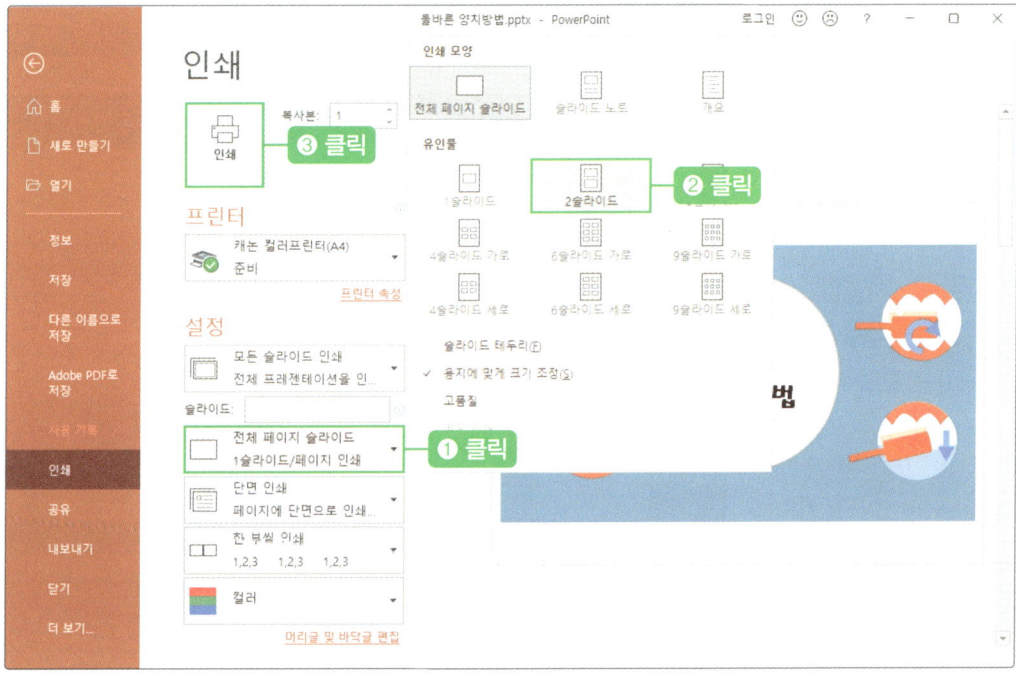

슬라이드 쇼 녹화하기

파워포인트 자체의 녹화 기능을 사용해 프레젠테이션을 녹화할 수 있습니다. 카메라와 마이크가 연결되어 있다면 발표 장면을 그대로 녹화하는 것이 가능합니다.

1. ❶ [녹화] 탭의 [녹화] 그룹에서 ❷ [슬라이드 쇼 녹화] 목록을 클릭한 후 ❸ [처음부터 녹화]를 선택하여 녹화를 시작합니다.

2. 슬라이드 쇼 녹화 창이 나타납니다. ❶ [설정]을 클릭한 후 녹음/녹화에 사용할 마이크와 카메라를 선택한 후 [녹음/녹화]를 선택합니다.

3. 슬라이드 쇼 녹화가 시작됩니다.

   ▌▌ 일시 중지 녹화를 잠시 멈춥니다.
   ■ 중지 녹화를 끝내고 저장합니다.
   ▶ 재생 녹화된 내용을 보여줍니다.

   🎤 🎥 마이크 켜기/끄기, 카메라 켜기/끄기, 카메라 미리보기 숨기기를 선택할 수 있습니다.

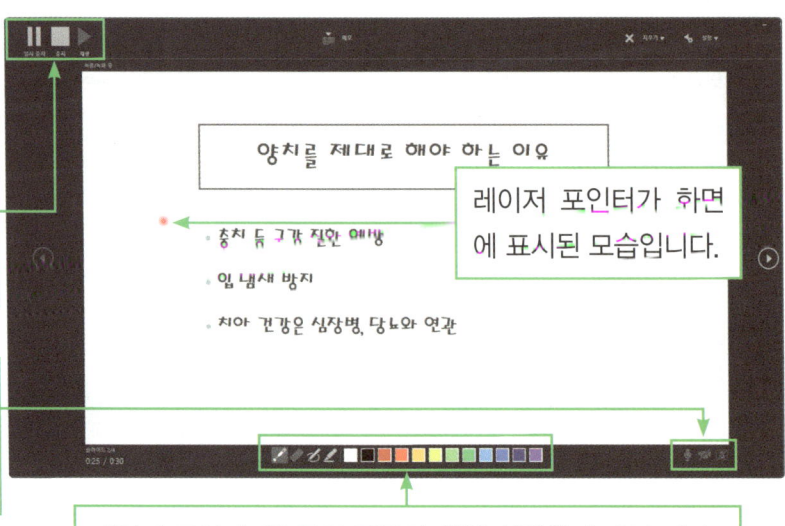

레이저 포인터가 화면에 표시된 모습입니다.

레이저 포인터, 펜 등의 종류와 색을 선택할 수 있습니다.

도전! 혼자 풀어 보세요!

① '스마트 쇼핑 팁.pptx' 파일을 불러온 후 PDF로 저장해 보세요.

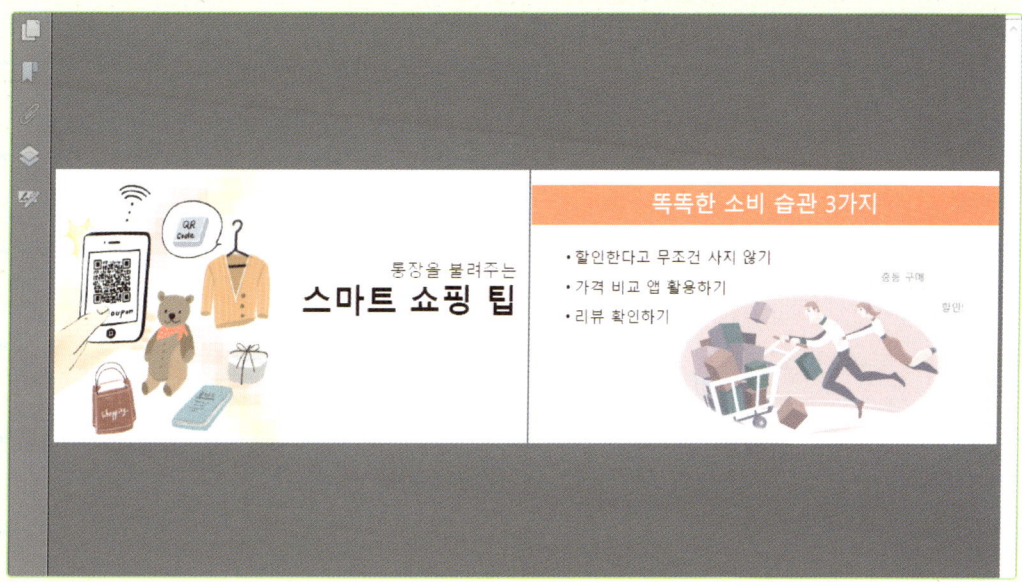

② ①에서 작성한 슬라이드를 인쇄해 보세요.

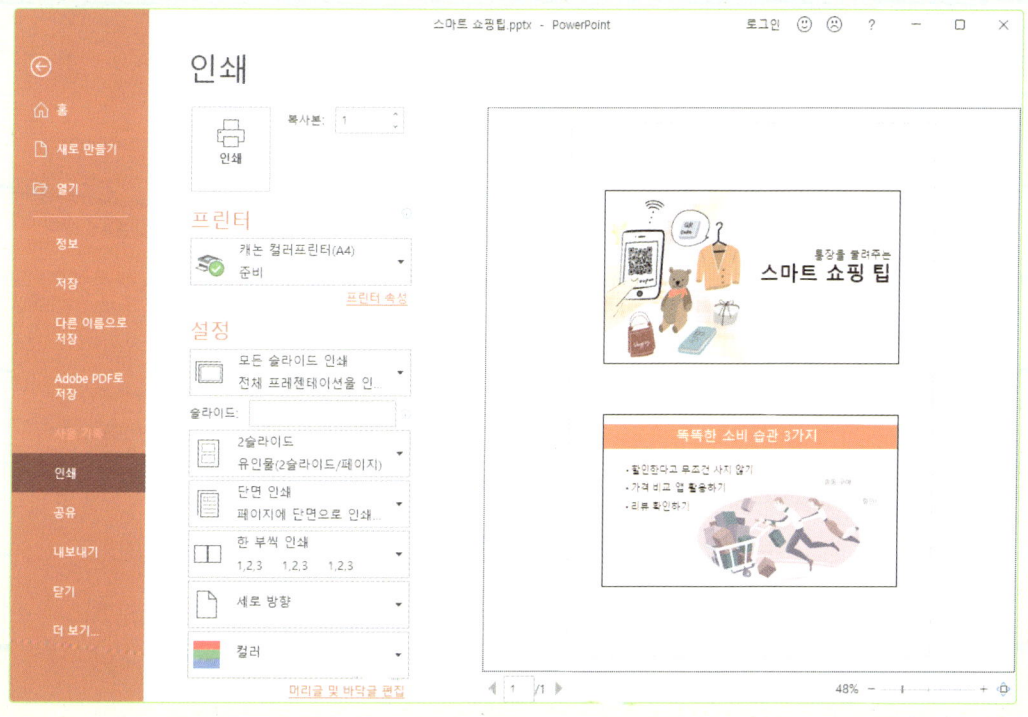

유인물(2슬라이드)로 설정하세요.

생성형 인공지능 활용하기

생성형 인공지능을 활용하면 프레젠테이션 과정이 쉬워집니다. 주제에 대한 자료를 정리하거나 슬라이드를 구성하는 등 생성형 인공지능을 활용하면 좀 더 빠르고 효율적으로 프레젠테이션을 준비할 수 있습니다.

▸▸ 챗GPT를 활용하여 파워포인트의 기능을 알아봅니다.
▸▸ 챗GPT를 활용하여 자료를 정리하고 슬라이드를 구성하는 방법을 알아봅니다.

배울 내용 미리 보기

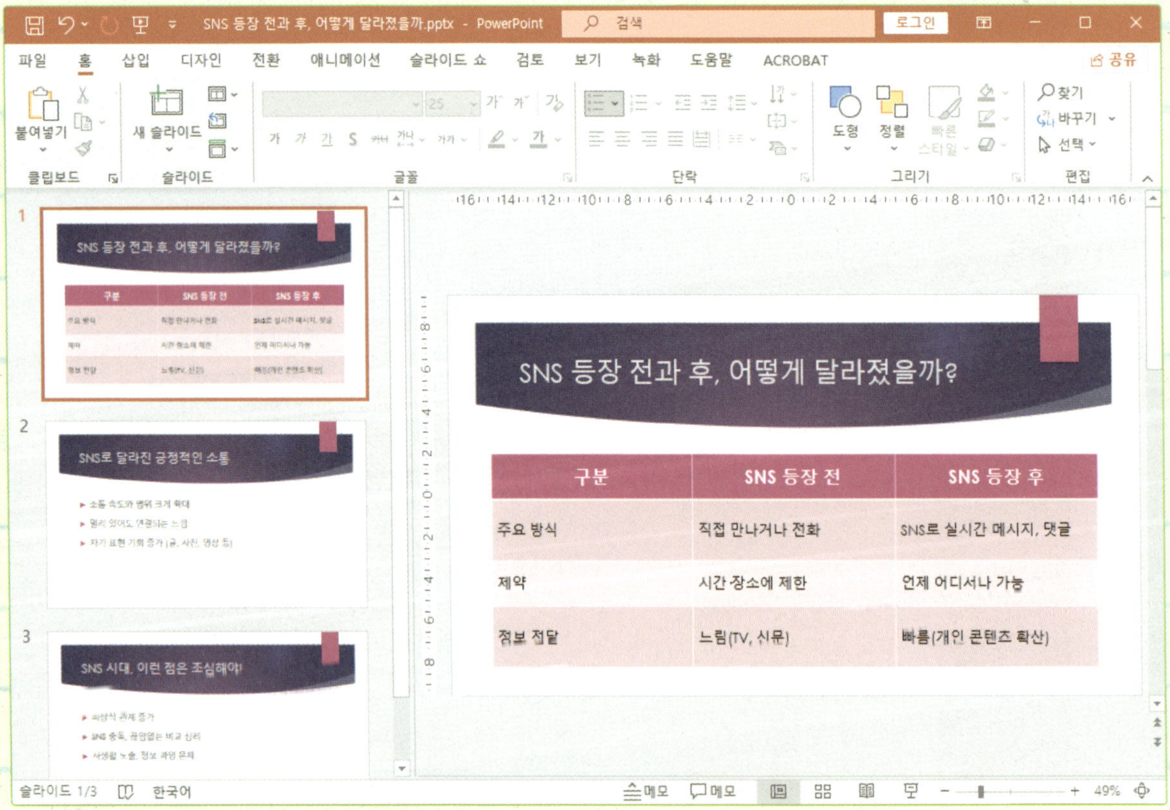

▲ **파일명** SNS 등장 전과 후, 어떻게 달라졌을까.pptx

 챗GPT로 파워포인트 기능 알아보기

1 챗GPT 화면에서 다음과 같이 프롬프트를 입력합니다.

> 파워포인트 2021에서 슬라이드의 배경색을 변경하는 방법을 설명해 줘.

물론이죠! 파워포인트 2021에서 슬라이드의 배경색을 변경하는 방법은 아래 단계를 따라 하시면 됩니다.

✚ 슬라이드 배경색 변경 방법(파워포인트 2021 기준)

1. 파워포인트를 열고 원하는 프레젠테이션 파일을 엽니다.
2. 왼쪽에서 배경색을 바꾸고 싶은 슬라이드를 클릭하거나, 여러 슬라이드를 선택하려면 `Ctrl` 키를 누른 채 클릭하세요.
3. 상단 메뉴에서 [디자인] 탭을 클릭합니다.
4. 오른쪽 끝에 있는 [배경 서식] 버튼을 클릭합니다.
– 혹은 슬라이드 빈 공간을 마우스 오른쪽 버튼으로 클릭하고, [배경 서식]을 선택해도 됩니다.
5. 오른쪽에 [배경 서식] 창이 뜨면
   - 단색 채우기: 한 가지 색으로 배경을 설정
   - 그라데이션 채우기: 색상 전환 효과로 배경 설정
   - 그림 또는 질감 채우기: 이미지나 질감을 배경으로 설정
   - 패턴 채우기: 반복되는 무늬로 배경 설정
6. [단색 채우기]를 선택한 경우
   - 원하는 색상을 선택하거나 [색] 〉 [기타 색]을 클릭해서 사용자 정의 색상을 선택할 수 있어요.
7. 변경한 배경을 모든 슬라이드에 적용하려면 아래쪽에 있는 [모두 적용] 버튼을 클릭하세요.

2 답변을 확인한 후 따라해 봅니다.

참고하세요 원하는 결과를 얻지 못한 경우 질문을 수정하여 입력합니다.

챗GPT로 슬라이드 구성하기

1 챗GPT 화면에서 다음과 같이 프롬프트를 입력합니다.

> SNS가 등장하기 전과 후에 사람들의 소통 방식이 어떻게 달라졌는지 비교해서 알려 줘. 긍정적이거나 부정적인 변화를 간단하게 요약해 줘. 발표용으로 간단하게 정리해 주면 좋겠어.

발표용으로 간단하게 정리해 봤어요. SNS 등장 전과 후의 소통 방식 변화와 그에 따른 긍정적·부정적 변화를 요약하면 아래와 같아요.

✚ SNS 등장 전 vs 후, 소통 방식의 변화

구분	SNS 등장 전	SNS 등장 후
소통 수단	전화, 편지, 직접 대면	메신저, 댓글, 게시물, 실시간 스트리밍
소통 속도	느림(시차 존재)	즉각적, 실시간 소통 가능
소통 범위	가족, 친구 중심(좁음)	전 세계 누구와도 가능(넓음)
정보 공유	제한적, 느림	빠르고 광범위하게 공유 가능

✚ 긍정적인 변화
- 실시간 소통 가능: 거리와 시간에 구애받지 않음
- 다양한 사람들과 연결: 관심사 기반의 네트워크 확대
- 정보 접근성 향상: 뉴스, 트렌드 등을 빠르게 공유

✚ 부정적인 변화
- 표면적인 관계 증가: 깊은 소통이 줄어듦
- 사생활 침해 우려: 개인 정보 노출 위험
- SNS 중독 문제: 비교·과시에 따른 정신 건강 악화

참고하세요

챗GPT, 이렇게 사용하세요

질문은 구체적이고 정확하게 하기
질문을 어떻게 하느냐에 따라 결과가 매우 달라집니다. 상황을 자세히 설명해 주고 답변을 유도하면 원하는 결과를 얻을 확률이 높아집니다.

질문 수정하기
원하는 답변을 얻지 못했다면 질문을 수정하여 입력하는 과정을 반복합니다.

답변의 사실 관계 확인하기
챗GPT의 답변에도 오류가 있습니다. 사실 관계를 꼭 확인하고 사용해야 합니다.

2 챗GPT의 답변을 슬라이드로 구성해 달라고 요청할 수 있습니다. 다음과 같이 프롬프트를 입력합니다.

> 방금 정리한 내용을 파워포인트 2021을 사용해 슬라이드로 구성해 줘. 3장의 슬라이드로 구성하고 싶어.

파워포인트 2021용으로 3장 슬라이드에 맞춰 구성했어요. 각 슬라이드에는 제목, 핵심 내용, 시각적인 강조 요소 등을 고려해서 작성했어요.

+ 슬라이드 1: SNS 등장 전 vs 후, 소통 방식의 변화

- 제목: SNS 이전과 이후의 소통 방식 비교
- 본문(표 형태 추천)

구분	SNS 등장 전	SNS 등장 후
소통 수단	전화, 편지, 대면	메신저, SNS 게시물, 실시간 방송
소통 속도	느림(시차 존재)	빠름, 실시간
소통 범위	좁음(가까운 사람 중심)	넓음(전 세계 누구나)
정보 공유	제한적, 느림	빠르고 광범위

- 디자인 팁

표는 가운데 정렬, 아이콘 활용(전화기 vs 스마트폰, 지구본 등)

+ 슬라이드 2: SNS의 긍정적인 변화

- 제목: SNS가 가져온 긍정적 변화
- 본문
- 실시간 소통 가능: 언제 어디서나 즉시 대화 가능
- 관계망 확장: 관심사 기반 커뮤니티 형성
- 정보 공유 용이: 빠른 뉴스 전달 및 트렌드 공유
- 디자인 팁

긍정 느낌 강조(밝은 색상, 체크 아이콘 등), 각 항목 옆에 관련 아이콘 삽입

+ 슬라이드 3: SNS의 부정적인 변화

- 제목: SNS가 가져온 부정적 변화
- 본문
- 표면적 관계 증가: 진정한 대화 감소
- 사생활 노출 우려: 정보 유출 위험
- SNS 중독: 과도한 사용으로 정신 건강 악화
- 디자인 팁

경고색(노란색, 빨간색) 포인트 사용, 각 항목 옆에 경고나 주의 아이콘 삽입

3. 챗GPT를 활용해서 파워포인트 문서를 내려받을 수 있습니다.

> 필요하면 이 내용을 .pptx 파일로 만들어 줄까요?

> 응, 고마워! 다운로드 받을 수 있게 해 줘.

> 여기에서 발표 자료를 다운로드할 수 있어요.
> SNS_소통_변화_비교_발표.pptx
> 필요한 부분을 수정하거나 다른 형식으로 다시 만들어 줄 수 있어요.

참고하세요

챗GPT 유료 사용자는 파일을 직접 다운로드할 수 있지만, 무료 사용자인 경우는 파워포인트에 붙여넣기하여 사용할 수 있는 VBA 코드를 생성해 줍니다.

4. 생성된 파일을 파워포인트에서 불러옵니다.

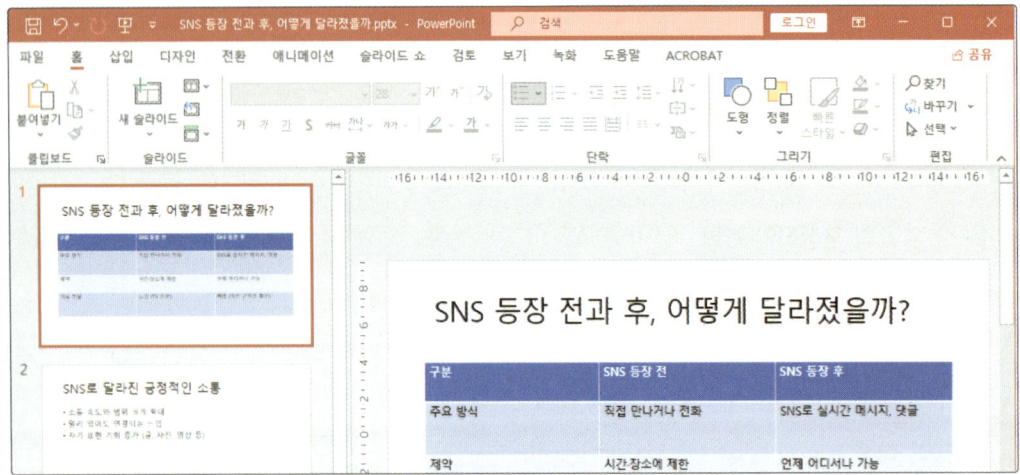

5. 레이아웃을 수정하여 파일을 완성합니다.

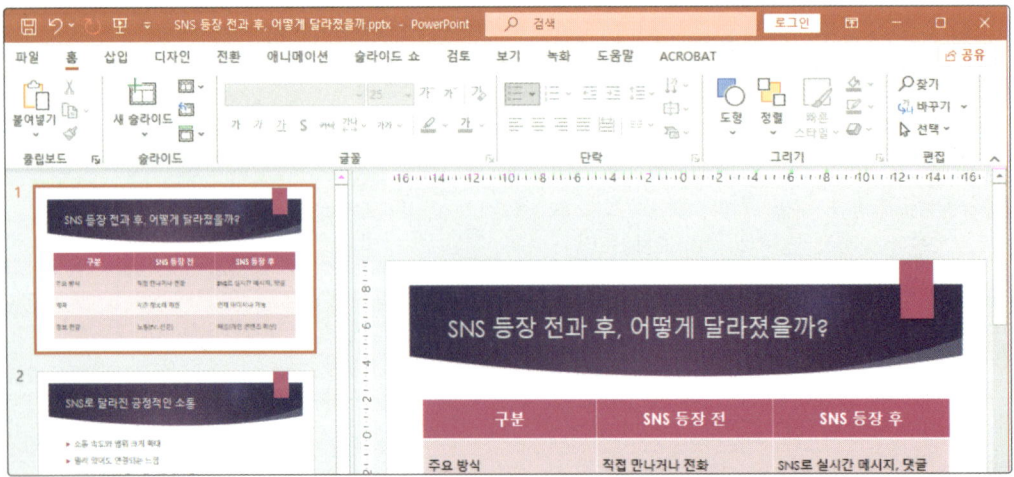

참고하세요

파워포인트 2021 + 챗GPT 조합하기

파워포인트로 슬라이드를 작성할 때 챗GPT를 활용하면 기획 단계에서 문서 작성, 발표 준비까지의 전 과정에서 도움을 받을 수 있습니다. 단, 작성하는 문서의 주제와 흐름을 결정하는 주체는 언제나 작성자 자신이어야 합니다. 챗GPT는 아이디어와 문서 정리에 도움을 주는 조력자 역할을 해야 합니다.

❶ 슬라이드 구성 단계
발표 주제를 제시하여 슬라이드 구성 방식 요청

> 요즘 환경 문제가 심각해. '인공지능의 발전과 환경 문제 해결'을 주제로 6장의 슬라이드를 구성해 줘.

> '인공지능의 발전과 환경 문제 해결'을 주제로 6장의 슬라이드를 구성해 줄게요.
> 1. 서론: 환경 문제의 심각성
> 2. 인공지능 기술 개요
> (이하 중략)

❷ 내용 요약 단계
내용을 간략하게 정리하도록 요청

> 인공지능의 환경 적용 사례를 작성하기 위한 내용을 두 문장으로 정리해 줘.

> 인공지능은 기후 데이터를 분석해 이상 기후를 조기 예측할 수 있습니다. 또한 에너지 효율을 높이기 위한 최적의 운영 방식도 제안합니다.

❸ 시각화 자료 추천 단계
주제에 적합한 디자인이나 흐름도, 차트 등을 요청

> '인공지능의 환경 문제 해결' 슬라이드를 시각적으로 표현할 도식 아이디어가 필요해.

> '인공지능 기술 → 적용 분야(기후, 에너지, 생태계) → 기대 효과' 흐름도를 추천합니다.

❹ 발표 노트 작성 단계
프레젠테이션할 때 사용할 메모 작성 요청

> '인공지능의 환경 적용 사례' 슬라이드를 발표할 때 말할 내용을 두세 문장으로 작성해 줘.

> 이 슬라이드에서는 인공지능이 어떻게 환경 보호에 활용되는지 소개합니다.
> (이하 중략)

❺ 프레젠테이션 흐름 점검 단계
완성한 프레젠테이션의 흐름이 적당한지 등의 점검 요청

> 이 슬라이드 구성 흐름 괜찮은지 확인해 줘.
> 서론 – 인공지능 소개 – 사례 – 효과 – 한계 – 결론

> 구성 흐름이 자연스럽고 설득력 있어요. 다만 'AI 소개'와 '사례' 사이에 '환경 문제의 유형'을 추가하면 배경 이해에 더 도움이 될 수 있어요.

도전! 혼자 풀어 보세요!

1 챗GPT를 활용해 파워포인트에서 스마트아트를 사용해 도표를 만드는 방법을 알아보세요.

> 파워포인트에 스마트아트로 도표를 만드는 방법을 알려 줘. 순서대로 간략하게 보여 줘.

파워포인트에서 **스마트아트 도표 만들기** 방법을 간단하게 알려 줄게요.

1. [삽입] 탭 클릭
상단 메뉴에서 [삽입] 클릭

2. [스마트아트] 선택
[스마트아트] 버튼 클릭

3. 디자인 선택
원하는 도표 스타일 선택하고 [확인] 클릭

4. 텍스트 입력
왼쪽 텍스트 창에 내용 입력

5. 디자인 및 크기 조정
[디자인] 탭에서 색상, 스타일 수정. 도형 크기 및 위치 조정

2 챗GPT를 활용해 '건강한 식습관'이라는 주제로 자료를 정리한 후 슬라이드를 작성해 보세요.

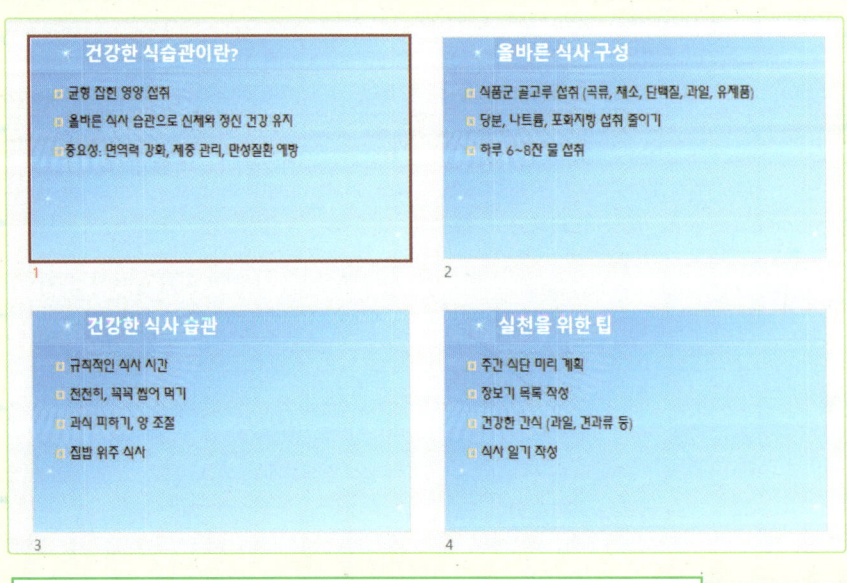

주제 건강한 식습관 슬라이드 레이아웃 테마 New_Korea03

참고하세요

챗GPT의 답변은 사용자의 질문과 질문 시점에 따라 달라질 수 있습니다.